清代及民国初期呼和浩特房地产研究

李艳洁 ◎ 著

社会科学文献出版社
SOCIAL SCIENCES ACADEMIC PRESS (CHINA)

序 一

2006 年 9 月，内蒙古师大教师李艳洁考入南开大学在职攻读历史学博士学位，经过六年的潜心研究获得学位。如今，博士学位论文以《清代及民国初期呼和浩特房地产研究》为题出版，在此向她表示祝贺！

我也愿意简略介绍一下这部新著，便于读者了解书与作者。说到房地产这个热词，很容易联想到它在经济生活中的价值以及连带的法律权利问题，这也是该书大量涉及的内容。然而作者真正的问题意识并不是经济学和法学，而是内蒙古呼和浩特房地产与城市发展的关系，即历史学的问题。作为导师，在与艳洁就学位论文选题交换意见的过程中，最初将论文选题定位在呼和浩特城市史，这样可以发挥她熟悉地方史的优势以及进一步挖掘从社会史进入城市史的兴趣。为此，艳洁认真梳理了呼和浩特研究的学术史，特别从城市史的角度予以把握。她感到在区域史、社会史、城市史兴起的背景下，呼和浩特城市史已经积累了不少研究成果，需要寻找新资料、新角度才能进行原创性的研究。

作者关注到清朝官方的中央档案与地方档案。呼和浩特市土默特左旗档案馆保留有大量清代归化城副都统衙门档案以及民国时期档案，涉及房地产的形成、管理以及交易涉及所有权、使用权、抵押权、典当权以及租赁权等，土左旗档案有大批房地产租赁和典卖的契约档案，近年来才被陆续整理，极少被学者利用。中国第一历史档案馆所藏军机处满汉文录副奏折、朱批奏折都保存有一些绥远城资料，特别是户部题本中存有大量绥远城房地产修理和房租使用奏销档，尚未有人利用。本书正是利用这两类档案，研究清代归化城、绥远城的房地产以及清末民国对归绥房地产的清理整顿。

呼和浩特城市是在归化城、绥远城基础上合二为一形成的。作者梳理并分析了清代归化城房地产形成及房地产市场的概貌，呈现了绥远城房地产的修理、质量、租赁、管理等基本情况。认为归化城城市是随着房地产扩大形成的,而房地产业的发展也是归化城城市内涵和外延变化的直接反映。绥远城作为清政府出资修建的驻防八旗满城,绥远城房地产的规划、规模、布局、质量、维修都由中央严格控制,再经地方政府委托将房地产分配给八旗官兵。随着人口增殖,绥远城的房地产交易也悄然进行,清末时国有房地产三分之二归属个人。清末民初,在政府直接干预下,清理整顿房地产,颁发新照。从法律上认可了归化城、绥远城的房地产移民化和私有化,具有近代行政意义、经济意义的边疆城市得以成形。

因此,本书是在第一手资料的基础上进行的,依据的档案、契约多是以往未曾利用的系统性文献,研究的问题也是以往缺乏探讨的,从而保证了这部专著的学术性。从行文与论证来看,本书有大量统计分析,有重点资料如积成堂契约档案的解析,特别是原定的呼和浩特城市史的宏观考虑,有助于增进有关房地产问题的认识,论述清晰、伸缩裕如。

总而言之,这是一部值得关注的学术专著。艳洁博士对于本书的亮点以及弱项做了说明,她的这部著作必将进一步推动呼和浩特房地产与城市史的研究。

常建华于津门

序 二

　　伴随着 21 世纪初的全国房地产高热，呼和浩特房地产也快速发展。这期间出现了很多社会问题，也因此使呼和浩特在全国有了很高的知名度。为什么这样一个大家眼中的塞北城市，房地产价格一路飙升，直逼全国一线城市，成为一个很大的疑问。是因为呼和浩特市人口激增吗？是因为一直以来的呼和浩特有巨大的房地产升值空间？历史上，呼和浩特房地产是什么样子的，又是怎么发展成为今天这样的城市规模？城市扩大无疑和房地产拓展是一脉相承的。

　　追溯历史，明代的呼和浩特只是阿拉坦汗修建的一个小城堡"库库和屯"，明朝廷赐名"归化"，阿拉坦汗的夫人三娘子曾经修罗城二十里。但是这些在明末清初的战火中毁于一旦，仅仅保留明代修建的大召，以及周长不超二里的城堡。归化城土默特部众以这样的小城堡为根据地，集合成新的六十佐领。这支部众归属了后金，并逐渐成为后来清朝与漠西蒙古准噶尔部作战的重要力量，归化城也成为其前沿驻防城。由于归化城土默特有这样的身份，所以归化城地产具有双重权属。土地属于国有，归化城土默特蒙古部享有占有权。房地产掌握在以归化城土默特上层为主的蒙古部落和清廷支持的召庙手中。而历史上，归化城就是重要的贸易、文化宗教的中转站，具有重要的战略地位。移民，尤其是清准战争出现的大量旅蒙商，更是从山西等地迁移到归化城经商居住，这使归化城城市逐渐扩展，房地产的产业化加速。最初，归化城的房地产业以租赁为主，蒙古部众、喇嘛将房地产出租给移民，租赁以约定俗成的契约方式进行。从契约来看，房地产租赁许退不许夺，租户在契约关系中掌控很大权力。尽管清政府不允许蒙民交产，随着时间的发展，蒙民之间的房地产交易依然存在，比较典型的就是蒙古积成堂房地产商和回民商人刘明经的房地产经营。这期间，管理归化城土默特事务的机构也在变迁调整，最终由京官任职的副都统管理旗务衙署和蒙古事务。归化城土默特形成了一系列用于租赁的官地，租金受清政府宏观调控。归化城城市规模是随着房地产发展扩大形成的，而房地产业的发展也是归化城城市内涵和外延变化的直接反映。起初，清中央政府并没有直接参与归化城的房地产租赁，城市租赁是在地方政府和民间进行的。

乾隆四年以后，绥远城竣工。这是清政府全资修建的驻防八旗满城。绥远城城墙及城内所有设施均属国有，绥远城房地产的规划、规模、布局、质量、维修，都由中央严格控制，由地方政府委托进行，房地产分配给八旗官兵。房地产租赁、买卖实行四柱清册制度，上报户部，由清政府严格管理。随着人口增殖，绥远城的房地产交易也悄然进行，到清朝末年，国有房地产三分之二归属个人。

清末和民国初年，国家大形势急剧变化，呼和浩特房地产也卷入其中。在政府直接干预下，进行房地产清理整顿，颁发新照。这从法律上认可了归化城、绥远城的房地产移民化和私有化。归化城土默特蒙古只是成为其中的一部分，具有近代行政意义、经济意义的边疆城市形成。

1937年，归绥市被日军侵占长达八年。这八年里，日军对归绥市也有市政规划和建设，甚至影响了日后城市的定位和发展。民国后期，城市拓展用地多体现在对周边土地的使用上，很多是以货币购买的方式进行。例如原绥远城东部修建的飞机场即是如此。1949年以后，城市继续扩大，内涵越加丰富，成为著名的塞上明珠。21世纪初，城市化进程使房屋拆迁在呼和浩特开展得如火如荼，几家欢乐几家哀！受资料和时间等限制，1937年以后的呼和浩特房地产问题没有能继续深入下去，留待以后再进行吧。

本书在本人博士学位论文基础上稍作修改而成。因出版时间较紧凑，书中史料未能很好消化，这里也只能梳理一下全书的基本思路和未尽表达的思想，是为自序。

目　录

图目录

表目录

绪　论

一　问题的提出

当今，我国国计民生问题最主要关注的就是房地产及其价格走势。房地产的变动牵动着社会从上到下各阶层的脉搏。随着工业化的深入，城市化的推进，大片土地及耕地变为城市用地。高楼林立的同时，带来很多社会问题和经济问题。国家关心房地产价格变化，力求全局操控，既要用房地产业推动社会经济良性有序发展；在房地产权转移、变化的同时，又要能够让群众最大程度受益，将其带来的负面影响降到最低。

作为具有400多年历史的北部边疆城市，呼和浩特参与了当今社会房地产业的竞争，并呈现出惊人的态势，其房屋价格飞速攀升，居高不下，在全国房地产业中首屈一指。作为城市发展的重要指标，呼和浩特房地产业何以能在全国大环境中脱颖而出？在城市机能并不完善的情况下，何以能和众多内地及经济发达城市，同步攀升房地产价格高峰，其发展变化具有的特殊意义，值得关注和思考。

明代中后期，蒙古土默特部落阿拉坦汗始建归化城。清廷接管了战火后残存的归化城小城堡，城市快速恢复起来；另一边，作为驻防八旗满城，乾隆初年绥远城得以修建。这两个相距五里的双子城共同发展，城内房地产权属转移较快，城市规模拓展较快。民国年间，双子城呈现明显一体化趋势。从明崇祯五年（1632）皇太极占领归化城，到1937年日军侵入绥市的三百年中，呼和浩特的房地产到底发生了什么样的变化？在房地产变化中，中央和地方政府担任了何种角色？归化城土默特部蒙古部众以何种方式操控着归化城内的房地产市场？移民又是以什么样的角色逐渐获取房地产主权？民国时期，呼和浩特战火纷飞，淹没在战事中的城市房地产问题又由谁来主宰？将今天的呼和浩特房地产业化放置在历史长河中考量，过去的房地产发展变迁，为今天的房地产业奠定了怎样的基础？又带来怎样的经验教训？笔者从历史的角度，尽可能全方位地考察呼和浩特房地产的流变，应该可以更为全面，更为有利地认识当前呼和浩特房地产变化、发展，及其反映的问题。

二 学术研究回顾

尽管目前呼和浩特房地产市场发展迅速，但史学界关于此问题的讨论并不充分。可以从以下视角梳理其基础性研究。

从契约史角度：当今史学界关于房地契约的研究成果比较多。① 最早当推傅衣凌先生的《福建佃农经济史丛考》，开契约研究之先河。日本学者岸本美绪的《明清契约文书》② 也比较详细地介绍了日本有关中国契约文书的研究状况。利用契约文书进行房地研究的权威著作有杨国桢《明清土地契约文书研究》③，旨在利用明清土地契约讨论明清时代农村社会的土地制度、土地契约关系、地权问题等变化。讨论范围集中在山东、安徽、浙江、江苏、广东、广西等地，是利用契约进行研究的典范著作，为研究中国契约学、明清社会经济史拓展了新途径。戴建兵等著的《河北近代土地契约研究》④ 则从河北地区的契约、土地产权转移、土地纠纷、契税等几个角度进行了探讨。

从房地产史角度：主要有两个方面，一是关于房地产史的研究。赵津的《中国城市房地产业史论》⑤ 是一本填补学术空白的力作，其中论述了近代中国主要城市房地产市场发育史及城市房地产市场经营方式，租赁与地租的变化、地价的变动及影响因素等等，对本书写作有一定影响。四川大学庄灵君的硕士学位论文《清代城市房地交易管理研究》⑥ 则从政府对城市房地产交易管理的角度进行研究，尤其是对八旗房产交易管理的讨论，对本书有一定的启发。唐博的博士学位论文《清末民国北京城市住宅房地产研究（1900—1949）》⑦ 从市场价格变动等角度探讨了清末民国北京

---

① 本书使用了较多的契约档案，所以先从房地契约说起。
② 〔日〕岸本美绪：《明清契约文书》，载滋贺秀三等著《明清时期的民事审判与民间契约》，法律出版社，1998，第 281 页。
③ 杨国桢：《明清土地契约文书研究》，中国人民大学出版社，2009。
④ 戴建兵等著《河北近代土地契约研究》，中国农业出版社，2010。
⑤ 赵津：《中国城市房地产业史论》，南开大学出版社，1994。
⑥ 庄灵君：《清代城市房地交易管理研究》，硕士学位论文，四川大学，2006 年。
⑦ 唐博：《清末民国北京城市住宅房地产研究（1900—1949）》，博士学位论文，中国人民大学，2009 年。

城市住宅房地产变化，是城市房地产史的代表作。2014 年 7 月邓亦兵的著作《清代前期北京房产市场研究》①出版，这又是一部房地产史的力作，作者用大量清代房地契约来解读清前期的北京房地产市场，从房屋状况、居住特征、房屋维修及出租、房屋交易、房价等几个方面展开讨论，认为清前期八旗没有尽数占有北京内城，北京城市居民投资房产有增值，政府在北京房地产交易中起到了重要作用。形成市场交易和非市场交易的二元结构。

　　二是从清代八旗旗产角度进行的研究，成果比较丰富。绥远城作为清代驻防八旗满城，其房地产变化自然归入八旗旗产范围。定宜庄女士的《清代八旗驻防研究》②是关于八旗驻防的代表性著作，高屋建瓴地梳理了清代地方驻防基本情况，但没有关注地方驻防的房地产变化。关于满城和旗地旗产的研究，学术论著较多，朱永杰的《清代驻防城时空结构研究》③从宏观上解析了驻防城分布等一系列问题，其角度多是新疆满城的个案研究，使其著作的普遍意义受到影响，但其选材新疆满城，同呼和浩特一样为边疆城市，还是有值得本书借鉴之处。清代八旗旗产研究的代表人物刘小萌先生较早发现了现藏北京博物院及一些高校图书馆中明清以来北京的房地产等契约，并利用这些资料关注北京八旗房产的变化，发表了一系列论文。④刘小萌先生的专著《清代北京旗人社会》用近 90 万字描述了清代北京人的生活，其中第三章为"旗房与旗地"，其写作视角对本书描述绥远城有很大启发。王立群的《民国时期河北旗地变革研究（1912—1934）》⑤则是从政策等角度对河北旗地进行分析。

　　从呼和浩特区域史角度：呼和浩特城市史研究开始较早。新中国成立后，老一辈学者胡钟达、金启孮、金峰、薄音湖先生等都对明清时期的归化

---

① 邓亦兵：《清代前期北京房产市场研究》，天津古籍出版社，2014。
② 定宜庄：《清代八旗驻防研究》，辽宁民族出版社，2003。
③ 朱永杰：《清代驻防城时空结构研究》，人民出版社，2010。
④ 刘小萌：《从房契文书看清代北京城中的旗民交产》，《历史档案》1996 年第 3 期；《清代北京旗人的房屋买卖》，《清史论丛》，辽宁古籍出版社，1996；《清代北京内城居民的分布格局与变迁》，《首都师范大学学报》1998 年第 2 期；《清代北京旗人的房地契书》，《满学研究》第 5 辑，民族出版社，2000；《北京地区碑刻中的旗人史料》，《文献》2001 年第 3 期；《清前期北京旗人满文房契研究》，《民族研究》2001 年第 4 期；《清代北京旗人舍地现象研究》，《清史研究》2003 年第 1 期；《清代北京的碓房与八旗生计》，《清史论丛》2006 年号，中国广播电视出版社，2006。
⑤ 王立群：《民国时期河北旗地变革研究（1912—1934）》，博士学位论文，首都师范大学，2009 年。

城、绥远城研究做了大量贡献。21 世纪初，有两部专著值得注意。其一为乌云格日勒的《18 至 20 世纪初内蒙古城镇研究》①，全书以内蒙古城镇为研究视角，涉及内容非常广泛，可视为呼和浩特城市史研究的扛鼎之作。另一著作是包慕萍女士的《游牧和定居的重层都市——呼和浩特》②，从都市建筑史角度对清代至民国的呼和浩特进行了专门研究，从建筑格局的变化提出近代化的问题，论述新颖、完整、系统。日本学者对于呼和浩特历史研究所做的贡献也比较大。③ 我国的一些年轻学者也在相关领域发表了论文。④ 乌仁其其格的《18—20 世纪初归化城土默特财政研究》⑤、包银山的《民国时期土默特财政研究》⑥ 以清代、民国土默特财政为研究对象，运用大量土左旗档案馆保存的清代、民国档案，梳理了土默特财政问题，探讨了一系列相关问题，其中提到归化城房地产租银是土默特财政的组成部分。归化城召庙的研究近几年再度受到关注，胡日查的《清代内蒙古地区寺院经济研究》⑦，乌云的博士学位论文《清至民国时期土默特地区藏传佛教若干问题研究》⑧，以及赵旭霞的硕士学位论文《清代内蒙古地区寺院收支及其管理研究》⑨ 都从经济角度讨论了归化城召庙的房地产租赁问题。

---

① 乌云格日勒：《18 至 20 世纪初内蒙古城镇研究》，内蒙古人民出版社，2005。
② 包慕萍：《モンゴルにおける都市建築史研究—遊牧と定住の重層都市フフホト》（日文），东方书店，2005。
③ 森川哲雄：《十七世纪前半叶的归化城》（《蒙古学资料与情报》1985 年第 3、4 期）；今堀诚二：《中国封建社会的机构——归绥（呼和浩特）社会集团的实态调查》，日本学术振兴会，1955；近藤富成于 2002 年通过答辩的博士论文《前近代東アジアの牧耕移行都市——帰化绥远城 1571—1924》。虽没有见到近藤富成的博士论文，但其中文《清朝后期地方都市的构造——归化绥远城 1813—1861》、《清代归化绥远城市区的形成过程》分别在《中国史学》第三卷，1993；《蒙古学信息》1996 年第 1 期发表。
④ 赵金辉《清代边疆城市空间的民族交往——以归绥为例》，《呼伦贝尔学院学报》2008 年第 4 期；王平《清代归绥城市的社会流动》，《呼伦贝尔学院学报》2009 年第 1 期；张威《1572—1921 呼和浩特城市形态演变分析》，《内蒙古社会科学》2009 年第 2 期；张威、李冰峰：《清绥远城兴建对呼和浩特市城市形态演变的影响》，《内蒙古工业大学学报》2009 年第 2 期等。
⑤ 乌仁其其格：《18—20 世纪初归化城土默特财政研究》，民族出版社，2008。
⑥ 包银山：《民国时期土默特财政研究》，中国财政经济出版社，2009。
⑦ 胡日查：《清代内蒙古地区寺院经济研究》，辽宁民族出版社，2009。
⑧ 乌云：《清至民国时期土默特地区藏传佛教若干问题研究》，博士学位论文，内蒙古大学，2010 年。
⑨ 赵旭霞：《清代内蒙古地区寺院收支及其管理研究》，硕士学位论文，内蒙古师范大学，2008 年。

三　史料与方法的运用

目前为止，呼和浩特房地产专题研究尚无人涉足。究其原因，史料的搜集运用是主要障碍。作为边疆城市，呼和浩特文字底蕴相对薄弱；仅有的资料（包括文字和实物资料）保护较差，直接导致清代区域史和社会史研究的局限。值得庆幸的是，在今天内蒙古呼和浩特市土默特左旗档案馆保留有大量清代归化城副都统衙门档案，以及大量民国时期档案。这批档案曾受到不同程度损佚。虽然 1941 年和 1944 年被日本学者以"借"的名义共运走 31 箱，"文革"时期又散失不少，但今天保留下来的档案数量依然很大。该馆目前已整理和目录化的清代档案有 16054 件，其中汉文档案 4634 件、蒙古文档案 1046 件、满文档案 10374 件；民国档案有 47941 件（包括成纪年档案 2537 件）。近几年，土左旗档案馆档案亦被陆续整理利用。其中乌仁其其格运用经济类为主的档案写成博士学位论文《18—20 世纪归化城土默特财政研究》；包银山利用民国时期相关档案写成博士学位论文《民国时期土默特财政研究》；乌云利用召庙有关的档案写成博士学位论文《清至民国时期土默特地区藏传佛教若干问题研究》。尤其是乌仁其其格的论文，以其档案使用的开创性、资料的丰富性以及满文档案的成功译写获得赞誉。

在土左旗档案中，有大批房地产租赁和典卖的契约档案，其中汉文 1653 件，均为白契。这批档案极少被利用，均作为民间房地产交易形式存留在官方的副都统衙署档案中，本身就值得思考。撰写本书时笔者拍摄土左旗档案 1500 多张，形成档案资料 10 多万字。在这批以房地产契约为主的档案基础上，结合清末民初撰修的方志，以及民国时期内地游客来此游览后形成的游记，梳理分析了清代归化城房地产形成及房地产市场的概貌，并做了相应的深入思考。

清代的呼和浩特还有一个城即绥远城，是当时的八旗驻防满城。如今，绥远城的高大城墙已经毁于 1958 年。目前仅保留一段百米左右的古废城墙以及清代将军衙署（现已辟为将军衙署博物院），由于多次城市改造，清代旗房基本无存，文献资料更属奇缺。随着清史研究的深入，中国第一历史档案馆陆续整理大量清代原始资料并上传到网络上，其中军机处满汉文录副奏折、朱批奏折中都保存有一些绥远城资料，尤其是户部题本中，存有大量绥远城房地产修理和房租使用奏销档，这部分档案目前尚未有人涉足，利用价值很大。① 通过对大量资料的清理爬梳，笔者整理档案图片2500 张，形成 10 多万字的资料，绥远城房地产的修理、质量、房租、管理等情况基本呈现出来。

正是在这两种档案史料的支撑下，清代归化城、绥远城房地产研究得以展开。值得一提的是清末民国以贻谷将军为始，官方修订了一批地方志，如《古丰识略》②《归绥道志》《土默特旗志》《绥远旗志》《绥远通志稿》等。这些地方志已被学者广泛利用。但从立足整体史观的区域史、社会史、城市史研究方面，对其利用尚不够系统全面。在考察清末民初的呼和浩特房地产时，本书利用了较多民国修订成的《绥远通志稿》，这部官修方志恰好集中体现了清末民初呼和浩特房地产发展、变迁的结果。"方志是连接国家与社会的重要纽带，是透视二者关系的一个窗口。"③ 通过方志资料显示，我们清晰感受到，清末民初国家和地方政府插手房地产事宜，推波助澜，逐渐掌控了呼和浩特房地产及房地产交易的情况。

目前来看，呼和浩特社会史研究方兴未艾。随着史学常新，也需要不断挖掘新的资料，这种利用官方正统档案史料，从政治史层面做社会及区域问题的研究无疑是值得提倡和继续把握的。

四　几个概念的界定

由于本书内容涉及时段包括清代和民国，有一些概念需要明确和界定。本书题目采用"呼和浩特"，即是今天城市名称。明代中期，蒙古土默特部落首领阿拉坦汗始建城堡，名为"库库和屯"，明朝赐名为"归化城"。经过明末清初的战火，归化城以方圆不到三里的小城堡发展起来，归化城的名称一直被沿用。直到今天，呼市居民依然用"归化城"指称呼和浩特市旧城玉泉区一部分。绥远城是乾隆初年修建的满城，清政府赐名为"绥远城"。二城对称，一直有旧城、新城的说法。清代以后，蒙古土默特部落分为两个部分，东土默特即今天以辽宁省阜新为核心的范围。而

---

① 有中国第一历史档案馆吴元丰和山西右玉县摄影家协会贺朝善合作整理翻译、中华书局出版的《清宫珍藏杀虎口右卫右玉县御批奏折汇编》（上中下三册），其中包含一些绥远城资料。

② 本书使用的《归绥识略》原本即《古丰识略》，内蒙古师范大学特藏库有线装本。本书为便利，所用版本是内蒙古人民出版社 2007 年点校出版的《绥远通志稿》第 12 册。

③ 常建华：《试论中国地方志的社会史资料价值》，《中国社会历史评论》第七卷，2006，第72 页。

西土默特即归化城土默特，归化城土默特地区地域范围"东起镶蓝旗察哈尔，南到山西省界，西连乌拉特和鄂尔多斯左翼前、后二旗，北至茂明安和四子部落界"，"相当于今呼和浩特、包头二市；乌盟清水河、和林格尔县、武川县的一部分"。① 民国后，实行新的行政体制，有归绥县和归绥市的称谓。归绥县指清时期归化城厅和绥远城厅管理的范围，其中包括绥远城，县府设在原归化城理事同知署。绥远城成为绥远省政府所在地，当时归化城、绥远城基本连成一体，所以二城被统称为归绥市。绥远地区和归绥地区即指归绥市为核心的绥远省所辖范围。1937 年，日军侵入归绥市，将名称改为厚和浩特市。1945 年，日军投降后的国民政府统治时期，厚和浩特又恢复归绥市的称呼。1954 年，因为"归绥"二字有民族歧视之意，恢复旧有名称"呼和浩特"，沿用至今。今天的呼和浩特市，现辖 4 区（玉泉区、新城区、赛罕区、回民区）、4 个经济技术开发区（如意、金川、金桥、金山）、4 县（清水河县、和林格尔县、托克托县、武川县）、1 旗（土默特左旗），全市总面积 1.72 万平方公里，其中市区面积 210 平方公里、市四区常住人口 198 万。本书即以今天的呼和浩特市四区（玉泉区、新城区、赛罕区、回民区）为探讨范畴，时间断限是 1632 年皇太极占据归化城至 1937 年日军侵入归绥市。

本书中的房地产，是借用现代的概念表述。房地产指的是归化城和绥远城内的建筑物及地基，包括房屋、城墙、仓库和地基等。档案资料显示，清代的房屋和地基权属常常是分离的。

五　基本框架

本书主体内容共分三个部分。

第一部分为清代归化城房地产问题。主要从拥有归化城房地产的三种势力：蒙古贵族为主的蒙古部众房地产、召庙房地产、官房地产，讨论归化城房地产的特点、规模、规划、修理、布局、管理以及这些房地产交易的形成、特点、房租的管理使用等，力图较为全面恢复清代归化城房地产全貌。清末，归化城房地产呈现移民化趋势，房地产由清初蒙古部众和召庙掌控，已经逐渐转移到晋陕等地的移民手中，移民社会形成。在这种转移中，房地产交易必然起到一定推动作用。这种推动，租赁方式大于典

① 周清澍：《内蒙古历史地理》，内蒙古大学出版社，1994，第 225 页。

卖。在房地产租赁中，在各方因素的促进下，完成房地产权转移。

第二部分为清代绥远城房地产问题。清代绥远城为驻防满城，城内房地产全部属于国有。从修建、规划、规模、资金到布局都由清政府统一负责；而其房地产的变价、出赁、房租的使用管理也都由清政府高度控制。尽管如此，到清末，已经有十分之三四房地产掌控在私人手中，绥远城房地产呈现私有化特点，民间房地产典卖蔚然成风。

第三部分为清末、民国对归化城、绥远城房地产的清理整顿。清末民国初期，归化城房地产和绥远城房地产都向私有化转移。在这种权属变化中，房地产交易必然存在。清末，归绥道对归化城移民房地产实行印花捐，贻谷将军又对房地产进行清理整顿。民国政府也成立官产清理处等清理整顿房产，法律上认可归化、绥远城的房地产权转移，完成房地产权私有化，国家权力直接参与到房地产变革中，并起主导作用。

在撰写过程中，本书主要使用土左旗档案馆清代、民国契约档案来研究归化城民间房地产的发展变化，利用中国第一历史档案馆户部题本中绥远城房租奏销档考察、梳理绥远城房地产变化，这在以前是基本未有人涉及的。关于清代及民国时期归化与绥远城房地产的专题研究基本是一个学界空白，归化城房地产移民化、绥远城房地产私有化的论点，以前学者没有系统讨论，这些可以视为本书亮点。但由于受语言影响，蒙文和满文档案不能有效利用，是本书一大缺憾。在一个较长的历史时期看待呼和浩特房地产及交易变化，时段定在1937年抗战前，虽有合理性，但如能对抗战后至新中国成立前问题进行阐述，则将使本书更为完善。

上编　清代前中期归化城房地产

第一章　清代归化城民间房地产

　　清初的呼和浩特只是一个小城堡——归化城。归化城是蒙古土默特部阿拉坦汗在明嘉靖年间所修建。后金天聪六年（1632），皇太极亲征察哈尔，察哈尔林丹汗弃土西奔，后金势力控制整个内蒙古地区。皇太极驻跸当时的归化城后，编制户口，召见喇嘛，土默特部首领归附后金。直到乾隆四年（1739），归化城西北五里的绥远城才修建竣工，投入使用，所以清代前期呼和浩特房地产以单一的归化城为载体。清代的归化城则是以旧有的归化城堡和城南逐渐发展起来的买卖城构成。清初归化城房地产所有权属于土默特蒙古部众，以及召庙和喇嘛。后随着清朝中央权力在地方的渗透和发展，又形成官衙署及房地产，归化城房地产一分为三。

第一节　清代归化城民间房地产基本状况

　　清初归化城原本非常狭小，房屋也非常少。崇德三年（1638），漠北喀尔喀部进犯归化城，清太宗皇太极对归化城颇多感慨，认为"城小濠狭，势难御敌"①，希望在城外建城垣，设四门，修望楼，城外环以深垣。那么当时的归化城是什么样呢？清张鹏翮在《奉使俄罗斯日记》中记载："城周可二里，惟仓库及付都统署瓦屋，余寥寥土屋数间而已。"② 这时候，归化城"城制略同城堡"③，只是一个周围不过二里的小城堡。康熙年间，城南之地已经是"居民稠密，视城内数倍。驼马如林，间以驴骡……俗最信喇嘛，庙宇林立"④。在城堡南面，发展成了繁华的买卖城。民国初年，外交部、内务部、农商部、税务处联合对归化城商埠进行调查发现，

---

　　① 《绥远通志稿》第 2 册卷十七 "城市"，第 401 页。
　　② （清）张鹏翮：《奉使俄罗斯日记》，清刻本。
　　③ 《绥远通志稿》第 2 册卷十七 "城市"，第 402 页。
　　④ （清）钱良择：《出塞纪略》，第 18 页。

"户口，居民约万余户，商家三千余户"。① 二百多年间，归化城形成以城堡伴以买卖城为中心的城市形态，并一直持续到 19 世纪末。以归化城堡为核心的城市拓展，预示房地产开发幅度大，周边土地被开发利用。

一 清代归化城蒙古房地产②分布情况

乾隆年间，归化城土默特之地再次以户口地形式划分给蒙古部众。确立了归化城土默特蒙古部众对城市的房地产使用权，归化城房地产所有权掌控在土默特两翼的蒙古部众和喇嘛手中。遍览资料发现，蒙古部众主要居住在以归化城堡为核心的区域内。如《内蒙古土默特金氏蒙古家族契约文书汇集》是铁木尔主编的关于其家族从乾隆三十七年（1772）到 1957 年的土地契约文书汇编，书中显示的契约照片内容可知，铁木尔家族是土默特十二参领之一的"凌丹嘎兰达"③。其家族土地主要集中在云社堡村、把栅村；而房产、地基则主要集中在归化城大西街、营坊半道街，公主府半道、小西街坐南向北、牛桥西顺城街路南，太和馆巷、大照壁。契约中用来交易较多的就是营房半道街户口地基和公主府半道街户口地基。这些地基主要集中在归化城堡内偏西和城堡外的大西街及小西街，营坊道则主要在归化城堡北。从土左旗档案馆保留的契约中也可知道，光绪年间分家时，蒙古佐领荣穆扎布家族七个儿子共拥有归化城内房地产：太和馆巷内西院一所，正房七间，西房五间，南房五间，西南正房二间半；太和馆巷内路北老院一所，内计正厅五间，东厢房二间半，西佛殿二间，东配房三间，西配房三间，二门一座，外院东房三间，西房三间，东碾房二间半，西磨房车棚四间，外大门三间，相连后院一所，西房三间，正房五间，大门一座；马道巷原置到南瓦房五间，正土房七间。④ 这些房屋均自住，用于租赁的房地产基不算。太和馆巷在归化城堡西侧，距城堡很近。而从积

---

① 魏渤等：《调查张家口、归化城开辟商埠报告》，《农商公报》第一卷第 7 册，1915，第 10～11 页。
② 蒙古房地产包括召庙和喇嘛房地产，这部分在下文将进行单独讨论。
③ 铁木尔：《内蒙古土默特金氏蒙古家族契约文书汇集》，序二。
④ 土左旗档案馆档案：五门应分家产世业等项册簿，光绪十一年七月初三日，全宗号：80—14—1276。土左旗档案中清代档案全宗号为 80，14 为分类号，是契约类，1276 为件号。民国档案全宗号为 79，都是按照年代归类的，没有完全整理出来，所以使用时候，必须注明年代，如 79—1—381，1930 年。日军侵入归化城的八年，为成纪纪年，全宗号为 111。后文档案利用均同，不再另外说明。

成堂契约表（附录 A）中看出，其用于租赁的房地产也均围绕在归化城堡附近。归化城都统丹津老宅为原归化城都统署，后裔自置买留用。民国后，丹津府邸一直在归化城内路北议事厅附近。土左旗档案馆清代契约档案中，还有较多的其他蒙古地主出赁房地的契约，其中房产的出租买卖约据相对较少，多半是空地基出租，地理位置亦呈现出蒙古房地产集中在归化城堡内部及堡周边，尤其是西边和北面的格局。

二 清代归化城汉民房地产形成特点

明朝中后期，史料中有蒙古土默特部阿拉坦汗招徕汉民耕种，以及汉民板升的大量存在。① 清初，尽管经历了战火，又受到清廷政策的阻止，但民间移民依然方兴未艾。雍正九年（1731），山西巡察励宗万亦奏："归化城一处在两年前携家口者将及千家，年来已不下二千家。而归化城外尚有五百余村，更不知有几千家矣。"②《绥远通志稿》亦载："绥远汉族人民其初大都来自山西，尤以晋北各州县为繁……盖以壤地相接，移垦便利，故人民辐辏云集，俨然成聚。"③ 这些来自晋北的移民，在归化城内多赁屋经商居住。

清代归化城汉族移民逐渐形成著名的走西口、到归化之说。西口即当时的杀虎口，走西口的范围是从杀虎口向西，以归化城为核心的广大区域。这些移民一部分耕田，一部分经商。而从后期形成的城市区划特点来看，今天以召庙为核心的呼和浩特玉泉区，恰是汉族为主的聚居区。清代山陕汉族移民出西口，聚集在归化城，初期主要租赁召庙房地产居住或经商，后逐渐为己所有。召庙多集中在归化城堡南面，汉民也逐渐在城南形成聚居区。康熙年间，城南已是"居民稠密，视城内数倍"④。由于归化城是南北西贸易重要中转站，所以很多汉民商人主要以归化城为贸易据点，尤其是在旅蒙贸易中，归化城更多是商人存储货物的仓库。街面的房地产租银相对比较贵，而作为仓库，又不必用街面房地产。所以，汉民所居房屋都比较狭长，并且多半是租赁，而非典买，房屋质量并不理想，以土房为主。围绕那些较大的商人赁住的房屋，逐渐兴起各种配套设施，如茶馆、饭店等，形成了以行业为特点的聚居区，如南柴火市、人市等。

① 这个问题很多学者有论述。
② 中国第一历史档案馆编《雍正朝汉文朱批奏折汇编》（20），第 213 页。
③ 《绥远通志稿》第 7 册卷五十"汉族"，第 4 页。
④ （清）钱良择：《出塞纪略》，第 18 页。

三 清代归化城回民房地产形成特点

清代归化城移民中还有一支队伍，就是渐次迁来的回民。这部分回民聚集在归化城堡北，扎达海河东岸。这主要因为归化城堡北门是新疆通往内地的必经之地。康熙三十二年左右，为避免国内回民响应厄鲁特部噶尔丹，起来反对清朝，清政府欲将境内回民遣返回新疆。当时归化城有回民三百人左右，其中二百多人离去，其余声称，"居此年久，又无粮骑，断不去也"①，留居归化城。清廷又把张家口不愿回去的回民四十多人迁居归化城，共一百七十多人，定居归化城北。这是有记载的第一批留在归化城的回民。康熙三十三年（1694），居住在归化城的"回回"，以及归化城绿营兵中的回部官兵，在其居住地修建清真大寺，形成了以羊岗子、驼桥、牛桥等为名称的第一个回民聚集区。这以后，围绕清真大寺，又形成了几处回民聚集区：康熙末年的马莲滩；雍正年间在旧城内西北角的九龙湾；乾隆初年在扎达海河西岸，太平召、周家巷、后沙滩和北沙梁一带都逐渐形成回民聚集区。② 因为宗教信仰，清代归化城的回民房地产形成了以清真大寺为核心的聚居特点，也就集中在了归化城堡以北的区域内，显然也是租赁原蒙古部众地基来建房或租房居住。（图1-1）

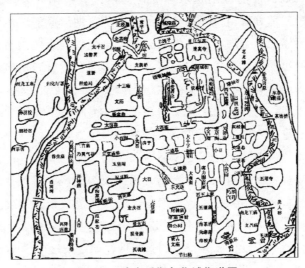

图1-1 清中后期归化城街道图

（此图根据《归化城厅志》中归化城街道图改绘）

---

① 呼和浩特回族史编辑委员会：《呼和浩特回族史》第一章，1994，第49页。
② 呼和浩特回族史编辑委员会：《呼和浩特回族史》第一章，第49~59页。

第二节 清代归化城民间房地产交易

在明代归化城的基础上，清代归化城逐渐发展起来。经过清末战火，保留下来的只有很小的城池和位于城南的大召寺庙。就是在这样的基础上，依靠一条扎达海河，一个城堡，一个召庙，归化城不断壮大。康熙年间，又修建了内外罗城① （图 2 - 1），城市扩大的直接体现就是房地产的发展和扩大。房地产的开发扩建必然涉及房地产权的变化。清代归化城民间房地产交易拥有强大的生命力，表现出较为独特的一面。

一 清代归化城民间房地产交易兴起及发展的背景

归化城具有重要的军事地理位置。归化城所在位置，背负阴山，俯临黄河，即是塞外前套平原的冲要，又为漠南东西南北的锁钥。自古以来就是交通要道。归化城位于漠南平原，长城之北，是农耕文明和游牧文明的分界点。蒙古土默特部阿拉坦汗也曾要求明朝，在归化城建立贸易互市关口，弥补其游牧经济的不足。② 清朝初年，清准战争持续了七十多年，作为漠南蒙古的核心地区，归化城土默特部成为较早归附清朝的蒙古部落。归化城也由此成为清朝对准噶尔作战的前方重要军事据点。顺治年间，即 "命多罗安郡王岳乐为宣威大将军，统领官兵，戍防归化城"。③ 康熙年间，兵部题奏，"归化城乃总要之地，增戍之兵甚多，应专设将军一员，总管归化城都统、副都统、训练官兵。凡有当行事务、协同右卫将军而行"，"著领侍卫内大臣伯费扬古为安北将军管理"。④ 专门在归化城单独设置将军进行管理。

归化城商业发达，是重要的经济中转站。自古以来，归化城就是南北商业贸易的重要之地。明蒙之间的贸易往来也很频繁。清朝顺治年间，官方就晓谕漠北喀尔喀等地，"每年只允许管旗汗、贝勒及台吉、为首大臣、喇嘛等进京进贡"，其他人 "若欲置买茶帛等物、俱令于归化城

① 张曾：《归绥识略》卷八，第 81 页。
② 郑洛：《抚夷纪略·答房王求新城开市及不治通事罪》，《明代蒙古汉籍史料汇编》第 2 辑，第 150 页。
③ 《清世祖实录》卷七十七，顺治十年秋七月辛酉。
④ 《清圣祖实录》卷一百五十九，康熙三十二年五月庚戌。

交易"①，重申了归化城的贸易地位。随着清准战争的爆发，旅蒙商大规模发展起来，归化城再次成为重要的商业重镇。在西征途中，康熙帝曾驻跸归化城，考虑到"归化城马驼甚多，其价亦贱"，允许官兵"借银贩买马驼"②，印证了归化城的商业状况。这种繁荣的商业往来，注定了大量的流动人口的存在。

内地移民的大量涌入，使归化城人员流动频繁。明朝中后期，囿于阿拉坦汗的招徕政策，大量内地移民开始涌入。虽然历经明末清初的战火，一方面受到经济利益的驱动；另一方面，为了解决内地日益膨胀的人口压力，在清朝政府时断时续的禁放政策下，归化城已成为晋陕农民走西口的代名词。从最初的雁行人，到后来的定居生活，归化城周围土地被开垦，归化城内居住商贩也日益增多。雍正五年十月，山西巡抚觉罗石麟的题奏中说，归化城地方"（农民）春出冬归，实无立业之家。……其种地之人则系春出冬归，往来原无定所。即贸易者以皆单身暂寓，迁徙靡有常情"③。雍正九年，山西巡察励宗万奏："归化城一带地土丰沃，大同等府居民出口耕种者甚多。但臣查向年出口之民，不止单身前去，竟将全家搬移出口，散居土默各村落。……归化城一处于两年前携家口者将及千家，年来已不下二千家。而归化城外尚有五百余村，更不知有几千家矣。"④ 显然已经不只是雁行，而是定居生活了，也有很多人居住在归化城堡周边。光绪《左云志稿》也反映："山西百姓，大半皆往归化城开设生理或寻人之铺以贸易，往往二三年不归。……且有以贸易迁居大半，与蒙古人通交结，其利甚厚，故乐于去故乡而适他邑。"⑤ 人口总体流动趋势是从最初的雁行到逐渐定居的。

如果说上述原因都是归化城房地产交易出现的客观条件，那清政府对归化城蒙古部族的政策——带地投诚⑥，则使归化城房地产的主人被明确。如此多的移民涌入，居住方式必然是一个大问题。而清政府对归化城等蒙古部落的政策也适应了这个需求。归化城土默特部落是阿拉坦汗的后裔。

---

① 《清世祖实录》卷一百四十三，顺治十七年十二月己亥。
② 《清圣祖实录》卷一百七十七，康熙三十五年十月丙申。
③ 中国第一历史档案馆《雍正朝汉文朱批奏折汇编》（10），第840页。
④ 中国第一历史档案馆《雍正朝汉文朱批奏折汇编》（20），第213页。
⑤ 转引自卢明辉《清代北部边疆民族经济发展史》，黑龙江教育出版社，1994，第172页。
⑥ 清政府认为，归化城土默特部是带地投诚，清政府又以户口地等形式将土地划给蒙古部众。

明末清初之际，蒙古大汗林丹汗受到后金皇太极追击，林丹汗西行中，与归化城土默特部发生著名的赵城之战，归化城土默特部族失败，林丹汗"袭有其众"①。在后金强大攻势下，林丹汗西逃，归化城土默特部降归后金。皇太极"安堵如故"②。尽管后来清廷又陆陆续续剥夺了归化城土默特贵族的行政权力，采用京选方式任命地方官。但"带地投诚"这个事实意味着，归化城土默特的房地产所有权为国家所有，清政府以授权形式，将房地产所有权授予归化城土默特的蒙古贵族和召庙喇嘛，形成其自给自足的经济方式。

二　清代归化城蒙古房地产交易的兴起和发展

归化城所处的地理位置特殊，人口流动频繁，房地产交易势所必然。由蒙古民人发起的房地产租赁、买卖的最早历史记载，可能是乾隆十年。③ 那也只限于单一的房地产租赁。囿于清政府政策限制，不允许蒙民交产，所以房地产典买多是在蒙古部众内部进行。嘉庆二十一至二十二年（1816—1817），土默特蒙古房屋买卖一处④；道光十年至十一年（1830—1831）房屋买卖五处⑤；道光十六年至十七年（1836—1837）房屋买卖十一处⑥；同治六年至七年（1867—1868）房屋买卖四处⑦；同治八年至九年（1869—1870）房屋买卖三处⑧；这些内容记载在土默特向清廷报告的账册内，显然房地产交易是受清廷严格掌控的。从土左旗档案看，归化城蒙古房地产交易比较典型的是积成堂主荣穆扎布购买归化城丹府地产

① 张曾：《归绥识略》卷三十三"土默特"，第 394 页。
② 张曾：《归绥识略》卷三十三"土默特"，第 394 页。
③ 土左旗档案馆档案：租甲兰伊三官庙街房 5 间的租约，乾隆十年四月二十九日，全宗号：80—14—41。
④ 土左旗档案馆档案：户司为报送收支四柱注销清册的呈文（满文），嘉庆二十二年十一月，全宗号：80—46—432。
⑤ 土左旗档案馆档案：旗务衙门库存旧管新收动支实存数目册（满文），道光十一年十一月，全宗号：80—45—22。
⑥ 土左旗档案馆档案：旗务衙门库存旧管新收动支实存数目册（满文），道光十七年十一月，全宗号：80—45—23。
⑦ 土左旗档案馆档案：土默特旗库正项银两收支动用清册，同治十一年七月，全宗号：80—6—125。
⑧ 土左旗档案馆档案：土默特旗库库存正项银旧管新收各项动用实存数目清册，同治九年十一月，全宗号：80—6—127。（本书土左旗档案满文注释内容转引自乌仁其其格著《18—20 世纪初归化城土默特财政研究》）。

的交易。

(一) 丹府的房地产及其规模

丹府是丹津府邸的简称，丹津是清归化城土默特左翼都统。清初，其祖上古禄格被清廷任命为归化城土默特部左翼都统。后封为一等男爵，顺治二年（1645），又被封三等子爵。康熙年间，古禄格长子袭封三等子爵，四子任左翼都统，后四子之子古睦德进京领蒙古正白旗佐领职，后回到归化城土默特任左翼都统。康熙四十三年（1704），拥有爵位的古禄格长子一系因罪革爵位，清廷命丹津兼袭爵位，袭都统职。此后，爵位即在丹津一系。丹津任左翼都统期间，建立行社，发展地方经济；设置满学，建立文庙，强化国家认同；军事上，驻兵、练兵、赈灾，协助修建绥远新城，管理马厂牧务。"报商劝农，教养兼备"①，深得民心。归化城百姓，甚至出资为其修建生祠。② 丹津也深受清廷赏识，去世后，被允许与费扬古大将军"合祠祭祀"。③ 由此可见其在位时候所受恩宠，其宅院也是相当宏伟。《归绥识略》中记载："在归化城北门内，为土默特左翼都统丹津旧第，厅有雍正帝御书'远上寒山石径斜'四句匾额。"④《土默特旗志》记载："北门内南向者，土默特正都统衙门，人曰丹府，（都）统于乾隆间奉裁，旧衙为其子孙世守。"⑤ 丹津有子早亡，后来过继族子札什泰，丹津去世后，清政府停袭其家族都统职，袭佐领职，又袭三等子爵，兼三等男爵。都统署一直为其后嗣居住，称为丹府。

丹府有世袭爵位，丹府附近的地段，也为丹府所有。因为清廷认为归化城土默特是带地投诚，清廷又将土地以户口地方式赐予归化城土默特蒙古民人，包括归化城之地。⑥ 丹府拥有众多地产，在道光十三年十月，在其卖与积成堂的契约显示一次性卖出 39 块地基产，位于道台东地基 10 块，西顺城街路 4 块，牛桥 4 块，大桥南地基 3 块，太平街路 3 块，外罗城路

---

① 张曾：《归绥识略》卷二十六"宦绩"，第 244 页。
② 张曾：《归绥识略》卷二十六"宦绩"，第 244 页。
③ 张曾：《归绥识略》卷二十六"宦绩"，第 244 页。
④ 张曾：《归绥识略》卷六"古迹"，第 70 页。
⑤ 《土默特旗志》卷四"法守"，第 243 页。
⑥ 铁木尔主编《内蒙古土默特金氏蒙古家族契约》，中央民族大学出版社，2011。该书是土默特参领金氏家族房地等契约的汇编，其中多次提到营坊道等地的房地基为祖遗户口地。由此知道，清廷将归化城及周围土地均以户口地形式划分。

西地基 2 块，小东街 2 块，大南街 2，大城里路东 2 块，道台西地基 1 块，□□板申 1 块，东顺城街 1 块，舍力儿召前路 1 块，大桥头路南 1 块，北门里路西 1 块，大十字路 1 块。① 从丹府所拥有的房地产位置来看，基本在丹府周围，围绕归化城城垣内外。可以推测，丹津家族的房地产是以丹府为中心，不断拓展的，主要是地基，也有房产。其他蒙古贵族和民人应该也是如此。

丹津家族不仅有归化城的房地产，还有清政府赐予的土地和牧场。从这些地基信息中可以看出，城市房地产基的出租使用，除了经济效益，更多是丹津家族地位和权势的表现。道光前期，丹府的地产出租行情很不错。土左旗档案馆资料呈现的有丹府诺大人和罗大人的空地基出租。② 租户主要是用于居住和经商的汉民。罗大人和诺大人在丹津家族地位、关系不详，但诺大人应该就是后来卖地基与积成堂的诺门达赖。在契约中，诺门达赖称上述地基为先祖所遗。③ 可见当年丹府实力之强，资产之雄厚。

（二）清代归化城蒙古积成堂地产业

道光以后，归化城内出现一位蒙古民间地产商即荣穆扎布，其房地产名号为积成堂。道光十三年（1833）之前，积成堂名号鲜见史料。道光十三年，由于生活入不敷出，丹府诺门达赖一系将自己拥有的 38 块地基全数售卖积成堂主荣穆扎布，将荣穆扎布推上历史舞台。

1. 积成堂身份探究

荣穆扎布购买丹府地产事宜出现在土左旗归化城副都统衙门档案中。那么积成堂主荣穆扎布是什么身份呢？相关联的契约一般称荣穆扎布为荣

---

① 土左旗档案馆档案：将归化城 37 处地基以 3233500 文卖予积成堂的卖约，道光十三年十月廿九日，全宗号：80—14—213。

② 土左旗档案馆档案：租到丹府诺大人太平街路西空地基一块的永租约，全宗号：80—14—204；租到丹府诺大人道署衙门东空地基一块的永租约，全宗号：80—14—205；租到丹府诺大人道署衙门东空地基一块的永租约，全宗号：80—14—206；租到丹府诺大人太平街北栅外空地基一块的永租约，全宗号：80—14—207；租到丹府罗大人名下牛桥西南空地基一处的永租约，全宗号：80—14—184；租到丹府罗大人道署东空地基一块的永租约，全宗号：80—14—1108；租到丹府罗大人道署东空地基一块的永租约，全宗号：80—14—1109。

③ 土左旗档案馆档案：将归化城空地基一块以 484 两白银卖予积成堂的卖约，道光十三年十月廿九日，全宗号：80—14—212；将归化城 37 处地基以 3233500 文卖予积成堂的卖约，道光十三年十月廿九日，全宗号：80—14—213。

老爷、佐领荣穆扎布、佐领荣老爷、积成堂荣老爷、积成堂荣穆扎布等，可知积成堂主是归化城土默特蒙古佐领。归化城土默特归附清朝后，分为左右两翼，共设 12 参领，60 佐领，60 骁骑校。① 参领、佐领晋升都得引见，地位相对比较高。荣穆扎布首次出现在史料中是在道光十三年（1837），最后一次出现是光绪四年（1878）②，荣穆扎布跨道光、咸丰、同治、光绪四朝，风光了 40 多年。其后积成堂名号继续使用。在归化城副都统衙门档案中，发现一份分家产的册簿和合同约，现实录如下。

史料 1-1：叔侄四门分祖遗家产的合同约③

立合同分开祖遗家产约人情因先君佐领，所生七子，长子参领纳素克多尔计（已故）生一子纳木吉勒玛，次子喇嘛索诺穆丕勒（已故），三子三丕勒诺尔布（已故），生一子额克哩达赖，四子喇嘛桑噜布，五子参领纳祚特多尔计。生二子，长子催金速隆，嫡子补隆巴彦尔。六子喇嘛密吉克多尔计，七子章楚布多尔计（已故），无子，生一女，兹遵兄命邀同亲友合族共议将五门长子与七子过继承嗣，院内有家佛庙，每年先援过供佛祭品，经资香油一切费用银三十二两整系通义号二十五两，杨隆名下七两，再与喇嘛等分援过地土地租等项另账簿一本，日后照账管业，下余将察素气村牛犋老院内外房屋连场面又连树园子一所，分拨与三门承守管业，东至路面，西至五七门，南至义合兴北北至路，所有家产住房院地、土地租地铺家具、器物、牲畜、衣物、粮石资财等项，叔侄等公同商议，俱按四门四股秉公分拨均匀，此系各出情愿，日后各守自业，永无返悔，恐后无凭，今将各门应分到资产等项一应全行开载明白，并立花账四本各执一本，以为日后证用，惟有马道巷地基从外典来，另有约据可凭外，又有赵椿龄所占空地基一块，亦系三门分到，另书约内外内有借用，补参领印信戳记为凭。

光绪十一年七月初三日立

任全 +

---

① 《土默特旗志》卷九"职官考"，第 271 页。
② 土左旗档案馆档案：租到积成堂荣老爷道署东空地基西半边的永租约，光绪四年十二月初九日，全宗号：80—14—564。
③ 土左旗档案馆档案：叔侄四门分祖遗家产的合同约，光绪十一年七月初三日，全宗号：80—14—640。

骁骑校德隆额（签名）

参领台吉补延克什（签名）　　同中知见

增生杨廷辅代笔（签名）

蒙古额勒哲依（签名）

史料1-2：五门应分家产世业等项册簿①

长门应分到太和馆巷内西院一所，正房七间，西房五间，南房五间，西南正房二间半，后院马棚八间，大门一座。此院东至五七门地界，西至三门地界，西北至丹老爷地界……

三门应分到察素村院一所……太和馆巷内路北赵姓空地基一块，东至长门，西至七门，北至丹老爷，南至本巷。……

五门应分到……归化城每年所收市钱并满钱：李德夺每年市钱十五千六百文……

七门，应分到……归化城地铺市钱并满钱：复盛湧每年市钱八千文……

四六喇嘛应分到察素气村地土地租；……孔家营子众姓每年收地基租钱十千零。……

有积成堂与外约据六张，日后任力自办，有（归）化城并煤窑，该外赁项五门应允；有二道河草地一块公用，以上俱系公用。

光绪十一年七月初三日

两份档案资料时间是一致的，都是光绪十一年（1885）七月初三日。史料1-1所记载的七子也与史料1-2记载相同。史料1-1中提到将先君佐领家业分割给后代。而在史料1-2中，所罗列出来的归化城用于出租的地基租户基本都是积成堂的租户②，在史料1-2中明确显示保存有"积成堂与外约据六张"。由此可知，这份分家合约和册簿是积成堂佐领荣穆扎布子嗣们的分家记录，也再次印证了荣穆扎布为归化城土默特左翼佐领的事实。

有一则关于荣穆扎布仗官骗债，陷入官司的档案：

---

① 土左旗档案馆档案：五门应分家产世业等项册簿，光绪十一年七月初三日，全宗号：80—14—1276。

② 下一子目会陈述具体情况。

史料 1-3：催令佐领荣木扎布迅速来案以便讯断的咨文①

特授归化城蒙古民事府加五级记录十次都为再行咨催事。案据本城铺民张明呈控佐领荣木扎布仗官抗债等情一案。当经备文二次移咨传令该佐领荣木扎布来案受审，迄今未据前来。兹于本月十三日复，据张明呈称：为仗官骗债，捏具蒙票移覆，妄推不案，终何得了？再恳申请委员讯追事。缘小的前以仗官恃势，拐骗血债，呈控佐领荣木扎布等情一案，蒙恩备文咨提二次荣木扎布，直觉四品大员，又在印房行走当差；伊子那苏儿倒尔济身膺佐领，亦系四品大员，正在户司行走当差，不案何妨？议捏蒙字票呈，令户司移覆宪，天支推不案，小的又想户司即荣木扎布，而荣木扎布即户司，所有一切文移公论公办即是自论自办，而户司其如之，何似此仗官硬骗小的？看来无门伸讨，只得再陈下情，伏乞悬准申请都统大人饬发追偿，案无了期施行等情。据此拟合再行咨催，为此合咨贵司烦查，先令文内事理，希即催令佐领荣木扎布迅速来案，以便讯断，幸勿再任迟延，致原告叠呈不休，徒兹烦渎，望速望速，须至咨者。

咸丰七年闰五月十九日（印）咨前事

这份资料明确了积成堂堂主的行政身份，为归化城左翼佐领，官居四品，掌管归化城旗务衙署印房。其子那苏儿倒尔济亦为佐领，任职旗务衙署户司。归化城旗务衙署有户司和兵司两个机构，分管户口田土和命盗斗殴赌博等②，显然父子均官居要职。

土默特史研究专家于永发先生的《土默特蒙古族家谱》中转有抄自土默特档案的《荣门家谱》③（图 1-2），显示了荣穆扎布家族上至乾隆年间，下至 1923 年谱系。由此可知，道光年间，活跃在归化城的蒙古积成堂地产商，正是具有佐领身份，官居要职，拥有较为显赫家世的荣穆扎布。其后世子孙即为今天的察素齐西园子喇嘛云家。

---

① 土左旗档案馆档案：催令佐领荣木扎布迅速来案以便讯断的咨文，咸丰七年闰五月十九日，全宗号：80—4—448。
② 《土默特旗志》卷九"职官考"，第271页。
③ 于永发：《土默特蒙古族家谱》，《呼和浩特文史资料》第9辑，第56页。

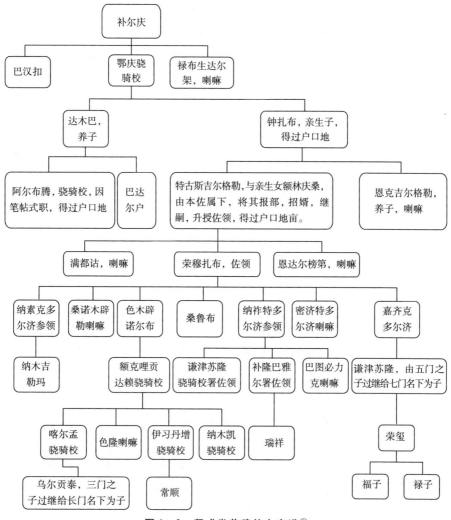

图1-2 积成堂荣穆扎布家谱①

2. 积成堂房地产业的兴起

清代道光年间积成堂买入大量丹府空地基，从此开启了房地产事业。

史料1-4：将归化城空地基一块以484两白银卖予积成堂的卖约②

立契卖空地基文约人世袭子爵诺们达赖。因己日费拮据，并无辗

---

① 根据于永发的《土默特蒙古族家谱》谱七绘制，《呼和浩特文史资料》第9辑，第56页。
② 土左旗档案馆档案：将归化城空地基一块以484两白银卖予积成堂的卖约，道光十三年十月廿九日，全宗号：80—14—212。

转，烦人说合，将自己先祖所遗到归化城出赁与三成店东顺城街路北空地基一块，东至宝源碾房圐圙，西北至道，西南至光明斋，空买禄天城楼后墙等，南至官街，北至永兴店，四至分明。今协同本署官员以及己族，自己情愿过票，出卖与积成堂名下，永远为业，同中现受过白银四百八十四两，笔下当交，并不拖欠。立契卖后，由买主自便，与己毫无干涉。嗣后倘有蒙古亲族并赁基民人等（狡）[娇]情争碍者，有本主一力承当，两出情愿，各无反悔，恐口难凭，立此卖地基契约为证。

　　　随龙票一张①

　　　道光十三年十月廿九日　　诺们达赖（签名）

　　　郝文秀 +

　　　佐领荣穆扎布（签名）　　　　　　在中人

　　　王福 +

　　　秦锦肃 +

史料 1-5：将归化城 37 处地基以 3233500 文卖予积成堂的卖约②

　　　立契卖屋基院文约人世袭子爵诺门达赉。因己日费拮据，并无辗转，烦人说合，将自己先祖遗所遗到归化城出赁与刘显功等道台东地基一块，刘明善道台东地基一块，王合道台东地基一块，陈珍道台东地基一块，周稀顺道台东地基一块，李如松道台东地基一块，任安舒太平街路西地基一块，郝士明太平街路西地基一块，北长成太平街路东地基一块，又一块在□□板申，满光明斋东顺城街路北地基一块，义源长外罗城路西地基一块，李德夺舍力儿召前路东地基一块，复盛兴小东街路北地基一块，复兴贺小东街路东地基一块，义兴盛大南街头道巷路北地基一块，永顺菜铺大桥头路南地基一块，拜永广牛桥东地基一块，万庆恺元牛桥路西地基一块，世兴昌外罗城路西地基一块，恒兴染坊北门里路西地基一块，天成羊店西顺城街路北地基一块，又道台东地基一块，天兴隆大十字路东地基一块，费正亮大桥南地基一块，窦禄牛桥路东地基一块，福恒永大城里路东地基一块，复成和大城里路东地基一块，韩国

---

① 关于龙票，没有更多资料予以说明，综合所看到的归化城副都统衙门档案，只看到丹津所售之地拥有龙票，当是清政府赋予蒙古贵族土地的凭证，并是身份地位的象征。

② 土左旗档案馆档案：将归化城 37 处地基以 3233500 文卖予积成堂的卖约，道光十三年十月廿九日，全宗号：80—14—213。

盛道台东地基一块，刘前功道台东地基一块，赵永昌西顺城街东口地基一块，费殿安大桥南地基一块，隆盛香大南街路东地基一块，田鞋铺大桥路南地基一块，刘景云道台西地基一块，西顺局西顺城街路北地基一块，白玉室西顺城街路北地基一块，马得胜牛桥路西地基一块，尤代书道台东地基一块，共计三十七处，所有四至长阔另有粘单，俱各注明，今协同本属官员及己族，自己情愿过票出卖与积成堂名下，永远为业，同中现受过大钱三千二百三十三千五百文，前者预使过大钱七百零九千文，笔下当交大钱二千五百二十四千五百文，前后俱以清给，毫不短欠，自立契卖后，由买主自便，与己毫无干涉，嗣后倘有蒙古亲族并赁基民人等（狡）［矫］情争碍者，有本主一力承当，两出情愿，各无反悔，恐口难凭，立此卖屋基契约为证。

随龙票一张

道光十三年十月廿九日　诺门达赉立（签名）

郝文秀＋

佐领荣穆扎布

王　福＋　　　　　　　　在中人

秦锦肃（签名）

此二契约均为绝卖地基契约。出卖者为世袭子爵诺们达赖。拥有子爵身份的蒙古贵族并不多，应该是土默特左、右翼都统一系。我们在于永发的《土默特蒙古族家谱》中发现了诺们达赖的身份。其中有古禄格家谱，其中第四代为著名左翼都统丹津，丹津后裔第八代有诺猛达赖，享有子爵兼男爵身份，应该即上文中的卖地者——子爵诺们达赖。所卖地基为祖遗之产和已经用于租赁的地基。后文中档案史料亦显示，此次荣穆扎布所买地基即为丹府地基。诺们达赖因为日费拮据，并在此前借过荣穆扎布大钱七百零九千文，这次地基买卖发生在蒙古上层贵族之间。值得关注的是积成堂地产业的出现方式。两则卖地契约中提到了一大笔白银和文钱。在乌仁其其格《18—20世纪初归化城土默特财政研究》一文中曾提到归化城的白银和文钱比价。"嘉庆二十二年（1817）的银钱比价，一两合钱一千二百文，同治十一年（1872），一两合钱二千文。"①

---

① 乌仁其其格：《18—20世纪初归化城土默特财政研究》，第197页。

据此推断，按照一两合钱二千文计算，荣穆扎布所买 37 块地基则大约 1600 两白银，两次买入共约 2000 两白银。荣穆扎布何以能如此大手笔购进地基呢？史料中明确提到，"佐领荣穆扎布缘已于道光十三年十二月初一日朋合积成功众财东之本银二千五百两，已过票，置到丹府之产，立有龙票"。① 即荣穆扎布采用融资方式取得大量财东投资。积成功的出现估计也是源于此，积成功为财东名号。荣穆扎布在其中到底起了什么作用呢？

史料 1－6：与荣穆扎布分拨基产的合同约②

立分拨基产、清离身力约人积成功众财东谦和当、芝秀堂、怡怡堂伙计郝士俊，缘荣穆扎布于道光十三年十二月初一日在积成功始顶身力一分，屡次合账开出拳股银后，前已经使，迄今自咸丰二年十二月至同治三年二月初六日，经中将积成功应有之产一切算明，除该外讫，净长银二千七百三十二两一钱，按银股人力七股均分，每股应分银三百九十两零三钱。荣穆扎布名下一分，应开银三百九十两零三钱，除使过银二百三十七两三钱四分，净存银一百五十二两九钱六分，号内并无现存，同中以及财伙公议，将积成功公中应有之产分拨清楚，荣穆扎布名下应分到每年应收李德夺钱一十五千六百文，曹永寿钱六千文，四明元钱六千文，又钱三千六百文，以上每年共收钱三十一千二百文，以抵荣穆扎布拳股一百五十二两九钱六分。此宗外，众东家公议，额外又与荣穆扎布按出银五百两，亦无现银，又将每年应收通义号银二十五两，任安锦钱一十二千文，李如松钱一十六千文，北长成钱一十七千六百文，费殿安钱四千文，敦盛祥钱六千文，以上每年共收银二十五两，共收钱五十五千六百文，以抵额外银五百两之项。此基产本系积成功置到之产，前后二项俱已抵讫，今经中较明拨与荣穆扎布经管。至此积成功所有身力，荣穆扎布清结。此系情出两愿，各无反悔，恐口难凭，立此分拨基产清离身力约为证。

---

① 土左旗档案馆档案：借到普泽堂本银将自己收吃永顺菜铺等银钱典给的典约，同治三年二月初六日，全宗号：80—14—434。

② 土左旗档案馆档案：与荣穆扎布分拨基产的合同约，同治三年二月初六日，全宗号：80—14—432。

同治三年二月初六日

普泽堂

芝秀堂

积成功财东　　谦和当　　伙计郝士俊公与荣穆扎布立

怡怡堂

刘显功

在中人　索进高

车长安

　　这份分离身力的合同约非常清楚地说明，道光十三年，荣穆扎布以身力股加盟积成功，获得本银2500两，购进丹府之产。旧时合股经营者，领东的掌柜，自己没有资本，领他人的资本参与经营，除能得到月薪，年终结算还能按顶股的份数分得花红，由于没有资金，只有人力，故称人股，也叫身力股。荣穆扎布朋合几家资财以身力股在积成功中占有一股，并主持地产业。其他财东享有财股，年终七股分成。道光十三年到咸丰二年，积成功有序经营，屡次合账开出拳股银。积成功采用的是融资进行的股份制经营。

　　这些财东能出资让荣穆扎布参与经营，应该是有一定考量的。清政府规定，归化城蒙古之地是蒙古部众和召庙喇嘛的户口地和香火地，不能蒙民交产①，归化城房地产可以在蒙古民众中买卖，受国家控制。而众财东多是汉民，不能出面购得丹府众多财产；荣穆扎布不仅具有蒙古佐领身份，且任职旗务衙署印房，拥有一定便利条件。从其他相关资料也可以得知，荣穆扎布老宅和丹府旧宅比邻而居。② 从私人角度，也最有利得到丹府旧产。积成功和积成堂名号关系可以做一个认定，财东名号为积成功，地产商号为积成堂。在蒙古族中，能够成立名号，进行商业经营的人很少。荣穆扎布为自己的房地产业开创了一个新的局面，为后世打下了良好的基业。

---

①　《土默特旗志》卷七（第261页）中提到，"禁止民人折算典当蒙古地亩"，"民人交纳租息之房屋地基外，不得添盖房间，再招游民，违者均照私募开垦治罪"。

②　土左旗档案馆档案：五门应分家产世业等项册簿，光绪十一年七月初三日，全宗号：80—14—1276。

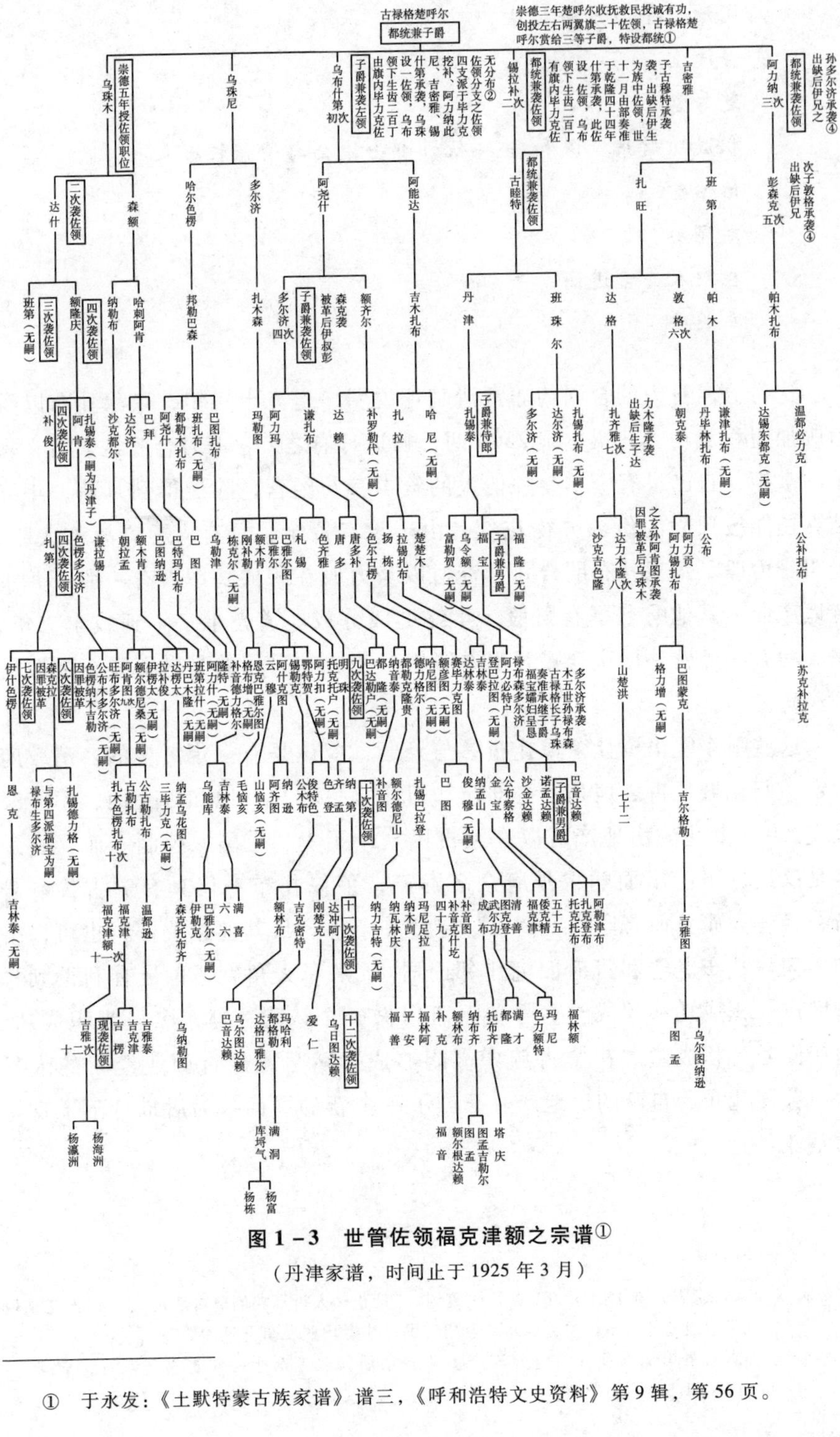

图 1-3　世管佐领福克津额之宗谱①

（丹津家谱，时间止于 1925 年 3 月）

① 于永发：《土默特蒙古族家谱》谱三，《呼和浩特文史资料》第 9 辑，第 56 页。

3. 积成堂的业务往来内容

归化城商业发达，人员往来众多，经商住店。来自山陕等地的商民，将归化城作为贸易中转站，最初，不携眷属，也不定居生活。这样，归化城地产业中，房屋典卖非常之少，大部分人都是租赁房屋居住。而归化城为蒙古部落所建，定居房屋极其少。山陕商民更多是来到归化城后，租赁蒙古地主地基，然后自盖房屋居住生活。这也就可以理解为什么归化城地基租赁业兴盛，但所盖房屋大多是土房。积成堂购进丹府的地产，也主要是地基，并出赁地基来获取利益。这是归化城蒙古房地产业的主要特色。

积成堂以归化城民间约定俗成的通用方式——契约，完成地基租赁业务。契约均为白契，纸质随意而定。一般契约为二张，租户和出赁人各持一张。内容包括地基位置，双方权益，地基押金和地铺钱。由于地理位置，空地基大小，地基押钱和地铺钱（亦称地谱钱）不等，有中人作保。从多份契约观察，最初中人多为空地基周围邻居，后来可能出现职业化趋势。

史料1-7：将泰和馆巷空地基一所租予全义和的永租约①

立出赁空地基约人佐领荣穆扎布。今将自己置到太和馆巷空地一块，南北俱至道，长一十五丈，东西北宽六丈九尺四寸，中宽七丈尺，南宽八丈二尺，出赁与全义和，永远修盖房屋居住，走路通街，同众言定，现使过押地大钱三百五十千文，其钱笔下交清，每年出地铺钱十四千文，按四标收取，不许长支短欠，亦不许长缩，两出情愿，倘有蒙古民争碍，有佐领荣穆扎布一力承当，恐口难凭，出约为证。

道光二十五年十二月二十六日　立约人

哈扎尔

米超荣　中见人

高鹤峻

此约作为故纸不用，同中另换过租新约

---

① 土左旗档案馆档案：将秦和馆巷空地基一所租予全义和的永租约，道光二十五年十二月二十六日，全宗号：80—14—292。

史料1-8：赁到荣老爷西顺城街空地基一块的永租约①

立赁空地基约人李成魁，今赁到荣老爷西顺城街路北空地基一块，东至德会荣，西至王姓，南至官街，北至小巷，走道，情愿赁到自己名下，修盖房屋、永远住占，言定每月地基钱一千三百文，按月凭折收取，现使过押地基钱八十千文整。其钱当交不欠，嗣后不许短欠，亦不许长缩，倘有蒙民人等争夺者，有荣老爷一力承当，两出情愿，并无反悔，恐口难凭，立赁空地基约为证。

同治十一年六月十二日 李成魁立 +

张应清 +

李如巘 +   中人

张绪 +

黄金富 +

另换约据，此约不用

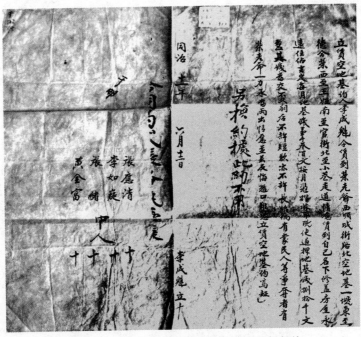

图1-4 土左旗档案馆藏清代房地产租赁契约

① 土左旗档案馆档案：赁到荣老爷西顺城街空地基一块的永租约，同治十一年六月十二日，全宗号：80—14—513。

一般的地基租赁契约没有标明长宽等数据，而是标明四至，如史料 1－8："东至德会荣，西至王姓，南至官街，北至小巷。"① 关于双方权益也是明确的，租户可以在空地基上修盖房屋、打井栽树等等，一般来讲，许退约不许夺。黄时鉴先生认为这个权力是蒙古人对汉民权益损害的一种保障，说明汉民经常受到损害利益。② 笔者认为，这或许是汉民权益增长的体现，体现了一种主动性。

关于地基银的收取，归化城的民间空地基契约一般有每月收取，每年收取，除了这些方式外，积成堂一般采用四标形式。清代归化城"银钱账目，向按四季标期清结，与内地按三节不同，每年标期日期，无大差异，春季正月二十二日，夏季四月十八日，秋季七月十七日，冬季十月初九日"。"四标归款之期，在各商界限甚严，不能逾日，否则信用立隳，营业顿归失败，而居民住户，赊欠商家之账，则于标期陆续催收，不以过标之日为严限也。民户欠项，每值过标，多付半数，俟至年终，全数清偿，亦成惯例。"③ 在收取地租基金的时候，不是拿着契约去收取，而是另外有凭折。档案史料中没有见到具体凭折样式，但一般是一个空地基契对应一个凭折。和官房收取不同，官房赁资是租户主动上缴，而民间地产中，赁资主要是租主拿着凭折上门收取。

史料 1－8 中提到押地大钱和地铺钱。押地大钱看似是对房基的押金，实质上更是对地铺钱所交的押金。上述契约中，押地大钱是两年零一个月的地铺钱。考察其他空地基文约，大部分收取押地钱，也有不收的。押地钱总数高于地铺钱，但是具体高多少，并不固定。④ 地铺钱实质上是空地基的租金。这个钱数是由时间、地点、经济条件决定。同治五年地基约人刘得善租到道署东的空地基，其押地基钱是 150 两白银，每年地铺钱白

---

① 土左旗档案馆档案：租到荣老爷道署衙门东路南空地基一块的永租约，同治十一年六月十二日，全宗号：80—14—513。

② 黄时鉴：《清代包头地区土地问题上的租与典——包头契约的研究之一》，《内蒙古大学学报》（哲社版）1978 年第 1 期，第 2 页。

③ 《绥远通志稿》第 4 册卷三十二 "金融"，第 668 页。

④ 黄时鉴：《清代包头地区土地问题上的租与典——包头契约的研究之一》，《内蒙古大学学报》（哲社版）1978 年第 1 期。该文提出押地钱同地租的关系，基本上是押地钱交的多，地租量就小，押地钱交的少，地租量就大。其利用的地契是归化城土默特右翼蒙古族的地契，也就是清代归化城土默特的契约关系，故有考察关联。

银 20 两整。这个数额就是比较高的。①

地基契约中提到地铺钱中，钱的种类很多，有大钱、市钱、满钱、九二钱、白银等等。清代归化城城市小，人员往来多，中转贸易和长途贸易频繁，白银作为流通货币，相对比较少，因此出台了谱拨银与拨兑钱。拨兑钱也称城钱（亦称城市钱、市钱），是归化城各家钱铺、钱庄，每天早晨去当时在金融组织宝丰社控制下的钱市上做数子，来定额钱的价值。数子就是拨兑钱和谱拨银的比价。② 相比较而言，拨兑钱不够稳定，也就有了归化城物价比较昂贵之说。"相传乾嘉时以八十抵百，历年递减，至光绪季年，低至一八抵百"，"足百谓之满钱"。③ 但积成堂以及归化城民间房地产交易中，基本没有满钱。官房租金则必须满钱缴纳。积成堂的地产文约中，还提到九二大钱，这是一种民间约定俗成的钱值。当时归化城各行各业所通行的银份也有很大区别。在贾汉卿先生早年采访所记的《归化城金融史话》中提到，如烟茶庄使用的银份叫作茶银，也叫九二银，它的每两单位比价等于谱拨银一两的 0.96；货行使用的银分，叫货银，也叫九四银，它的每两单位价格，等于谱拨银一两的 0.92966；还有九三银等。但商品互相过账，一般都用谱拨银，民间又多用拨兑钱。④

从积成堂地铺押金使用的钱来看，与当时动辄千万两白银的长途贸易相比，清代归化城的蒙古民间地产业绝没有形成大规模态势，即便是蒙古贵族丹津和佐领荣穆扎布尊贵的地位，依然不能改变这个事实。原因之一、蒙古人拥有土地，但不在意商业的经营；二、汉人、回民等移民不拥有土地，自然也不会轻易投入大量金钱用于购买土地。计算经济成本，还不如开饭店、旅店划算。再往深一层次，清朝对土地买卖的规定比较严格，尤其是蒙古人的土地，户口地一般不允许典卖，典卖发生后，清朝可以把户口地重行分配，无嗣绝户者，户口地随时要收回的。清代前中期，土地买卖有契税，租赁则没有税率。所以，尽管归化城后来出现那么多著名的楼院饭店，如晋阳楼等，房地产业也没有形成更大规模。当然，随着历史发展，蒙古人逐渐失去土地，汉民等逐渐拥有土地，情况自然会发生

① 土左旗档案馆档案：租到荣老爷爷道署衙门东路南空地基一块的永租约，同治五年八月二十四日，全宗号：80—14—1208。
② 贾汉卿：《归化城金融史话》，《内蒙古文史》第 12 辑，第 171 页。
③ 《绥远通志稿》第 4 册卷三十二 "金融"，第 660 页。
④ 贾汉卿：《归化城金融史话》，《内蒙古文史》第 12 辑，第 174 页。

重大变化。

由于年久，归化城民间地产租赁中转租的情况时有发生。但从积成堂所看到的这种情况不多，如果租户转变，多是重新和积成堂签订文约。租户身份一般都是从晋陕来做生意的汉民或回民，也有蒙古人。在积成堂地产业中，地基可以作为资产交易使用，例如借钱。

史料 1-9：借到瑞和泰 240 千文将全义和租金典给的典约①

立借钱约人佐领荣穆扎布今借到瑞和泰名下大钱一百四十千文，将全义和占自己空地基一块，每年应收地铺钱一十四千文，情愿赁与瑞和泰，四标收，随带老约一张，又带全义和折，于一个月后，钱到回赎，恐口无凭，立约为证。

咸丰十一年十月初九日又借到大钱一百千文，连前其共借到大钱二百四十千文，同王有彩言定，每年共满作利钱一十四千文，日后钱到回赎。

道光二十五年十二月二十六日　立约

赵瑾

米超荣　中见人

哈扎尔

本院买地基约八张　（约文角一行字）

史料 1-10：典到积成堂城里头路东空地基一段的典约②

立典地铺借钱文约。蒙古拴柱今典到积成堂祖遗城里头路东空地基一段，出赁于大盛湧住坐。每年应收地铺市钱一十六千文整，其钱笔下交清不欠。三年以外，钱到回赎，如钱不到，不计年限。随带老约一纸，折一个。日后有蒙民亲族人等增碍者，积成堂一面承当，两出情愿各无反悔，恐口难凭，立典地铺借钱文约存照用。

按四标收取。

---

① 土左旗档案馆档案：借到瑞和泰 240 千文将全义和租金典给的典约，道光二十五年十二月二十六日，全宗号：80—14—293。

② 土左旗档案馆档案：典到积成堂城里头路东空地基一段的典约，光绪十二年十二月十九日，全宗号：80—14—652。

　　　　大清光绪十二年十二月十九日　　蒙古栓柱＋立

　　　　图们（签名）

　　　　德老爷（签名）　　知见人

　　　　纳不腾森＋

　　这是两份不同的借钱文约，都是积成堂所为。史料1–9中发现，从瑞和泰所借之钱，共有两笔，道光年间显然没有清还。文约中记录应该是一个月后还钱，结果在十六年后，钱依然没有还清，反倒又借了另外一笔。这份文约中只是显示了实际情况，并没有对不及时还款有相应的措施，说明民间借据的约束力并不强。值得注意的是，这份典约，所典内容并不是空地基本身，而是空地基所带来的一年14千文租金。更值得注意的是，将地基租金典卖出去，所还的不是借的本金，而是利钱。将来要一次性付给瑞和泰本金240千文，才可赎回老约和凭折。十六年后，地基所形成的租资已经超过当年所借的本金140千文。而在这个基础上，再借100千文，如果积成堂不还本金，八年后，全义和付给瑞和泰的租金又超过了本金。当积成堂要收回这块地基时候，还必须付给瑞和泰240千文。如此推断，积成堂事实上失去了这块地基。

　　而史料1–10则更明确地说明这件事实。这份文约明确提出是典地铺借钱文约。事实上，后文说是典到积成堂空地基一块。在当时民众心目中，典地铺和典地基是同一件事。规定具体年限是三年以外，三年内是没有权利回赎的。三年以后，随时可以回赎，不论借本金多少，栓柱可以从这块地基上盈利三年租金48千文。如果不能及时回赎，这块地基就等于无限期送给了栓柱。

　　从以上典约也可以发现，积成堂的这份产业，并不是能过度盈利的产业，也说明在清代归化城民间地产业中，地产买卖不畅通，而是以租赁为主。

　　积成堂不但拥有归化城的地产租赁，在周边村落也有一定地产，主要是耕地，用来出赁。①

---

　　① 土左旗档案馆档案：将孔家营村地基一块转给董德的合同约，同治六年四月十八日，全宗号：80—14—471；将孔家营村地基一块转给周富的合同约，同治六年四月十八日，全宗号：80—14—473；将白塔尔村西北街地基一块租予张斗银的租约，同治十一年三月二十五日，全宗号：80—14—510。

4. 积成堂的衰落

积成堂风光了几十年后，经历了一系列变故，逐渐衰落下去。

变故之一：积成堂从积成功中分离。

积成堂从道光十三年（1834）开始，朋合财东，形成积成功，历经30年，终于在同治三年（1864），经历了一次重大变化。积成堂从积成功分离，原因不清。档案中，有分割资产签订的契约。

史料 1 -11：与荣穆扎布分拨基产的合同约①

立分拨基产清离身力约人积成功众财东谦和当、芝秀堂、怡怡堂伙计郝士俊，缘荣穆扎布于道光十三年十二月初一日在积成功始顶身力一分，屡次合账开出拳股银后，前已经使，迄今自咸丰二年十二月至同治三年二月初六日，经中将积成功应有之产一切算明，除该外讫净长银二千七百三十二两一钱，按银股人力七股均分，每股应分银三百九十两零三钱。荣穆扎布名下一分，应开银三百九十两零三钱，除使过银二百三十七两三钱四分，净存银一百五十二两九钱六分，号内并无现存，同中以及财伙公议，将积成功公中应有之产分拨清楚，荣穆扎布名下应分到每年应收李德夺钱一十五千六百文，曹永寿钱六千文，四明元钱六千文，又钱三千六百文，以上每年共收钱三十一千二百文，以抵荣穆扎布拳股一百五十二两九钱六分。此宗外，众东家公议，额外又与荣穆扎布按出银五百两，亦无现银，又将每年应收通义号银二十五两，任安锦钱一十二千文，李如松钱一十六千文，北长成钱一十七千六百文，费殿安钱四千文，敦盛祥钱六千文，以上每年共收银二十五两，共收钱五十五千六百文，以抵额外银五百两之项。此基产本系积成功置到之产，前后二项俱已抵讫，今经中较明拨与荣穆扎布经管。至此积成功所有身力，荣穆扎布清结。此系情出两愿，各无反悔，恐口难凭，立此分拨基产清离身力约为证。

同治三年二月初六日

普泽堂

芝秀堂

---

① 土左旗档案馆档案：与荣穆扎布分拨基产的合同约，同治三年二月初六日，全宗号：80—14—432。

积成功财东　谦和当　　伙计郝士俊公与荣穆扎布立

怡怡堂

刘显功

在中人　索进高

　　　　车长安

　　分析如上契约可知：分拨基产合同约七份。积成功当时的财东加积成堂共七部分，积成堂为身股，四股为银股。人力股，亦称身力股、身股、人身股、人力资本股，俗称"顶身股""顶生意"，即商业店铺的经理人、掌柜及主要伙友除每年应得的工资以外，还要根据其资历、能力以及对商号贡献大小，可以顶几毫、一厘至一股或两、三股的股份，与财东的银股共同参加分红，并根据其分号、联号的盈利多寡，进行红利分配。顶人力股制的特点是东家出钱，经理和员工出力，经理和员工为资本负责。① 人力股与银股相对。所谓银股，是开设企业时东家投入用以增值的货币资本。身股为职工以自身劳动加入的股份，享有与银股等量的分红权利。人力股确定方式主要有二：一方式是东家开设店铺时对其聘请的管理人员或核心人物事先言定人力股若干，以合约的形式规定下来。另一方式是企业在经营过程中遇账期分红，由经理根据职工的业绩向东家推荐，经东家认可即可登入万金账，写明何人何年顶人力股若干，从而成为新顶人力股的员工。②

　　这份分拨基产的合同约是以积成堂为主进行的。其他财东的身份不详，但谦和当应该是当铺无疑。而刘显功曾经也从丹府租房居住。③ 地基产业应该不是财东们的主要产业，更像是投资商，而"朋合"二字道出其中关系。积成堂荣穆扎布以身力股参与主管经营。同治三年，其他财东终于撤股。以荣穆扎布所欠四家款项计算，多达3215两白银。从这个数据和当初朋合的2500两白银比较，当初众多财东投入的资金一直在使用，尽管

---

① 卢忠民：《近代北京商业店铺中的人力股制度》，《中国经济史研究》2008年第3期，第60页。

② 卢忠民：《近代北京商业店铺中的人力股制度》，《中国经济史研究》2008年第3期，第60页。

③ 土左旗档案馆档案：租到丹府诺大人道署衙门东空地基一块的永租约，道光十一年十一月，全宗号：80—14—205；租到丹府诺大人道署衙门东空地基一块的永租约，道光十一年十一月，全宗号：80—14—206。

有每年股银分成，但经营了三十多年后，积成堂荣穆扎布已经进行了更多的融资。从财东投入收支来看，负债比值很大，估计这也是众财东撤股的主要原因。

在积成堂的经营管理中，所拥有的被用于收取租金的地基参与到资金链中，并承担了主要质押物的作用。积成堂不能还清融资欠款后，地基成为主要的抵偿品，这在契约中有很清楚的显示。值得注意的是，在分割资产的时候，地基上的租金承担的是本银。而在还款中，地基租金变成了质押物，承担利钱，不代表本金。从地产业运转角度，积成堂保有这些地基的回赎权，而从积成堂所欠数额和质押给对方的地租银比对，地基质押物的租金约为所欠款的七分之一。换句话说，积成堂如果不能在七年之内回赎质押出去的地基，则地基租金产生的利益就超出了所欠的本银数额。这对于积成堂以后的产业发展来看是极为不利的。

在这次变故中，积成堂不是赢家。从理论上来说，积成堂可以赎回地基，后续依然可以很好发展。但毕竟赎回这些地基要很大资产，难度很大。从下文光绪十一年荣穆扎布后裔分离家产簿中看出，同治三年积成堂欠款抵出的产业基本没有赎回。这次积成功分离，积成堂保留了名号，清点了财产，也失去了很多地基产业，受到重大损失，从此衰败下去。

变故之二：积成堂内部解体。

积成堂是荣穆扎布家族的地产名号。资料显示，这个家族还有大量耕地和牧场。清政府以一兵一顷地的规格，赐予归化城土默特部蒙古军民土地，自然积成堂逐渐积累了大量土地。终于在荣穆扎布去世后，招致分家的命运。光绪十一年，家族签订分祖遗产合同，首提"先君佐领"，意味荣穆扎布已经去世。其所生七子中，二子、四子和六子均为喇嘛，这符合蒙古家族的习惯，一个家族中，总有人要做喇嘛，以换取不税和分田的利益。长子和五子为参领，级别高于荣穆扎布。长子、次子、三子、七子均已过世。只留有长子家族，三子家族，五子家族，七子家族共四门参与分拨财产。① 从所分家产来看，主要是收租耕地和城内房地产基。

---

① 土左旗档案馆档案：叔侄四门分祖遗家产的合同约，光绪十一年七月初三日，全宗号：80—14—640。

史料1-12：五门应分家产世业等项册簿①

长门应分到太和馆巷内西院一所，正房七间，西房五间，南房五间，西南正房二间半，后院马棚八间，大门一座。此院东至五七门地界，西至三门地界，西北至丹老爷地界，北至五速兔召地界，南至本巷。……归化城每年所收地铺市钱：并大盛湧市钱十四千四万文，李向阳市钱十千文，费长年市钱四千文，世兴隆市钱十二千文，安永昌市钱二千文，李旺市钱二千文，四明元满钱五千五百二十二文，白润满钱三千三百一十二文……

三门……城里马道巷原置到南瓦房五间，正土房七间，大门一座，典到地基一块，有约为证。太和馆巷内路北赵姓空地基一块，东至长门，西至七门，北至丹老爷，南至本巷。……归化城每年所收市钱并满钱：李成魁每年市钱十五千六百文，承德堂每年市钱八千文，北长成每年市钱十七千六百文，刘保善每年市钱三千文，陈起风每年市钱一千二百文，刘大兴每年市钱一千文，王麟书每年满钱七千五百二十六文……

五门应分到……归化城每年所收市钱并满钱：李德夺，每年市钱十五千六百文，武明，每年市钱八千文，永昌魁，每年市钱四千八百文，李成业每年市钱四千文，王维元，每年市钱二千文，玉英堂，每年市钱七千二百文，闫绳武，每年市钱四千七百文，德厚泉每年满钱五千四百文，王花，每年满钱二千一百六十文……

七门应分到……归化城地铺市钱并满钱：复盛湧，每年市钱八千文，张喜君，每年市钱八千文，曹永寿，每年市钱六千文，刘永安，每年市钱七千二百文，杨德美，每年市钱三千文，硕铺堂，每年市钱五百文，复义店，每年满钱五千四百文，相永隆，每年满钱二千七百四十文……有积成堂与外约据六张，日后任力自办……

光绪十一年七月初三日

史料1-12中，四门中所得收取自己租银数额远远超出所提到的"有积成堂与外约据六张"②，内情不详。唯有的推测是，其中某一个子嗣获得

---

① 土左旗档案馆档案：五门应分家产世业等项册簿，光绪十一年七月初三日，全宗号：80—14—1276。

② 土左旗档案馆档案：五门应分家产世业等项册簿，光绪十一年七月初三日，全宗号：80—14—1276。

了积成堂的名号。在这个意义上，这次家族解体，意味着积成堂的名号内涵已然变化。

经过两次重大变故，荣穆扎布也已经过世，积成堂以后再没有更大举措，而以积成堂名号的房地产租赁确也一直维持着。光绪年间，积成堂出现一个那老爷和伊习丹增。① 荣穆扎布有长孙纳木吉勒玛，五子参领纳祚特多尔计，此那老爷估计是其五子，因为参领身份，习惯称为那老爷。在《荣门家谱》中，伊习丹增身份是骁骑校，是荣穆扎布三子的孙子。宣统二年，荣穆扎布长孙纳木吉勒玛一门，受到其他三门后裔的欺凌，积成堂卷入家产争夺官司。② 民国以后，积成堂名号依然存在，有时候被称为积成堂那仁斋③，其家族一直持续到今天。

三 清代归化城移民房地产交易的出现

尽管清政府不允许蒙民交产，但归化城民间社会中，移民房地产交易依然存在。分析开发者的身份，名载史册的就是回民地产商刘明经。《绥远通志稿》记载："清嘉庆间，有陕省西安回民刘明经者，以贩羊常往来于京绥间，遂占籍归化。"④ 而在《呼和浩特回族史》中则提道："乾隆时从西安来呼的回回刘二少以贩运'京羊'致富，嘉庆以后，其子刘明经和另一户回回杨家开始做地皮生意。"⑤ 显然，经过两代人的发家致富，刘明经积累一定资金，开始房地产买卖，其房地产业经营的规模很大。"他们先后把旧城北门外东西两条顺城街，以及牛桥河岸以东土默持旗参领伊精阿（俗称伊嘎勒达）宅邸以北的大部分地皮全部买了下来。刘明经不仅在北门购得大量地皮房产，另在旧城里驼桥街土默特都统衙门以西，也买进

---

① 土左旗档案馆档案：租到积成堂那老爷太平街空地基一所的永租约，光绪三十二年四月十八日，全宗号：80—14—860；赁到积成堂伊习丹增牛桥街空地基一块的永租约，宣统三年八月二十日，全宗号：80—14—1012；赁到伊习丹增口袋房地基一块的永租约，宣统四年三月二十九日，全宗号：80—14—1024。

② 土左旗档案馆档案：呈控本族骁骑校谦津苏隆恃势夺产逼寡改嫁的案卷，宣统二年二月十八日，全宗号：80—4—766；呈控本族骁骑校谦津苏隆恃势夺产逼寡改嫁的案卷，宣统元年五月，全宗号：80—4—767；再控本族骁骑校谦津苏隆恃势夺产逼寡改嫁的案卷，宣统元年九月十日，全宗号：80—4—768。

③ 土左旗档案馆档案：永远出赁太平召前西巷空地基的契约，全宗号：79—1—400，1942。

④ 《绥远通志稿》第 4 册卷三十四"官产"，第 779~780 页。

⑤ 《呼和浩特回族史》第一章，第 66 页。

不少房产。"① 显然，在旧城北门外的地产是刘明经和杨氏回回地产商合资进行。这也铸成了以后双方的地产纠纷，官司打了多年，最终受益的是官府——管理旗民诉讼事务的归化城同知署。嘉庆十年（1805），刘杨房地产官司结案，刘明经胜诉，但最终刘明经将在"归化城北常平仓与牛桥街以及外罗城路东等一带地段置到之房地产，计房三百七十三间，空地基一十六块"②，全部献给同知署。同知署由此获得自己的一大块官产。史书记载此事，"明经感于国政清明，公理昭彰"，将地产"悉数报效国家，蒙恩赏给翎顶，优予褒奖，时人荣之"。③此后再未见刘明经扩大地产的举措。根据常情推断，刘明经肯定不会因为多年官司胜诉而将所赢来的地产拱手让与官府。何以出现这样的结局呢？在清代嘉庆年间，尽管归化城民间地产业兴盛，但从土地所有权角度看，归化城地权属于国家，蒙古部众和喇嘛召庙享有占有权。而地基上所修建的房屋产权则没有明确法律规定。清廷将归化城土地以户口地方式分配给蒙古部众和召庙。在法律意义上，土地不允许典卖。而刘明经和杨氏回回地产商不仅购买了大量地基，并在地基上建盖了很多房屋。这在法律上已经属于违法，又因此出现房产资产纠纷。这桩官司的裁断权就掌控在归化城同知手里。最终以刘明经出让房地产，获得名誉上的奖赏，而杨氏则以"把围绕清真寺的地皮出散了清真寺"了事。两家都以失败告终。

从刘杨地产官司可以看出，清代移民房地产业不受国家保护，即便能够发展很大的移民房地产业也必然会昙花一现，衰颓下去。

汉移民中也存在房地产买卖。蒙古地产商积成堂朋合的资金财东基本为汉民。《蒙古及蒙古人》中也记载，在扎达海河东岸，有两座临近的天主教堂传教士的住宅大院。这些宅院的土地是"传教士们花了两千两银子从汉人手中买下的"④。两千两白银不是小数目，但由于资料限制，我们不能全面了解汉民房地产买卖状况，以及是否有独立的地产商存在。

---

① 《呼和浩特回族史》第一章，第66页。
② 《绥远通志稿》第4册卷三十四"官产"，第779～780页。
③ 《绥远通志稿》第4册卷三十四"官产"，第779～780页。
④ 这段资料记载于《蒙古及蒙古人》第二卷，第125页，文中明确提到教堂地基购自汉民，但从所在地理位置看，恰是回民所在的居住区。当然这并不一定意味着怀疑这段资料的真实性。这笔巨大支出也存在疑问，这块土地是属于典卖还是绝卖呢？

四　清代归化城民间房地产交易的特点

城市房地产业是城市发展的基本特征。清代归化城民间的地产业和我们今天说起的呼和浩特房地产业有很大不同，归纳如下。

清代归化城民间地产业主要是房产、地基租赁。归化城房地产交易多是买进地基，用于租赁，很少有买卖地基用于谋利的纯经济手段。黄时鉴先生的文章中提到有一些汉族地商，低价买进地基，用于租赁，并且由于蒙古本主无房可住，反过来，又将地基高价出租给地主的情况。① 这也反映了清代后期，由于蒙古地主过量欠债，无法清偿，逐渐失去土地的情况；而一些汉族商民，积极买进，获得城市土地的过程。但毕竟买进地基所花甚多，承担风险也较大，而地基租赁则不需要太多风险。由此看来，清代归化城民间房地产业非常脆弱。

清代归化城房地产业规模不大，发展较晚，持续时间不长，但其运作模式值得探讨关注。无论是蒙古积成堂，还是回民地产商刘明经，起步都在嘉庆、道光以后，持续时间也不是很长。尤其是蒙古积成堂地产业的运作管理模式，融资入股、按股分成、撤股抵押都具有现代企业的一些特点。尽管昙花一现，却也体现了清代民间房地产业的特质。从参与者的身份分析，蒙民联手，半官半私经营房地产，则反映了土默特地区房地产的地域和民族特点。

房地产交易双方采用历史形成的契约惯例，并逐渐完善。从比较早的口头约定，发展到后来的契约方式。契约内容亦显示，从原来不规定具体范围，到后来四至分明。很多中见人（亦称知见人、中民人）名字在契约中多次出现，说明中见人亦出现职业化趋向。契约收取方式则文约和凭折分开。或每月收取，或每年收取，或四标收取，方式呈现多样化。

清政府没有直接插手归化城民间房地产交易，但民间房地产交易明显受清政府政策约束。清政府律令规定，房地产租赁不同于典卖，不收任何契税。这样就意味着政府基本不参与房地产租赁活动。民间往来的房地产契约均为白契，只要有相应双方的中人即可签订房地产契约，完成房地产交易。但如果涉及司法纠纷问题，则政府权力必定要逐渐渗透进来。

---

① 黄时鉴：《清代包头地区土地问题上的租与典——包头契约的研究之一》，《内蒙古大学学报》（哲社版）1978 年第 1 期，第 2 页。

第二章　清代归化城召庙房地产

清代归化城也被称之为召城，意味着归化城有很多藏传佛教黄教的召庙。明代中后期，土默特首领阿拉坦汗从青海将黄教引入蒙古高原，并扎根开花。阿拉坦汗所在的土默特部也成为蒙古高原黄教中心，其所修建的家庙——大召（明代也称银佛寺，清代赐名无量寺），一直保留至今。在清廷的授意和取舍下，大召逐渐成为清代土默特藏传佛教的代表召庙。为了笼络归化城土默特蒙古部落，清初统治者支持土默特召庙修建，掀起了几次修建召庙的高潮，召庙遍布土默特，归化城亦有了召城的美誉。顺治年间，归化城所在召庙喇嘛已经实行度牒制度，规定召庙规格和喇嘛数额。康熙二十四年（1685），正式成立管理整个土默特地区召庙的喇嘛印务处，将归化城召庙纳入国家管理体系。召庙附近的土地，被赐予召庙喇嘛。乾隆八年（1743），再次以重分香火地的方式确定了召庙喇嘛在归化城土默特的主人地位。

本章所研究的主要是清朝时期，归化城内黄教召庙的房地产问题，包括召庙房地产本身、召庙所拥有的庙产以及召庙喇嘛个人所拥有的房地产。后来因移民而修建的俗教寺庙，如三官庙、清真寺以及清中后期的天主教堂、基督教堂等均不在此研究范畴。

第一节　清代归化城召庙房地产

一　清代归化城召庙的修建和维修

后金时期和清初，在归化城地区，明代所修召庙保留下来的共有六座：大召（无量寺），席力图召（延寿寺），小召（崇福寺），乌素图召（庆缘寺），美岱召（灵照寺）和喇嘛洞召（广化寺）。明末清初，清准战争如火如荼，以归化城土默特为核心的漠南蒙古最早归附清廷，漠北蒙古仍然持观望态度。归化城战略地位凸显，归化城的民心向背尤为重要。清廷不但大力扶持蒙古贵族势力，也从思想上竭力笼络归化城黄教势力。不仅保留了明代蒙古时期的召庙，并开始在归化城土默特之地大力扶持修建新的召庙。此时，黄教在归化城土默特之地深入人心，召庙喇嘛也在谋求自己的长远出路，双方一拍即合。任寺内住持，修建召庙，可以得到清廷的赏赐和重用。于是继阿拉坦汗之后，归化城又开始了几次大规模修建召庙的高潮。

（一）皇太极时期拉开建庙序幕

明朝末年，追踪林丹汗的皇太极来到归化城，宣布保护归化城的原有召庙。因为林丹汗信奉红教，皇太极认可黄教，为了利用黄教的势力，并争取了归化城土默特的民心。崇德五年（1640），皇太极要求归化城土默特部重振大召，并亲赐满蒙汉三种文字的"无量寺"匾额。具体扩建大召工程的是土默特左右两翼派出的章京拉布台和宝音图，他们联合召庙喇嘛德木齐共同完成修建工作。大召修建的资金源于土默特部左右两翼和召庙自身财政。由此揭开了清代归化城修建召庙的序幕。

（二）顺治年间修建召庙的尝试

从现有资料考察，顺治年间修建的召庙有：慈寿寺（时报气召）、庆缘寺（乌素图召）、崇禧寺（东喇嘛洞召）是顺治十二年（1655）修建的；广化寺（西喇嘛洞召）是顺治十五年（1658）修建的；崇寿寺（朋苏召）则建于顺治十八年（1661）。清初，归化城不过是方圆二里的小城堡，保留下来的召庙不过几座，集中在归化城南的有大召、席力图召、小召等。乌素图召（庆缘寺）、美岱召（灵照寺）和喇嘛洞召（广化寺）则位于远离归化城的山内，庆缘寺和广化寺只为山洞，居住游僧。广化寺又称喇嘛洞召，于明朝中叶出现，在此山洞长斋讽经、传教僧徒的宝圪都察汉喇嘛于顺治十二年圆寂。顺治十五年，其弟子在佛洞下广建殿堂，康熙五十八年（1719）重修，雍正二年（1724）奏请赏给度牒，乾隆四十八年复赐名广化。[①] 广化寺从当初的一个佛洞，发展为一个正式的、受清廷管理和认可的召庙，经历了一百二十二年。顺治年间修建的慈寿寺等另外几座

---

① 《土默特旗志》卷六"祀典附召庙"，第 257 页。

召庙，亦坐落在距归化城几十里之北的山中。

顺治十八年修建的朋苏克召（亦称朋顺召、蓬松召）则标志了归化城召庙修建的一次壮举。在归化城外，扎达海河西岸，顺治十八年，锡拉布喇嘛修建了朋苏召。康熙年间，其徒扎萨克达喇嘛朋苏克增修，康熙三十三年赐名崇寿寺。经过这两次修建和增修，朋苏克召的房地产规模达到了最大。"地初宏敞，殿宇亦甚壮丽。"①《绥远通志稿》也记载："殿宇宏丽，法物庄严，万户千门，陆离光怪，为环城诸寺所不及，即其寺基所占地址逾顷"②。尽管"因河水屡侵，庙墙三次缩修，规模渐狭，但占地仍比三大寺（大召，小召，席力图召）为多。"③ 可见，朋苏克召占地之广，规模之大。修建朋苏克召的锡拉布喇嘛曾以"清朝首席代表身份到西藏邀请罗桑嘉措达赖五世进北京"④，显见清朝对朋苏克召的重视。

顺治年间修建的庙宇主要修建在远离归化城的地方。正如金峰先生所说，顺治年间呼和浩特地区修建寺庙，"使蒙藏地区的僧俗封建主进一步了解到清朝对黄教采取的是鼓励政策，对改善与喀尔喀蒙古、卫拉特蒙古和西藏的关系，起了很大作用"⑤。在清廷的鼓励下，归化城土默特部扶持下，康雍乾时期掀起了又一次召庙修建高潮。

（三） 康雍乾达到归化城修建召庙的高潮

随着清准战争的进行，土默特地区修建、维修、扩建了大量召庙。清朝政府也为其赐予名称，归化城有了召城之称。这段时期召庙修建集中在康熙二十九年至三十六年间，从表 2-1 中可以看出，新建召庙并不多，更多是扩建、重建，以及清廷为召庙赐名或者赋予某种权力。清准战争形势消长影响了土默特召庙的修建和变化。

问题还得从归化城喇嘛暴动的传说讲起。无论从规模还是占地，都说明顺治十八年修建的朋苏克召受到清廷的重视，但后来朋苏召很快衰落下去了。民间传说，康熙帝出征驻跸归化城，拜访住朋苏克的伊拉古克三呼图克图，受到冷遇，随从费扬古将军杀了这个活佛，导致归化城喇嘛群起

---

① 张曾：《归绥识略》卷十"寺塔"，第 96 页。
② 《绥远通志稿》第 7 册卷五十四"宗教（佛教黄教）"，第 292 页。
③ 荣祥：《呼和浩特沿革纪要稿》第三章，第 181 页。
④ 金峰：《呼和浩特十五大寺院考》，《内蒙古社会科学》1982 年第 4 期，第 106 页。
⑤ 金峰：《呼和浩特十五大寺院考》，第 106 页。

暴动，康熙帝藏匿小召后逃脱。朋苏克召由此衰落，小召备受清廷重视，地位上升。这个传说经过了很多学者的讨论，尚没有直接证据①，但《清圣祖实录》中记载的史实却和传说相符。

清准战争中，召庙管理制度逐渐建立起来。康熙二十四年（1685），地方上管理宗教事务的喇嘛印务处成立。伊拉古克三呼图克图②被任命"为归化城掌印扎萨克大喇嘛"③，管理归化城召庙事务，享有至高无上的权力。康熙二十八年（1689），深得康熙帝信任的伊拉古克三呼图克图被任命为使臣，出访准噶尔部噶尔丹。④ 事实上，本以为可利用的伊拉古克三呼图克图很快叛降噶尔丹，大将军费扬古追踪八年，才将伊拉古克三呼图克图捕获到京磔诛，让康熙帝大为恼火⑤，喇嘛暴动的传说正是影射这段史实。主人公活佛伊拉古克三呼图克图、康熙帝、费扬古将军都在其中，角色定位也基本正确。从表2-1中可以看出，在伊拉古克三呼图克图出访到叛降时间区间中，归化城的召庙确实发生了一系列变化。康熙三十三年（1695），朋苏克召扩建，被赐名崇寿寺。但内齐托音呼图克图被任命为归化城喇嘛印务处掌印大喇嘛，归化城管理喇嘛的权力却转移到大召。在内齐托音呼图克图二世的申请下，动用自己庙产，修葺大召，大召被赐"殿易黄瓦"，再次确立大召在归化城土默特的无上地位。小召、席力图召都争取自己的权力，得到扩建、赐名和增建属庙等。

这次修建余波一直延续到乾隆末年。雍正和乾隆年间，归化城主要是以新修属庙为主，值得关注的是宁祺寺和仁佑寺的修建。⑥

嘉庆以后，清准战争基本结束，清廷转变了对蒙古之地召庙政策，归化城召庙修建亦告一段落。今天我们已无法看到当年的召庙盛况，即便是当时保留在喇嘛印务处的召庙原始档案，也已经被新中国成立前市警察三分局做了糊棚纸，历年档案基本泯灭。⑦ 附录C中显示的数据可以略说一二。

---

① 可参看金启孮《清代蒙古史札记》，内蒙古人民出版社，2000。
② 编者按：呼图克图为蒙语圣者的音译，指清朝授予蒙、藏地区活佛的封号。
③ 《清圣祖实录》卷一百二十，康熙二十四年夏四月戊戌。
④ 《清圣祖实录》卷一百三十九，康熙二十八年正月丁亥。
⑤ 《清圣祖实录》卷一百八十五，康熙三十六年十月癸亥。
⑥ 关于修建召庙的高潮，有不同的分类，相关研究成果相对比较多，老一辈学者金启孮、金峰等均有相关论述和推断，本书只对这阶段的特点做一分析。
⑦ 金启孮：《清代蒙古史札记》卷一"清末民初之大召条"，第27页。

表 2 - 1 康雍乾归化城召庙新建扩建赐名一览

时　间	新　建	扩建，重修	赐　名	备　注
康熙元年	尊胜寺			
康熙六年	宏庆寺		宏庆寺	
康熙八年	隆寿寺			
康熙二十九年	广寿寺		广寿寺	
康熙三十三年		崇寿寺	崇寿寺	
康熙三十四年		隆寿寺	隆寿寺	
	隆福寺			
康熙三十五年		延寿寺	延寿寺	
		慈寿寺	慈寿寺	
			隆寿寺	
			增福寺	
康熙三十六年			尊胜寺	
		无量寺殿易黄瓦	崇福寺	
		崇福寺		
	吉特库召			
康熙四十二年			崇福寺御制碑文	
			延寿寺	
	永安寺		永安寺	
康熙四十九年	延禧寺			
康熙五十二年			崇禧寺	
康熙五十八年		广化寺		
康熙六十一年	宁祺寺			
雍正五年	慈灯寺			
雍正十年	仁佑寺		仁佑寺	
乾隆十九年		宁祺寺		
乾隆二十九年		宁祺寺		
乾隆三十年			广福寺	
乾隆三十四年	普会寺			
乾隆三十八年	荟安寺			
乾隆四十七年		庆缘寺		
乾隆四十八年		广化寺	广化寺	
			庆缘寺	
乾隆四十九年			宁祺寺	

二　清代归化城召庙房地产修建的资金来源

清代归化城召庙的经济来源主要有耕地、牧场和城内房地产出租、放高利贷等几种方式。同时还有崇信佛教的蒙古人捐赠，喇嘛募集等形式。清廷认可度牒的召庙则由清廷按级别给喇嘛拨款。综合资料考察，召庙的新建，扩建和维修则有以下方式：

其一是旗署自筹出资。康熙六十一年（1722），土默特左右两翼奏请在归化城西北修建召庙一所，也称为太平召、和硕召。乾隆十九年（1755），"寺东北增建纳木扎勒极胜塔，二十年寺西增建仁义极忠塔"①。乾隆四十九年（1784），清廷赐名宁祺寺，颁有满蒙藏汉四种文字的匾额，这就是土默特左右两翼修建的旗庙。

其二是蒙古民众个人捐献。蒙古民众对黄教非常虔诚。经常布施给召庙，甚至捐赠自己的家庙以示虔诚。乾隆三十年（1765），土默特已故参领札布的妻子，将家庙献给章嘉呼图克图，作为其在归化城的属庙，清廷赐名为广福寺。

其三是召庙自筹修建。除以上几所召庙修建的特殊情况，事实上，其他召庙的新建或扩建、维修都是召庙自行解决。有的是利用庙产，有的是召庙呼图克图自行募捐，如延禧寺；或个人出资修建，如宏庆寺、广化寺。席力图召是几位呼图克图在位时扩建，康熙三十五年（1696），席力图四世活佛主持扩建完成，正巧康熙帝西征路经归化城，赐名为"延寿寺"。由于庙仓资产雄厚，"咸丰九年（1859）曾经重修殿基，增高数尺，光绪十三年（1887）席力图召发生火灾，将仓庙全部烧毁，光绪十七年（1891）再次重修"②。

清代归化城土默特地区，蒙古人非常信仰黄教，召庙很容易就得到布施或捐赠，召庙都有巨额召产，召庙的呼图克图手中也掌握大量资产，利用召庙资产修建庙宇或属庙是相对比较容易的事情。

三　清代归化城召庙房地产布局

《绥远通志稿》提到朋苏召修建时，认为其在"环城诸寺"③中尤为规模宏大。清代归化城召庙的分布格局确实集中在归化城堡的南部和西部。归

---

① 张曾：《归绥识略》卷十"寺塔"，第96页。
② 《内蒙古喇嘛教纪例》，《内蒙古文史资料》第45辑，第45页。
③ 《绥远通志稿》第7册卷五十四"宗教（佛教黄教）"，第292页。

化城北部没有召庙的修建，原因在于其城堡北方是康熙年间修建的公主府。在城北，确曾有过延寿寺（席力图召）的属庙永安寺，康熙四十二年（1703），由席力图呼图克图四世修建。当时正值修建公主府，"以寺基逼近公主府"①，"公主布施巨万，令移之五速图村东山中察汉哈达"②。此后，归化城北再无召庙修建。归化城东亦没有召庙修建，更多原因可能是东部地势低洼，为沼泽之地，不适宜建庙。包慕萍女士认为，环城诸寺与归化城是等距离的，"初期的寺庙分布在距离城中心 900 米的环状范围内，而后期的寺院则分布在距圆心 1350 米的环圈上"。她说："都市的空间构造是以圆形为基干，以汗的城为中心，寺院分布在周围，这个圆形的空间布局，到底是来自于蒙古的传统的'库伦'，还是佛教的曼陀罗，还不好下结论。"③ 这个结论可以继续讨论。清初召庙初建原因可能是游方喇嘛较多，没有大的资财，多居于山中佛洞。后来清廷扶持修建寺庙，并给予各级喇嘛度牒；同时限制喇嘛出游。召庙中的格隆、班第等不得将游方喇嘛擅行收留④，也不准容留无籍喇嘛⑤，也是召庙大力修建的原因之一。

召庙布局另外一个特点就是：都在城堡外。留存下来的明代归化城极其狭小，张鹏翮写于康熙二十七年的《奉使俄罗斯日记》中有述，归化"城周可二里，惟仓库及付都统署瓦屋，余寥寥土屋数间而已"⑥。钱良择的《出塞纪略》也记载："（城内）惟官仓用陶瓦、砖壁坚致，余皆土屋，空地半之。城南居民稠密，视城内数倍。驼马如林，间以驴骡……俗最信喇嘛，庙宇林立。"⑦ 显然，召庙都在城南。康熙三十三年（1694），土默特左右两翼官兵和六召喇嘛⑧扩修归化城，这次修城，将原北门保留，原来南门作为鼓楼，为城中心，东西南三面扩展，另设东西南三个门，归化城成为四门，并都有城楼，城堡变为"凸"字形（图 2-1）。"新建的东门

---

① 张曾：《归绥识略》卷十"寺塔"，第 96 页。
② 《土默特旗志》卷六"祀典"，第 258。
③ 包慕萍：《长城内外都市文化的融合：游牧和定居的重层都市呼和浩特》，《北京规划建设》2006 年第 4 期，第 57 页。
④ 杨选第、金峰校注《理藩院则例》卷五十九"喇嘛事例四"，第 413 页。
⑤ 杨选第、金峰校注《理藩院则例》卷五十九"喇嘛事例四"，第 414 页。
⑥ （清）张鹏翮：《奉使俄罗斯日记》，清刻本。
⑦ （清）钱良择：《出塞纪略》，第 18 页。
⑧ 六召喇嘛指的是：无量寺、延寿寺、崇福寺、崇寿寺、隆寿寺、宏庆寺。在张曾的《归绥识略》中记载，"归化城增修时，所谓六召剌嘛是也。"

在今朝阳巷东口，南门在大北街南口，西门在九龙湾街西口。"① 显而易
见，康熙三十三年，清准战争白热化之际，当时六召喇嘛参与投资扩建的
归化城，依然没有将城南诸寺庙包括在城内。只能说明，在当时召庙喇嘛
和土默特官兵的观念里，召庙应该建在城外。图 2-1 显示的归化城是撰写
《玉泉区志》时，在当时老人们心目中的归化城的状态，只在康熙三十三
年有过扩建，建有城墙。乾隆元年、同治年间，有重修归化城的记载，以
后再没有修建过城墙。召庙都在城外。②

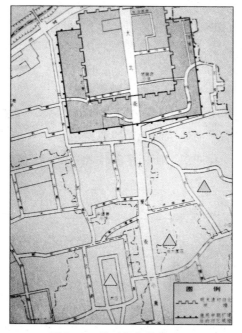

图 2-1　清时期归化城城址

（此图根据《玉泉区志》中复原的归化城城址图改绘，图中三角符号分别为大召、席力
图召、小召）

---

① 玉泉区编撰委员会：《玉泉区志》第四编城区建设，第 95 页。
② 当然，在波兹德涅耶夫的《蒙古及蒙古人》一书中，对大召所在的方位使用了买卖城的
称谓，参见〔俄〕波兹德涅耶夫《蒙古及蒙古人》第二卷，第 115 页；现代学者祁美琴
等人也认可这种说法，参见祁美琴、王丹林：《清代蒙古地区的"买卖城"及其商业特点
研究》，《民族研究》2008 年第 2 期。但在当时人的脑海中，依然觉得有城墙的归化城堡
才为归化城。尽管买卖城无比繁华，但没有城墙，依然被拒绝为城。史料中记载大召、
小召等均记为城南，朋苏克召则记为城西的扎达海河西岸。其他建筑，如归绥道署等
亦称为在城西，这个城指归化城堡。而本书所指的归化城多是指清代以归化城堡为核心
向四周拓展的城市空间，包括城南。

四 清代归化城召庙修建格局

清代归化城召庙的基本格局是藏汉式。一般院落格局是汉式建筑特点，庙宇本身则是藏式佛殿特点。

（一）清代归化城召庙院落布局

院落布局一般为汉式。以对称为主，有中轴线，但也因地势特点决定。以大召为例。大召的平面布置采用汉庙形式，占地面积3万余平方米，其中建筑面积为八千多平方米，分东中西三路。主要建筑有山门、天王殿、菩提过殿、九间楼、经堂、佛殿等，其中经堂和佛殿连在一起，统称为"大殿"。再看席力图召，金启孮先生的《清代蒙古史札记》中转载蒙古文《托音二世传》中席力图召的布局为"修十二丈见方之二层主庙，外面彩漆精画，其美丽殆飞人工所能为，前面修可容一千喇嘛念经法会之大都纲，其西南修释迦牟尼庙，两侧为四位护法庙，主庙之北修十四丈长之天堂楼房，其西修一释迦牟尼庙，其东与之对称修三位长寿佛庙"①。

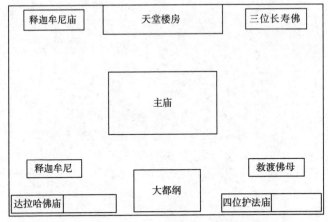

图2-2 康熙三十五年席力图召布局复原图
（此图根据金启孮《清代蒙古史札记》图绘）

光绪年间，席力图召曾遭遇大火，庙宇尽毁。凭借雄厚的资产，重修后的席力图召更是规模宏伟。从山门到大殿形成一条中轴线，两侧对称布

---

① 金启孮：《清代蒙古史札记》卷三，第4页。

置侧殿、仓房、碑亭、钟鼓楼。寺内建筑凡五进，山门前还建有木牌楼。由经堂佛殿组成的大殿，为寺内主要建筑。无论是早期还是重修后的席力图召，都呈现了传统的汉式对称式布局。

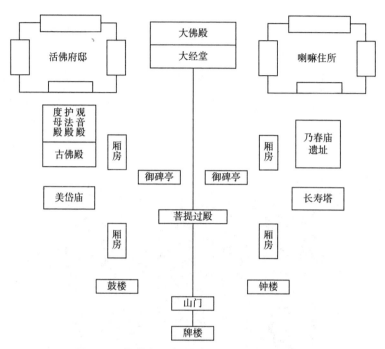

图 2-3　光绪年重修后的席力图召平面示意图

（二）清代归化城召庙庙宇特点

庙宇本身则是藏式佛殿为主，蒙汉藏结合。清代很多召庙建筑已经不存世，仅根据保留下来的一些庙宇建筑考察。

仍以大召为例。大召大殿是整个寺庙中唯一一座汉、藏统一的喇嘛庙，有双层三开间的前殿，后为经堂和佛殿。大召有三个独到之处，银佛、龙雕、壁画。佛堂正中伫立一尊2.55米高的释迦牟尼银佛像，银佛的前面是通天柱，飞龙盘踞其上。大召壁画也源于明代，题材丰富，画面生动。康熙三十六年（1697），康熙皇帝赐大召黄瓦加顶，表现了无上荣耀和地位。席力图召经堂大致保持原状，为九间的木结构建筑，歇山式屋顶，顶盖绿色琉璃瓦，脊上有镏金钢宝刹、相轮、飞龙和瑞鹿等装饰，四墙采用藏式结构，筑成带有小窗的厚墙。墙面用蓝色琉璃砖镶嵌，并夹以黄色琉璃砖，富有强烈的艺术效果。

（三）清廷赐予的匾额和御制碑值得关注

归化城很多召庙有清朝皇帝御赐的匾额或御制碑。大召、小召、席力图召等都有皇帝赐予的匾额，一般是满蒙汉三种文字。席力图召有康熙皇帝御赐的满蒙藏汉四种文字的征噶尔丹记功碑。

很多召庙已经破坏，很难找到当时的实际资料考量。就现有资料和实物来看，清代召庙基本保持了上述特点。

图 2-4　今日的大召

图 2-5　今日的大召前街

图 2-6 今日修缮一新的席力图召大殿

（以上三幅照片均摄于 2010 年春节）

五 清代归化城召庙房地产的管理

清代归化城召庙房地产的管理必然说到召庙本身的管理体系。清代归化城召庙有两个管理系统。

（一）清廷对归化城土默特召庙权力的渗透——喇嘛印务处成立

在对待蒙古地区的政策问题上，清廷非常了解喇嘛教在蒙古地区的地位。既要重视，大力扶持喇嘛教，又不得不采用各种手段，将权力渗透到喇嘛教中。顺治十四年（1657）规定，"沈阳、席力图库伦，归化城等地区各放为首喇嘛，下面放一名得布齐进行管辖"①。康熙十八年（1679）题准扎萨克达喇嘛给予印信。康熙二十四年（1685），"授厄鲁特伊拉古克三胡土克图为归化城掌印扎萨克大喇嘛"②。康熙年间，成立了归化城喇嘛印务处，由掌印扎萨克喇嘛、副掌印扎萨克大喇嘛及掌印扎萨克喇嘛三人共同执印，其印鉴由清朝中央政府颁发。处理呼和浩特十五大召庙的行政、经济事务各项重大问题时，掌印扎萨克大喇嘛有权坐用清太宗皇太极曾在

① 释妙舟：《蒙藏佛教史》，广陵书社，2009，第 227 页。
② 《清圣祖实录》卷一百二十，康熙二十四年夏四月戊戌。

呼和浩特坐用过的御用宝座。① 十五大寺院的一切事务都由喇嘛印务处参与管辖，喇嘛印务处最终设在了大召。掌印大喇嘛可以直接进京向皇帝汇报，这就将归化城召庙纳入清朝中央政府管理体系。归喇嘛印务处管理共有十五大寺庙：七大召是无量寺（大召）、延寿寺（席力图召）、崇福寺（小召）、崇寿寺（朋苏克召）、乃莫气召（隆寿寺）、宏庆寺（拉布济召）和尊胜寺（班第达召），设有扎萨克喇嘛；八小召是指崇禧寺（东喇嘛洞召）、广化寺（西喇嘛洞召）、庆缘寺（乌素图召）、灵照寺（美岱召）、宁祺寺（太平召）、慈寿寺（时报气召）、广福寺（常黑赖召）和隆寿寺（乃莫气召），设有达喇嘛。十五大寺院加上属庙，共计 25 座寺院。这其实是清廷认可的召庙，清廷给这些召庙颁有度牒，规定人数和规模，按人数拨发经费。

嘉庆以后，喇嘛印务处权力下降。嘉庆帝谕旨，"归化城土默特旗呼图克图喇嘛，人数众多，近年亦多窃盗案件，嗣后将该呼图克图喇嘛等，交绥远城将军兼管。该呼图克图喇嘛等，如有应报理藩院事务，著呈报将军转咨该院，如该院有应行呼图克图喇嘛等事件，亦咨该将军转饬"②。显然，嘉庆皇帝取消了喇嘛印务处直接面见皇帝的特权，而将其权力限制在绥远城将军之下。

（二）清代归化城召庙内部房地产管理体系

每个召庙还有其内部管理系统，从清初到嘉庆年间，逐渐形成了较为完备的内部管理体系。尤其是关于财政的收入与支出，"仓、吉萨是管理寺院沙毕纳尔、财产和收支的管理机构"③。仓和吉萨也分不同类型，如格根仓、公共仓、学部仓、各种庙会仓等。格根仓又有内仓外仓之分，内仓是呼图克图个人仓，外仓则负责黑徒事务。公共仓也有总仓和分仓的区别。总仓也叫伊克吉萨、伊克仓、庙仓等，大吉萨管理大殿的全部收入和支出，总管全寺的财产物资牲畜农田林场牧场等收入和支出，当然也担负修建寺院、房地产出租等事宜。

归化城召庙有七扎萨克喇嘛，八个召庙设达喇嘛。每个召庙负责管理全寺一切内务的是达德穆齐喇嘛，其地位次于达喇嘛，"管全寺财产出纳

---

① 伯谋：《呼和浩特喇嘛印务处》，《呼和浩特文史资料》第 9 辑，第 215 页。
② 《清仁宗实录》卷三百五十四，嘉庆二十四年二月己巳。
③ 赵旭霞：《清代内蒙古地区寺院收支及其管理研究》，第 15 页。

之执事喇嘛"称昂穆布，"其执行职务，必受命于达德穆齐，颇似今各机关之设会计员。阶级虽不甚尊，而所负职责，则殊重要"①。尼尔巴则是"昂穆布之副手"，昂穆布为总司资财出纳之职，而"尼尔巴则对于催租、募缘、表发经钱、斋忏，以及采购饮食籴粮，添置法物，整理用具等事，均需躬目检点"，规模财产较大的寺院，"此职往往设置二三缺，其稍小者只设一缺"②。

清代归化城召庙的仓有大小之分，收支单算。召庙及房地产的管理权在仓吉萨。归化城的收入，尤其是地铺、房屋、店铺租金等，每月月底在全寺范围内公开各尼尔巴喇嘛的账本③，各寺扎萨克喇嘛和达喇嘛又把这些账目交到归化城喇嘛印务处，通过七大寺格斯贵详细核查收支情况后，每年元月大会上交给掌印扎萨克达喇嘛。④

这样，整个归化城召庙形成了较为完备的财政收支管理体系。从这个收支管理体系来看，最高管理机构是归化城喇嘛印务处。"各寺庙之德木齐、格斯贵缺出，由该管达喇嘛，将格斯贵、尼尔巴内，经卷好、人明白、能办事者保送二三名，送掌印呼图克图验放，报院记档。"⑤ 当清廷直接掌控归化城召庙官员遴选时候，召庙发展尚有约束。但嘉庆以后，喇嘛印务处掌印大喇嘛人选"由绥远城将军于驻扎该处之转世呼图克图各呼必勒罕内拣选，拟定正陪，报院奏请补放"⑥。当掌印大喇嘛人选权限降到地方以后，财政收支管理也日趋混乱，大部分召庙征敛资财，达喇嘛们奢侈消费，召庙亦得不到修缮、维护，导致召庙建筑逐渐衰败、坍塌。喇嘛甚至变卖庙产，致使庙产也日渐流失。

第二节　清代归化城召庙房地产交易⑦

清代归化城召庙有大量庙产，其中房地产占有一定比重。可以说，归

---

① 《绥远通志稿》第 7 册卷五十四"宗教（佛教黄教）"，第 304 页。
② 《绥远通志稿》第 7 册卷五十四"宗教（佛教黄教）"，第 305 页。
③ 《呼和浩特史料》第二集，第 394 页。
④ 《呼和浩特史蒙古文献资料》（蒙文）第 3 辑，第 252 页。
⑤ 杨选第、金峰校注《理藩院则例》卷五十八，第 405 页。
⑥ 杨选第、金峰校注《理藩院则例》卷五十八，第 409 页。
⑦ 本章召庙房地产中，包括属于召庙本身、以及各仓的房地产，也包括呼图克图的个人地产，召庙各级喇嘛，甚至沙比纳尔的房地产。在本书民间房地产内容中不再讨论召庙、喇嘛个人的房地产问题。

化城最早出现的房地产业当属召庙房地产。康熙二十七年成书的《出塞纪略》记载："（归化城内）惟官仓用陶瓦、砖壁坚致，余皆土屋，空地半之。"① 此时蒙古部众房地产和后来形成的官房地产所在位置依然空置的时候，"（城）南居民稠密，视城内数倍。驼马如林，间以驴骡……俗最信喇嘛，庙宇林立"②。城南属于召庙的地产却已经非常繁荣。按照日后形成的状况来看，城南居民定是以租用方式取得居住权。这样，召庙房地产业的萌芽应推至清初，甚至可以追溯到明朝阿拉坦汗修建召庙并在此集市时期。

一　清代归化城召庙房地产的来源

（一）归化城内用于交易的香火地

清朝初年，清廷以户口地、香火地等方式，将归化城及周边土地赐予归化城土默特两部及各召庙。无量寺、崇福寺、崇寿寺、延寿寺、延禧寺、慈灯寺、隆寿寺、宏庆寺、宁祺寺、广福寺、隆福寺等十一寺，"俱坐落本城附近，乾隆八年奉特旨赏给香灯地亩，以资讽经、僧徒养赡，以外各寺异此"③。这些香灯地亩的"零星成块，分散于各个嘎查之中"④，数量极其之大。仅以慈寿寺为例，乾隆初年，地亩为3095顷39亩。⑤ 相比较而言，小小的归化城内的召庙房地产则实在少得可怜。目前资料中看不到明确的流程，清廷是如何将归化城及其周边（包括城南围绕召庙之地）土地分给召庙的，但我们可以做一个推测。在《内蒙古土默特金氏蒙古家族契约文书汇集》中的契约显示，金氏家族在归化城公主府、营坊道、太管巷等有祖遗地基用于出赁，有时这些地基会直接用户口地地基表述。⑥ 这意味着，清代也将归化城内及其周边的地段以某种方式划分。按日后形成的区域看，在归化城堡周围及北部的土地多属于土默特左右两

① （清）钱良择：《出塞纪略》，第18页。
② （清）钱良择：《出塞纪略》，第18页。
③ 《土默特旗志》卷六"祀典附召庙"，第257页。
④ 乌云：《清至民国时期土默特地区藏传佛教若干问题研究》第三章"土默特藏传佛教寺院经济"，第50页。
⑤ 乌云：《清至民国时期土默特地区藏传佛教若干问题研究》第三章"土默特藏传佛教寺院经济"，第50页。
⑥ 铁木尔主编《内蒙古土默特金氏蒙古家族契约文书汇集》，中央民族大学出版社，2011。

翼。城堡以南则多属于召庙所有。至迟在乾隆八年，户口地和香火地的划分已经明确。至于所分土地何种用途？用来耕种、出赁、民居、经商，则恐怕是由其所在位置决定的。城内地产自然用来民居或商用。城周围初期可能用于耕种，随着移民增多，城市扩展，则归化城周边土地必然也逐渐用于民居或商铺使用。"庙产最巨者，即大召所属之四大院房产，四大院所在为牛头巷、通顺街、丰沟院、大召前四处。"① 其他召庙房地产也不少。这也是召庙房地产的第一种来源，也一定是用来进行产业化交易的主要地产。

（二）民间捐赠给召庙的房地产用于租赁

清代土默特信奉黄教由来已久，土默特蒙古几乎人人信教，是黄教的虔诚信徒。各个等级的蒙古人以自己不同的方式为召庙布施。这种布施，往往是捐给寺院和呼图克图，地位越高，得到的布施越多。捐献的内容包括银钱、珠宝、土地、牧场、牲畜甚至沙比纳尔。乾隆三十年（1765），土默特已故参领札布的妻子，将家庙献给章嘉呼图克图，作为其在归化城的属庙，这就是后来清廷赐名的广福寺。在内蒙古图书馆保存有一定数量清代归化城蒙文档案，其中道光十六年（1836）《副佐领领催敏珠尔多尔济等奉献达喇嘛呼必勒罕所遗佛堂全部地铺地租清册》（财产登录号：04938），提到因其家族祖父，已故宁祺寺库大喇嘛呼必勒罕的财产归属问题，与宁祺寺发生争执，最终化干戈为玉帛，将这些财产捐献给宁祺寺。其中包括"存放全部礼佛祭物的套院一处，内有二门一座，上瓦房三间，东土房二间，西土房二间，西耳房一间，后院有上土房二间，土棚三间，栅子门一个，有收取地铺地租的地产十一处，分布于寺前和土默特左旗、和林格尔、包头市郊区等系，每年租金共 28 吊 900"②，还有一些生活用品。这里就包括用于出赁的 11 块地产和套院一处。

（三）置买地产用于租赁

召庙地产业中，虽然绝大部分是租赁方式，买卖方式却也存在。在内蒙古图书馆所存蒙文档案中，民国年间的席力图召租赁契约显示：

---

① 金启孮：《清代蒙古史札记》卷二，第 27 页。
② 忒莫勒：《清代呼和浩特宁祺寺部分蒙文档案管窥》，《内蒙古师范大学学报》1997 年第 3 期，第 57 页。

第 18 号契约（民国 24 年，即 1935 年立）：

立赁房院合同约人马正明，今赁到席力图召观音寺执事喇嘛宝印原置到小北街坐西向东二门楼一座，带门扇一合，内有西棚子半间……

第 20 号契约（成纪 740 年，即 1945 年立）：

立赁铺房约人舍力图召观音寺执事喇嘛达瓦，今将原置到东市大什字坐南向北门柜贰间，入深二间……出赁与复兴号住占…… ①

"原置到"意味着这些地产是召庙或喇嘛置买的，忒莫勒先生说："仍不能断言这种情况始于民国，它很可能是清代的产物。"② 这句话是有道理的。土左旗档案馆清代档案中，也有少量召庙购置地产的契约。例如，卖给广福寺地一块的卖约，出卖人哈木龙贵，时间是光绪二十六年二月十七日；卖给乃莫气召菩萨立小东街空地基一块的卖约，出卖人是慈灯寺双泉，时间是光绪二十八年四月一日。③ 从交易双方来看，出卖人不是蒙古部众，就是喇嘛，没有看到汉民典卖房屋给召庙的。遍览土左旗档案馆资料，没看到相对比较早的召庙本身置办地产的记载。这似乎透露出，清前期召庙有大量牧场、耕地布施，也不用费心思购买城地用来租赁谋利。清后期，召庙在失掉大量耕地、牧场情况下，城内地产租赁业则发挥了巨大潜能，对召庙经济起了支撑作用。

（四）召庙喇嘛个人房地产租赁

自从明代中后期，阿拉坦汗将藏传佛教带回蒙古传播后，土默特就成为喇嘛教的统治中心。清代归化城土默特蒙古部众依然信奉喇嘛教，几乎每个家族都有人去做喇嘛，甚至为数还不少。去做喇嘛的原因很多，但归根结底是喇嘛待遇比较好，有香火地，地位也比较高。在土左旗契约档案中，有喇嘛向外出租自己房地产的记载。仅以崇寿寺（朋松召）为例，朋

---

① 忒莫勒：《清末民国呼和浩特部分召庙房地契约管窥》，《内蒙古文物考古》1999 年第 1 期，第 106 页。

② 忒莫勒：《清末民国呼和浩特部分召庙房地契约管窥》，《内蒙古文物考古》1999 年第 1 期，第 106 页。

③ 土左旗档案馆档案：卖给广福寺地一块的卖约，出卖人哈木龙贵，光绪二十六年二月十七日，全宗号 80—14—778；卖给乃莫气召菩萨立小东街空地基一块的卖约，出卖人慈灯寺双泉，光绪二十八年四月一日，全宗号：80—14—801。

松召公中仓楼房院当家虎必力格色登多尔计、糜尔登圪连贵、楼房院甲裟喇嘛、楼房院大喇嘛五十八、妥妥帽圪色丑、楼院执事喇嘛、喇嘛年身俱依登架、呢尔巴呢登架、袈裟喇嘛站布、大喇嘛五十八、圪速贵、七老气等①，从乾隆到光绪年间，都有向外出赁房院地的记载。这些喇嘛得到房地产的方式很多。上文提到，很多人为召庙布施，尤其是召庙的呼图克图以及地位尊贵的扎萨克喇嘛，达喇嘛等优先得到这些布施的地产；也有霸占、置买而来的，更多是祖遗家产。

史料2-1：赁到朋松召小东街关帝庙路西空地基一块的永租约②

　　楼院大喇嘆拉不登、圪速贵□□十八等自因使用不足，今将自己祖遗小东街关帝庙路西，做南空地基一块，开列四至，东至孟楼当地基墙根，西至富荣馆巷口，南至赁主，北至官街，四至分明，情愿赁与李海清，李海明等名下永远居占承业，同中言明，现使过押空地基钱二十二千文整，其钱笔下交清不欠，又不许在□地基钱，又言明每月出地谱满钱六百文，按月随街市钱收取，不许长支短欠，日后或圈召围圖，修盖房屋，由赁主李海明、李海清自便，又不许长迭地普，前所有一应修理花费砖瓦石头木植土坯人工茶饭麦糠，有修理帐可凭，永远许退不许夺，倘有蒙民人等争夺者，有大喇嘛圪速贵等一面承当，恐口难凭，立永远出赁约存照用。

　　大清道光二十八年十二月二十一日

　　中见人　富龙 +

　　　　　　马春捷 +

① 土左旗档案馆档案：赁到朋松召常胜街东口地基一块的租约，光绪六年八月初四日，全宗号：80—14—1257；赁到朋松召糜尔登空地基一块的永租约，道光七年又五月初九日，全宗号：80—14—1111；赁到朋松召九龙湾路南空地基一块的永租约，道光十一年八月十九日，全宗号：80—14—1121；指南柴火市街地基地谱借乌大人钱的合同约，同治七年四月十七日，全宗号：80—14—1215；赁给卢时德小西街土房2间的永租约，乾隆五十一年六月初六日，全宗号：80—14—1066；赁给卢时德小西街土房2间的永租约，光绪五年十一月十五日，全宗号：80—14—1255；赁到朋松召三官庙街地基一块的租约，道光八年七月二十一日，全宗号：80—14—1113；赁到朋松召三官庙街地基一块的租约，道光九年八月十三日，全宗号：80—14—1114；赁到朋松召小西街房院一所的永租约，咸丰十年四月二十八日，全宗号：80—14—1179。
② 土左旗档案馆档案：赁到朋松召小东街关帝庙路西空地基一块的永租约，道光二十八年十二月二十一日，全宗号：80—14—1158。

这里明确提到朋苏召大喇嘛的房院是祖遗之产。在土默特蒙古家族中，即便当了喇嘛，也可以在分家中得到一部分家产。以上文提到的察素气云家为例，云家有子嗣任参领、佐领等官职，曾有积成堂的名号。光绪十一年（1885），云家七子分家，其中次子，四子，六子均为喇嘛，次子已经故去。从分家业簿中，可以看出，四子和六子为一股，共五股分家。其中"四、六喇嘛应分到察素气村地土地租，把柳树渠水地十四亩，贾彦路南白卓窒水地六亩；三道桥水地十二亩，二道桥水地七亩；黄鹤楼东边旱地十二亩，南北长畛旱地十亩；城墙后边旱地十二亩；李润所占地基一块；清水一俸，每年收地基水租钱九千二百文；孔家营子众姓每年收地基租钱十千零"①。这里就有分得用于对外租赁的地基产业。

二 清代归化城召庙地产租赁、交易规模

清代归化城的召庙房地产，尤其是地产，用来谋利时，多采用出赁方式。出赁规模到底多大，是很难用具体数字来表述的。加之召庙喇嘛个人房地产，相关资料更加零散。我们通过梳理主要召庙房地产资料的方式做一个简单的呈现。

在乜莫勒先生的《清末民国呼和浩特部分召庙房地契约管窥》中提道："内蒙古图书馆所存蒙文档案中，有关于席力图召地产契约，标明地产所在位置在北茶坊天源号巷、席力图召前、海窟南龙王庙路西、五十家街路北、小北街、大什字等处。"② 在1951年火灾保单中，"石头巷、小北街、民生南路、民生中路、民生北路、西五什家街、大西街、通顺东街、四眼井巷、东兴旺巷、西顺城街、小东街、小西街、牛头巷、大兴太巷、新民街、大召前、大召东夹道、兴盛街、兴隆巷、三贤庙、喇嘛庙、二道巷"均有房地产租赁。③ 尽管时间有的是民国甚至是新中国成立初年的。但从总体上看，召庙经济在清以后日益萎缩是不争的事实，这些地产的置办时间应该多在清朝。

① 土左旗档案馆档案：五门应分家产世业等项册簿，光绪十一年七月初三日，全宗号：80—14—1276。
② 乜莫勒：《清末民国呼和浩特部分召庙房地契约管窥》，《内蒙古文物考古》1999年第1期，第105~108页。
③ 乜莫勒：《清末民国呼和浩特部分召庙房地契约管窥》，《内蒙古文物考古》1999年第1期，第105~108页。

金启孮先生的《清代蒙古史札记》中记载了清代大召地产的集中位置："庙产中最钜者即大召所属之四大院房产。四大院所在为牛头巷、通顺街、丰沟院、大召前四处。今日召前戏园旧为小贩摆摊处，每摊每日召中可收二三枚铜元。"[①] 后来，"大召殿房共有九九八十一间，庙产甚少，只东西夹道有房百余间收租，并无土地"[②]。民国年间，大召"禅房租与贾人，大殿即为小贩苍萃之地，现辟为共和市场"[③]。清代大召的地产形成了著名的四大院，后来也逐渐萎缩了，到民国时期连殿堂也被租赁出去了。

清代召庙原本占地最大的朋苏召，衰落也是最快的。清末，大殿已经基本衰颓坍塌。"一九三四年，因殿宇颓废过甚，被地方驻军修改为兵营。"[④] 在土左旗档案馆清代契约档案中，朋苏召地产出赁的记录还是比较多的，其中提道其地产位置在"常胜街、三官庙街、小西街、九龙湾、朋松召门前等地"[⑤]。

土左旗档案馆民国档案中，有关于1948年的崇福寺（小召）土地所有权登记申请书[⑥]，整理如下。

表 2-2　小召土地所有权统计

申请人	坐落	面积	使用概况	改良物情形
崇福寺	半道街	一分六厘四毫	租赁	土房四间半
	兴隆	九分三厘	租赁	土房 12 间
	小召东夹道	三亩一分六厘六	租赁	土房 14 间、瓦房 15 间
	小召东夹道	六分八厘	租赁	土房 3 间半
	小南街	一亩二分五厘七	租赁	土房 22 间
	小召街	一六亩二分七厘	自占	
	小召东夹街	三分四厘四毫	租赁、住户	土房 4 间
	小召街	七分二厘二	租赁	土房 15 间
	小召半道街	四厘二	自占	土房 1 间

① 金启孮：《清代蒙古史札记》卷一"清末民初之大召条"，第 28 页。
② 金启孮：《清代蒙古史札记》卷一"清末民初之大召条"，第 28 页。
③ 王金绂：《西北地理》，立达书局，1932，第 425 页。
④ 金启孮：《清代蒙古史札记》卷三"朋苏召条"，第 35 页。
⑤ 土左旗档案馆档案：全宗号：80—14—1257、80—14—1162、80—14—125、80—14—454、80—14—351、80—14—301、80—14—51 等等。
⑥ 土左旗档案馆档案：土地所有权登记申请书，全宗号：79—1—386，1948。

申请人	坐 落	面 积	使用概况	改良物情形
	半道街	一分一厘五毫	租赁	土房 4 间
	小召半道街	二分六厘三	租赁	土房 8 间
	小召头道街	一分五厘九	租赁、住户	土房 3 间
	半道街	三分三厘九	租赁	土房 7 间半
	半道街	一分六厘四毫	租赁	土房 4 间半
	兴隆巷	九分三厘	租赁	土房 12 间
	小召东夹街	三亩一分六厘六	租赁	土房 14 间瓦房 15 间
	小召东夹街	六分八厘三	租赁、住户	土房 3 间半
	小南街	一亩二分五厘七	租赁	土房 22 间

从表 2-2 中看出，民国期间，小召地产主要集中在小召周围，尤其是小召东的夹道，萎缩后的地产出赁依然保持了庞大的规模，可见清朝其城内地产业达到何许规模。

在清代，几乎每个召庙都有召庙、仓、喇嘛个人经营地产业，清廷认可的召庙有十五个，还有一些属庙。但随着召庙的衰落，召庙地产也不断收缩。从现有资料依然可以发现，召庙地产形成的位置基本是以本召庙为核心。席力图召、大召、小召、朋苏召等主要召庙的地产，都有位于召前的房地产出赁记载。再有一个特点就是，各召庙地产位置互有交叉渗透。仅以席力图召来说，其地产所在的小西街、大召东夹道、牛头巷等，都有其他召庙的地产存在。金启孮先生说："当时呼和浩特旧城一带土地、房屋既大半操之于召庙，于是每一座召庙都成为当时最大的土地占有者。"[①]在这个基础上，康熙年间形成的归化城城堡南，形成了以商贸为主的买卖城，这个城是城堡的延伸，虽然没有城墙，但由于强大的租赁市场存在，召庙地产业在此保持了强大的态势，同时也促进了城市的发展，并决定了城市街道密集、不规则的特性。

三 清代归化城召庙房地产出赁、交易的运作方式

清代归化城召庙房地产业属民间房地产业的特殊形式，以民间约定俗成的契约方式进行。其经营内容主要就是房地产出赁，地产买卖不占主要

---

① 金启孮：《清代蒙古史札记》卷二，第 27 页。

地位。

房地产的租赁方式。清代召庙房地产主要采用契约方式，主要采用民间契约——白契。契约规定租赁双方的承赁关系，房地产位置、四至、租资、权限、中见人、租赁期限、时间等。契约所体现的文字绝大部分是汉文，也有蒙文，保存在内蒙古图书馆中的关于宁祺寺的档案共18件，蒙文17件，汉文只有1件。18件中档案中，典约、租约共9件，均为蒙文。① 在土左旗档案馆中清代召庙契约档案中，则绝大部分是汉文的。以朋苏召不同时期出赁契约三份为例（所列契约均为汉文），做一说明。

表 2－3　清代归化城朋苏召房地产契约略

序　号	时　间	题　名	全宗号	内　容
1	乾隆五十一年六月初六日	赁给卢时德小西街土房2间的永租约	80—14—1066	房院约据：出赁房约人朋生召妥妥帽圪色丑，今将自己小西街坐北朝南土上房二间，情愿出赁□兴面铺卢时德居住。同众言定，每月房租钱七百文。日前日后修理，房主所出。永远居住，许退不许夺房，钱不到，许验，立赁房约存照用。 言定住三年为满，许退不许夺。 刘顺义 + 老不生 + 中见人
2	道光九年八月十三日	赁到朋松召三官庙街地基一块的租约	80—14—1114	房院约据：立赁房空地基约人岳万金，今赁到彭松召呢尔巴呢登架名下三官庙街路南小院一所，内有土房一间，四至分明，情愿出赁与岳万金名下居住，修盖房屋同人言定，每月房钱四百五十文，按月收取，永不许短欠，亦不许长支。日后若有蒙民人争夺者，呢尔巴呢登架一面承当，恐口无凭，立约存照。 　　　　　路山 + 知见人　圪速贵云木架 + 　　　　　李万义 +

① 忒莫勒：《清代呼和浩特宁祺寺部分蒙文档案管窥》，《内蒙古师范大学学报》1997 年第 3 期，第 52 页。

续表

序 号	时 间	题 名	全宗号	内 容
3	光绪五年十一月十五日	赁给卢时德小西街土房2间的永租约	80—14—1255	地基约据：立赁空地基文约人六和元杨世昌，今赁到朋松召楼院执事喇嘛清堂自己坐落小东街老爷庙前路西空地基一块，东至孟楼当墙根，西至本主，南至本主，北至官街，四至分明，情愿赁到建盖房屋，永远住占，承管为业，由赁主自便。同人言明，现使过押地基钱五十二千文，其于笔下交清不欠，每月应出地谱街市钱六百文，按月凭折取，不许拖欠，亦不许增长逐赶，两出情愿，各无反悔，倘有蒙民争夺，有执事喇嘛一面承当，恐口无凭，立赁空地基文约为证。 六和元杨世昌 + 中见人谢恭 +　武占绪 +　岳峻山 + 苏段荣 +

　　在土左旗清代档案中，关于朋苏召的房地产租赁契约还有很多，仅取三份做分析。在1中，明确规定房院使用期限是三年。而以后的约据基本不再提到居住期限问题，则意味着居住方可以一直居住下去。不规定居住年限也说明一般居住者都是长期居住，反映了租赁关系长期存在。出赁人身份，有普通喇嘛、尼尔巴、执事喇嘛，所出赁的有房院和地基两种。在房院契约中，一般只规定租金收入；在地基约据中，签订契约的同时，还要收取地基押金，租金则一般是按月收取。《蒙古及蒙古人》中提道："喇嘛在收租时只用'满钱'，也就是用分量十足的制钱，一文顶一文来计算，而不是按呼和浩特现行的钱币来算钱，因为按现行的钱币，文钱只是票面单位，一百文钱有时只顶五十个制钱，有时甚至只顶四十五个制钱。"① 在大量契约中并没有显示出是否使用满钱，并且基本是以文钱计算，不是白银。在契约中体现的房地产的修理权限，归化城内官房和民间、召庙房地产都是一致的：由出赁人负责修理的材料，而租赁人负责人工，这是一种约定俗成的方式。

———————

① 〔俄〕阿·马·波兹德涅耶夫：《蒙古及蒙古人》（第三卷）第三章"归化城"，第89页。

契约签订的同时，必须有两个以上双方中见人，或者叫证人。从契约所见的中见人名字可知，如果租赁双方一方是召庙或喇嘛，一方是汉人（通常如此），则中见人一般既有蒙古名字，也有汉人名字，意味着双方都有中间人，这体现了契约的平等自愿原则。

关于召庙地产的管理和契约的签订，在《蒙古及蒙古人》中说："地租交给召里的尼尔巴，交租和收租的各一方都必须有两位中人，一年的租期满了之后，喇嘛就提前收下下一年的租金，这时租约或者继续有效，或者要重订。"① 这更多的指的是耕地租金的管理，北方一年一熟，租金则一年一交。在地产租金的管理中，显然要灵活得多。或者是按月凭折收取，或者按四标方式凭折收取。签订契约的同时，应该还有相应的凭折，契约一式两份，凭折则收取租资方用来收租使用。如喇嘛个人出赁，则凭着凭折主动收取；如召庙本身地产，或如波兹德涅耶夫所说，由租赁人主动交给召庙主管经济的尼尔巴，也可能是召庙主管人主动收取。②

清代归化城召庙房地产买卖是有的。按照清廷的规定，清初房地产租赁不收取任何税费，而房地产典卖则一定要收取相应的税费。召庙房地产的买卖行为依然存在，只是不占有主要位置。在土左旗档案馆档案中，明确了召庙房地产的典买手续："两旗六十二佐领人等及七寺喇嘛、沙比纳尔，彼此买卖房屋、店铺、族人时依照旧例，由该甲喇牛录、寺具保呈户司，后经户司核实，给买主办发加盖关防之文书，写明房屋、店铺、族人数及买价银数，税钱一并交库，由库详记档册，发给凭证。"③ 这是买卖双方都要履行的手续，最后经土默特户司署办理。召庙房地产买卖显然是纳入国家和地方财政管理范畴。

四　清代归化城召庙房地产发展的意义

不同阶段，清代归化城召庙房地产业在召庙财政中的地位有所变化。

清前期，召庙地产收入在召庙经济中不占有主要地位。召庙财政收入来源较多：清代召庙财政收入主要由香火地的租金和沙比纳尔劳动所得；

---

① 〔俄〕阿·马·波兹德涅耶夫：《蒙古及蒙古人》，第90页。

② 忒莫勒：《清末民国呼和浩特部分召庙房地契约管窥》，《内蒙古文物考古》1999年第1期，第106页。

③ 土左旗档案馆档案：办理库务甲喇章京敦多步等为库存正项银粮等项收支事呈文（满文），乾隆二十七年十二月十五日，全宗号：80—25—120。

政府拨款；蒙古民众布施；发放高利贷；以及召庙房地产、铺产租赁。一些寺院还享受土默特旗或绥远城所发的盘费银，清廷按照各级喇嘛的度牒发放生活费，大量蒙古民众虔诚信奉喇嘛教，并有一定经济实力予以布施。随着政局稳定，"乾隆八年，奉特旨赏给香灯地亩，以资讽经，僧徒养赡"①。因此，清前中期归化城召庙房地产业则显得不那么重要。

"整个道光年间和咸丰初年，大约相当于我们的 1820 年到 1860 年底，在呼和浩特喇嘛的生活中是最荒唐的年代了。格根、呼毕勒罕、召庙的掌权者和高级僧侣们为了能够晋位升职，每年都往北京跑，在那里用巨款购买礼物，以使自己的宝座增加一块奥勒博克。他们在家里吃喝玩乐，根本不顾寺召的管理。"② 一方面，召庙管理不善，土默特蒙古日渐失掉土地，走向贫困，布施逐渐减少；另一方面，政府扶持力度渐小，而消费日渐增多，召庙经济逐渐困顿下去，高利贷成了无本之木、无源之水，自然也逐渐衰颓。

清代后期，随着其他经济来源的消失和减弱，召庙房地产收入却对召庙经济呈现出越来越重要的支撑作用。资料显示，在清前期，召庙所放的高利贷中，基本是施放给蒙古人，而且基本都以自己所拥有的房地产出租收入作为抵押。③ 包括耕地，也包括城内房地产。在内蒙古档案馆蒙文档案中，有这样一个典约：道光六年（1826）四月二十三日，副佐领吉雅图从宁祺寺庙仓借得 107000 文，以民人李万义所交太管巷路南房院地铺钱作抵押。典约末附记：道光二十五年（1845）正月初九，副佐领、领催吉雅图本人用钱 1000 文，咸丰三年（1853）正月十九日副佐领、领催吉雅图之妻、子桑结密都布二人续用钱 2000 文。④ 这个案例分析说明，吉雅图事实上失去了太管巷这处房院，房源的出租权长期掌握在宁祺寺手里，宁祺寺实际上拥有了这处房院的所有权。用这种方式，召庙虽然失去了高利贷的本钱，但得到房地产。召庙为了扩大收入，"几乎所有的寺召都在自己的地皮上盖了房子，并用围墙围起来，成为栈房，用来租给当地的商人"⑤。尽管召庙房地产承担了支持召庙经济的重要作用，但召庙喇嘛大量

① 《土默特旗志》卷六"祀典附召庙"，第 256 页。
② 〔俄〕阿·马·波兹德涅耶夫：《蒙古及蒙古人》，第 90 页。
③ 忒莫勒：《清代呼和浩特宁祺寺部分蒙文档案管窥》，《内蒙古师范大学学报》，1997 年第 3 期，第 52 页。
④ 转引自忒莫勒《清代呼和浩特宁祺寺部分蒙文档案管窥》，《内蒙古师范大学学报》1997 年第 3 期，第 57 页。
⑤ 〔俄〕阿·马·波兹德涅耶夫：《蒙古及蒙古人》，第 89 页。

举债，"用以后的收入作抵，1860年发生了东干人的暴动，结束了呼和浩特喇嘛生活中的这一黄金时代。到1870年，山西的生活及各方面都开始繁荣起来时，破产的汉人首先就要求归还旧债。这样一来，各寺召的全部租金收入就都转到汉人银号业主的手中去了。现在租金收入都在他们手中，大概将来还会长久地掌握在他们手中，因为在这些数字庞大的债款上，汉人照例又加上了百分之三十六的年利，这笔利息也是必须偿付的"①。尽管召庙房地产业承担着召庙经济的重任，但召庙房地产的逐渐衰落以至最终失去，也恰恰说明召庙本身及喇嘛教已经衰落下去。

清代归化城召庙地产业发展对城市发展有巨大影响。清代召庙地产发展的最大副产品就是归化城城市规模的扩大。这个问题在《蒙古及蒙古人》中已经有很好的讨论。② 因为召庙在归化城堡南面，而召庙地产紧紧围绕在召庙附近，城南的繁华早已有目共睹，有买卖城之称。③ 由于召庙位置及地产的租赁特点及变化，归化城南"实际上只有三条从北到南的大街：大南街、大召街和席力图街，以及一条从城中一直伸到城西端的大街——朋苏克街。其他所有的街道、巷子很少有超过一俄丈宽的，有些巷子比这还要窄"④。街道倾斜、狭长，极其拥挤，其名称也由召庙而来，如大召街、大召前街、小召东夹道等。围绕召庙的汉人聚居区，这些特点延续至今。

---

① 〔俄〕阿·马·波兹德涅耶夫：《蒙古及蒙古人》，第91页。
② 〔俄〕阿·马·波兹德涅耶夫：《蒙古及蒙古人》，第91页。
③ 祁美琴、王丹林：《清代蒙古地区的"买卖城"及其商业特点研究》，《民族研究》2008年第2期，第64页。
④ 〔俄〕阿·马·波兹德涅耶夫：《蒙古及蒙古人》，第93页。

第三章 清代归化城官房地产

清代归化城官房地产的出现与清政府对归化城土默特的政策和土默特地区处于边疆的地理位置直接相关。归化城土默特蒙古归附清朝后，清朝因俗而治，设左右两翼，任命土默特首领古禄格和杭高、托博克等分别为左、右翼都统。后来清政府用各种手段剥夺了土默特都统的世袭权力，仅授闲职，用京选官取代都统职位。绥远城建立后，将驻守右卫的将军移入，后称绥远城将军，设二副都统分别驻守归化城和绥远城。此后，归化城副都统之职"用京员及绥远城协领各员为副都统"①。这些官员所在衙署及周围则逐渐形成了官地。

第一节 清代归化城官房地产概述

按照归化城的土地占有权，城市用地分为召庙用地、蒙地、官地三大部分。清末，贻谷将军到任，设立土默特地亩总局，对归化城土默特的土地进行放垦，其中对归化城城市用地也有规划。他派员调查发现，"归化地面烟户错杂，某段系官地，某段系召地，某系蒙地，每段中市房几处，民房几处，每处房间若干，所占地基广狭"②，非常明确地说明了清代以来归化城房地产的基本情况。官房一般指官地上的房屋。从对官房的使用角度来看，有官署、仓厫、庙宇、学校、教场等等公用设施，还有一部分官房地产主要是用于出赁的。在使用权上，归化城的房、地使用权是分离的。如果是官衙署等，一般不再提到其所在地基。用于出赁和典卖的时候，地基通常独立提及。用于公用的官房地产，一般不具备产业化特点，而用于租典的官房地产，却又呈现出地区特色和行政特色。

---

① 张曾：《归绥识略》卷三十三，第402页。
② 土左旗档案馆档案：清查土默特房基先从归化城入手的札文，光绪三十三年二月十日，全宗号：80—5—586。

一 清代归化城官衙

(一) 清代归化城官衙的规划及修建

1. 乾隆之前，归化城官衙的规划和修建

经过明末清初战火后，归化城土默特蒙古部众形成左、右两翼，设两个都统、四个副都统。现有资料中尚不能看出当时是否建有官衙署。《八旗通志初集》记事截至雍正十三年（1735），记载了归化城内的衙署情况：

> 设立官员衙署一所，十八间，在城内东北隅。雍正元年八月，理藩院奏准：建设理事同知衙署一所，五十五间，离城西一里，协理同知事务笔帖式衙署一所，共四十间，离城西北半里。查城垣四面，共三百七十六丈，东西南三面，设立关厢，周围共四百五十四丈五尺。城内旧设仓廒二座十间，增设仓廒二座十间。……圣庙、学舍，俱系雍正二年建设，离归化城南一里，计圣庙一所，正殿三间，东西两庑各三间，崇圣祠一间，祭器房一间，斋戒房六间，仪门一间，棂星门三间；学舍一所，在圣庙之西，正房三间，东西厢房各二间，大门各一间。雍正十三年，办理归化城事务兵部侍郎兼副都统通智疏请，增修公署，建大门三间，二门一间，大厅五间，将东边一间，设为钱粮银库；西边一间，设为军器库；东厢房五间，设为户司；西厢房五间，设为兵司；办事房三间，收贮稿案房四间，班房一间，军需器械房四间，闲散官员住房三间，共三十六间，在城内大街路东。……十三年，增修圣庙，计共房二十六间，学舍一所，共十间。先农坛，大门一间，正殿三间，两庑房各一间。教场在城北，离城一里余。箭厅三间，堆子房四间，宽一百丈，长一百丈。巡察归化城御史衙署一所，共房十一间，雍正八年建。右俱本驻防来文。①

这则史料表述的信息：

（1）将归化城记录在《八旗通志初集》，说明清政府将归化城列于驻防城的地位。在《八旗通志初集》成书之前，即雍正十三年之前，城堡内原有官衙一所，后通智任归化城副都统后又在其附近增修公署。通

---

① （清）鄂尔泰等撰《八旗通志初集》卷二十四，第466页。

智为满洲正黄旗人，雍正十三年以兵部尚书兼任归化城副都统，总管办理归化城新城（即绥远城）事务。归化城土默特归附清廷后，所设都统、副都统均为世袭，康雍乾时期清政府以各种理由逐渐剥夺了土默特部世袭权力。光绪三十三年（1907）修成的《归绥识略》中记载："其（都统署）户司、兵司仍占旧都统署，在北门内路东，大堂五间，东为银库，西为军器库，东西两司办事房各五间，后楼房三间，余印房、前锋营房、书吏房十八间。"① 其中关于房间使用情况和位置均和《八旗通志初集》所记相同，说明这个衙署即是雍正十三年通智增修的衙署，《归绥识略》中记为旧都统署。《土默特旗志》中记载："其北门内南向者，土默特正都统衙门，人曰丹府，［都］统于乾隆年间奉裁，旧衙为其子孙世守。"② 可以推测，在通智增修的衙署旁边已有的官衙应为当时的右翼都统丹津的府邸。

从今天保留的情况看，这个增修的衙署就是后来的旗务衙署，修建之时应用于通智办公。

（2）理事同知署和笔帖式衙署、巡察御史衙署新建于雍正元年，位置在归化城堡外西北。《归化城厅志》记，理事同知署"在札达海河之北"③，隶属山西朔平府。理事同知是管理汉民事务和蒙汉民交涉事务的机构，是山西省派出机构。归化城堡南以大召等召庙为核心，城西以归化城的母亲河扎达海河东岸为核心。刘映元认为，归化城以扎达海河为轴，其城市发展有南头起、北头起。南头起是以大召和大南街为核心；北头起则是围绕札达海河上游的庆凯桥周围发展。④ 归化城同知厅署和乾隆初年修建的归绥道署即在"北头起"范围。新建的"二府衙门（即理事同知署和归绥道署）"和"巡检衙门"，盖在扎达海河西岸和北岸，之所以把管理汉民事务的理事同知署修在城外，原因有二：其一是因为归化城内和"南头起"为土默特都统的管辖区，即这部分是默认的归化城土默特蒙古部的管理区域；其二是与当时城内空地紧缺有关。⑤ 正是在这种情况下，同知衙署修建在了扎达海河西岸，扎达海河成为城中河。

---

① 张曾：《归绥识略》卷十一"公署"，第100页。
② 张曾：《归绥识略》卷四"法守"，第243页。
③ 刘鸿逵、沈潜修纂《归化城厅志》卷二"公署附仓库"。
④ 刘映元：《扎达海河及其两岸的发展与变迁》，《呼和浩特史料》第二集，第171页。
⑤ 刘映元：《扎达海河及其两岸的发展与变迁》，《呼和浩特史料》第二集，第171页。

乾隆之前，归化城各级衙署位置遵照归化城已有的政治和地理情况自然形成，没有具体规划。

2. 乾隆年间，归化城官衙的规划及修建

乾隆之后，归化城土默特的行政权力发生了很大变化。清初，归化城土默特左右翼设有两个都统，四个副都统，共六员，均从蒙古左、右翼选出。右翼托博克一系在乾隆十九年（1755）、左翼都统古禄格一系在乾隆二十四年（1759）被最终停止世袭都统职，都统职位由"京员补授"。[①] 紧接着，乾隆二十六年（1761），又裁掉归化城都统一人，只留一个都统；二十八年，复裁一人，两个都统都被裁撤，同时将原来的四个副都统缺减少至副都统二缺，一驻归化城，一驻绥远城，二副都统归绥远城之建威将军兼管。[②] 至乾隆二十八年（1763），归化城土默特完全纳入清政府统一行政管理体制。乾隆年间，清政府沿长城、黄河、长江、运河进行的驻防体系基本完成。[③] 清准战争议和，前线士兵需要安置，同时也需要对归化城土默特蒙古及其他蒙古地区实行驻防。经过康、雍年间的不断讨论，乾隆四年，在归化城东北五里竣工新城，清政府命名绥远城。史料中关于绥远城和其他官衙设置的讨论，能清晰地看到清政府意图在土默特之地建立一个以绥远城为核心的管理模式，维护这个地区和平、稳定。在这样背景下，归化城的官衙署也不断发生变迁。现有资料不能完全呈现官衙署变迁的具体情况，我们通过资料进行一些归化营的问题。

军机处录副奏折中有一条档案如下：

> 奏大学士公臣傅恒等谨奏为遵旨议奏事。绥远城将军蕴著等奏裁汰空署发归官兵驻扎，以节靡费一折。乾隆二十八年八月初六日奉朱批，军机大臣议奏，钦此。据称前抚臣鄂弼奏准添设归化营，将利民营都司移往驻扎，续准部咨裁汰绥远城副都统一员。又经前抚臣鄂弼议将归绥道移驻绥远城已裁副都统衙署，其所遗该道衙门改作都司衙署等因。兹复于本年四月内钦奉上谕，将归化城都统员缺裁汰，土默特蒙古归于绥远城将军管辖，定为副都统二员。一驻绥远城，一驻归

---

① 《土默特旗志》卷二"源流"，第 237 页。
② 《土默特旗志》卷二"源流"，第 237 页。
③ 莫东寅：《满族史论丛》，三联书店，1979，第 113 页。转自中央民族大学黄治国博士学位论文《清代绥远城驻防研究》，第 1 页。

化城，钦此。钦遵各在案。查现在添设归化营，其都司把总既各需衙署，而兵丁按数共应建营房四百间，如将归绥道衙署添改，不敷居住。若另行建盖，则弁兵散处不成营制，至归化城都统、副都统向系六员，俱建署于城东北空阔地方。今止副都统一员，衙署一所，孤悬旷野，亦多未便。其绥远城已裁之副都统旧署若改为道署，另应添建房屋，更属靡费。请将绥远城已裁副都统之衙署移建于归化城内，即作现在留驻归化城副都统之衙署，其归化城外所遗都统衙署四所内酌留一所，为都司把总衙署，其余三所物料添改驻扎营兵房屋。至前议归绥道遗驻绥远城，原为管辖绥远仓库起见，今经部议，仓库仍归同知经管，该道不过监收监放，应毋庸移驻等语。查添设营房衙署原应酌量地方情形分别移改，庶可以符体制而节余资，今添设归化营，其都司把总既各需衙署，而兵丁共应建设营房四百间，若循照原议将归绥道衙署添改，既不敷居住，若另行建盖则弁兵散处亦属非体。况归化城都统副都统向系六员，于该城东北隅空旷地方建署四所，今止留副都统一员，则衙署一所，原可移驻城内，应知所请，将遵旨留驻归化城之副都统一员，即以绥远城内所裁副都统衙署拆移改建归化城内，酌留一所，改为都司把总衙署。其余三所物料应行拆卸，即于该处围墙地基一顷五十五亩内改建营兵房屋，庶地势宽展，于营伍体制，既足以壮观瞻而工料亦多节省。至前抚臣鄂弼议将归绥道移驻绥远城，原为绥远同知仓库改令该道管辖起见，今据该将军等称若将裁汰副都统衙署改为道署，凡二堂库藏及书役人等房屋自应一并添建，现据估需银一千九百余两，更多靡费等语。查鄂弼议奏绥远城同知仓库令归绥道管辖，业经部议，仓库仍归同知办理，该道止照旧例监收监放，加用封条，且归绥道移驻绥远城之处，亦应如该将军等所奏，毋庸置议，所有拆移添建归化城副都统衙门并改建营兵房屋，应令该将军等克期赶办，逐一确估，咨部查核其绥远同知仓库，并饬该道不时稽查收放以慎重仓储可也。俟命下臣等交与该部行文，该将军等遵照办理。谨奏。

乾隆二十八年八月十一日奉旨依议，钦此。①

---

① 军机处录副奏折：议奏将绥远城裁汰衙署改建兵房事，乾隆二十八年八月十一日，档号：03—0517—079，缩微号：036—0558。

这条史料主要是讨论乾隆二十八年绿营兵中的利民营迁到归化城，需要选址一事。分析史料可以得出在雍正末年至乾隆二十八年时归化城官衙署的基本情况。

（1）都统署和副都统署的规划及变迁

军机处录副奏折中记载："归化城都统、副都统向系六员，俱建署于城东北空阔地方。今止副都统一员，衙署一所，孤悬旷野。"又提到，"其归化城外所遗都统衙署四所内酌留一所，为都司把总衙署，其余三所物料添改驻扎营兵房屋"。"况归化城都统副都统向系六员，于该城东北隅空旷地方建署四所，今止留副都统一员，则衙署一所，原可移驻城内。"到底是6所还是4所数字准确呢？通读档案可知，在乾隆二十八年时候，城堡外应该有4所副都统署是准确的。利民营最后选址在城东北，并且确实留下一所副都统署为都司把总衙署。利民营是乾隆二十五年，从山西的绿营兵迁移过来后称为"归化营"，在归化城堡小校场以南①，此处为今天的呼和浩特回民区的营坊道街②。名称由来是因为归化营的存在。归化营原设兵401名。自乾隆四十七年至光绪二十年，历次奉文裁汰，至光绪二十九年，尽裁。③ 那么何以有六所和四所之分呢？档案明确表述乾隆二十八年城东北的四所衙署均为副都统衙署，那么都统署应该是在城堡内的丹府和通智增修的官署。至于之前二都统署如何变迁，情况不明。

归化营最后留在城堡外无疑，那么副都统署也确实是修建在城堡里。官修的《钦定八旗通志》成书于嘉庆年间，在抄录《八旗通志初集》中"归化城"条目的文尾加了一条："乾隆三十年建副都统衙署。"④ 显然副都统署是二十七年到三十年间，从别处迁移而来。《归化城厅志》记载：归化城副都统署在城北门内路西，自裁汰两都统、三副都统，将本署变价归款报部，乾隆二十七年准工部来咨迁移修补。道光二年重修，四年改建大门，五年添建辕门。计凡大门三楹，左右鼓乐楼各一，门内大堂三楹，左房三间，为土默特前锋营；右房三间，为绥远城戈什房；东西房各三间，再进为仪门，内北房五楹，左右耳房各二间，东厢房三间，西厢房三间，仪门之西书房三间，大堂东北房三间，迤北为马号，共房

---

① 《绥远通志稿》第9册卷七十一"军政"，第303页。
② 《归化城厅志》卷二"公署"。
③ 《绥远通志稿》第9册卷七十一"军政"，第306页。
④ 《八旗通志初集》卷一百十八"营建志七"，第1005页。

十二间。大堂西为箭道，箭亭三楹，前有抱厦。① 显然，这个副都统署是从别处迁来的。其房屋重修后，一直保留到清末。《归绥识略》中亦同此说法，这个副都统署"建在归化城北门内路西，乾隆二十七年工部下文迁移补修"②。当时曾有将绥远城内裁撤的副都统署材料来修建归化城副都统署的讨论，事实并未如此。③ 乾隆三十八年，绥远城副都统署改为收税衙署④，归化城副都统署修建所用材料情况不清。⑤ 至此，清政府最初将土默特权力机构设在归化城外的设想，最终以副都统署修建在城内北门西而告终。

丹津的都统署"旧衙为其子孙世守，久为归化税局所僦居"⑥。而通智增修的衙署成为后来的旗务衙署。

（2）土默特旗务衙署的形成

土默特旗务衙门"也叫固山衙门，是土默特两翼户、兵二司及十二参领办公的地方"⑦。《土默特旗志》记载了旗务衙署的具体位置和源起："其衙署，则北门内南向者，土默特正都统衙门，人曰丹府。［都］统于乾隆年间奉裁，旧衙为子孙世守，久为归化税局所僦居。道东巷为旗务衙门、辕门、仪门、两堂具备，东为户司署，西为兵司署，东北为印房总理署，又东有旗库，其外有汉稿房，专主汉文稿。其满蒙文件，均隶两司；丹府迤南而西向者，为今副都统署，其内衙室仍南向，门堂、寝室、前锋营、回事处具焉。"⑧《归化城厅志》在记录副都统衙署情况后接着写道："其户司、兵司仍居旧署（今俗名议事厅）在北门内路东，系雍正十三年创建，大门三楹，内东厢房三间，西厢房三间，左为户司、档房，右为汉

---

① 《归化城厅志》卷二"公署附仓库"，第2页。
② 《归绥识略》卷十一"公署"，第100页。
③ 军机处录副奏折：议奏将绥远城裁汰衙署改建兵房事，乾隆二十八年八月十一日，档号：03—0517—079，缩微号：036—0558。
④ 户部题本：题为查明绥远城空闲监督衙署并无公需租赁请估卖官兵为业事，乾隆三十八年十一月初十日，档号：02—01—04—16433—014，缩微号：02—01—04—07—639—0911。
⑤ 在波兹德涅耶夫的《蒙古及蒙古人》一书中，记载乾隆初年，呼和浩特只剩下了一所昂帮衙门，它位于呼和浩特城的西南角，乾隆二十八年，工部遵照当时皇帝颁下的圣旨，下令把这个衙门迁到别处去，重新修建房舍。从那时起，昂帮衙门就坐落在旗署的对面，即现在的位置上。这或许是副都统衙署的来历也未可知。
⑥ 《土默特旗志》卷四"法守"，第243页。
⑦ 咏岭：《土默特两翼都统的兴废及其它》，《呼和浩特文史资料》第9辑，第105页。
⑧ 《土默特旗志》卷四"法守"，第243页。

稿房，中为仪门，门以内大堂五楹，左银库，右军器库，东西厢房共一十六间，为各官办公所，再进二堂三间，堂东楼三楹，存储案卷，又印房三间。"①《归化城厅志》和《土默特旗志》记载的情况基本一致，旗务衙署所在的位置正是上文讨论的通智在职时增建的公署，当时建有兵司、户司等部门。值得注意的是，《归化城厅志》中认为兵司、户司只是副都统衙门的机构而已，而《土默特旗志》则直接提出了旗务衙门的说法。清初设立的归化城土默特部左右两翼，都统和副都统之下，还实行十二参领，六十佐领制。乾隆二十八年之后，唯一的副都统由京员及绥远协领各员铨选。②绥远城共有协领五名，均为驻防八旗满缺或蒙缺，非归化城土默特蒙古人，显然副都统都是满缺或京员。而副都统以下的参领和佐领等官职，则由土默特"蒙古内挑选，咨送理藩院带领引见"③。由外派官员管理归化城土默特之地的蒙民，是有一定难度的。雍正十三年，兵部尚书通智兼任归化城都统，主管修建新城事务，"驻城开垦事件交通智总管办理"④。通智到任后大刀阔斧地进行改革，增修公署、圣庙、先农坛、校场等。但好景不长，当年十月，清廷以通智"协办归化城事务，任意更张，又将土默特官兵恣意用刑，降旨革职"⑤，令其奉旨回京。总观当时局势，清廷本来用通智总管修城事宜，但当时土默特世袭都统丹津和根敦均在职，如此跋扈的通智必然牵涉土默特蒙古的实际利益。事实上，通智获罪革职查办，恰恰是清廷和土默特权力博弈的结果。乾隆二年，丹津去世无嗣，过继族人札实泰为子嗣，失去了都统职位。⑥乾隆四年，清廷又让都统根敦入朝⑦，由此清廷逐渐剥夺了土默特左右翼都统世袭权力，把握了土默特事务的主动权。《归化城厅志》记载副都统以下的参领和佐领各有独立的衙署，通智以都统身份来到归化城，其下属的兵司、户司首领应该不会在其副都统署内办公。通智为了行政运转，单独设立了办公机构，将副都统下的兵司户司独立于副都统署之外。这个办事机构也就保留下来，逐渐形成处理归化城土默特事务的旗务衙署。清朝地方衙署一般都是前堂后寝，

---

① 《归化城厅志》卷二"公署附仓库"，第 2 页。
② 《土默特旗志》卷二"源流"，第 238 页。
③ 《土默特旗志》卷九"职官"，第 271 页。
④ 《清高宗实录》卷十六，乾隆元年四月甲戌。
⑤ 《清高宗实录》卷二十五，乾隆元年八月丁亥。
⑥ 《土默特旗志》卷二"源流"，第 235 页。
⑦ 《土默特旗志》卷二"源流"，第 237 页。

居住和办事机构在一个建筑内。显然，旗务衙门的存在并不符合清廷的衙署规制，单纯是一个办事机构。作为左、右翼蒙古参领、佐领管理的兵、户司的议事机构，旗务衙门更多体现了蒙古地区自明代以来的十二鄂托克制度特点。这可视为清政府和归化城土默特蒙古势力又一次妥协的结果，意味着作为满缺的副都统对归化城土默特事务既有处理权，同时也受土默特蒙古地方机构制约。

3. 归绥道署的修建及迁移讨论

归化城被列在《八旗通志初集》中，意味着清廷视归化城为清朝的驻防城堡。事实亦如此，清初的归化城就作为清军军事据点存在，康熙曾驻跸归化城，归化城及托县湖滩河朔是清军的后方粮食基地。归化城周围的土地渐次被开垦，所开之人都是晋陕等地的农民。最初农民尚且雁行，春去秋回，后来逐渐举家迁移。雍正九年（1731），山西巡抚励宗万奏："归化城一带地土丰沃，大同等府居民出口耕种者甚多。但臣查向年出口之民，不止单身前去，竟将全家搬移出口，散居土默各村落。……归化城一处于两年前携家口者将及千家，年来已不下二千家。而归化城外尚有五百余村，更不知有几千家矣。"① 归化城"商民辐辏，贸易耕种渐成土著，非设有专员难于周理"②。雍正元年就已经设立归化城同知等进行管理。乾隆初年，为了满足即将驻防绥远城官兵的粮食需求，更招募大量汉民在归化城土默特地区垦种庄头地和代买米地，出现农民涌入归化城的一次高峰。③乾隆四年（1739），绥远城副都统甘国璧奏："绥远城一带为备边重地，兵民商贾不下五六十万。"④ 为了有效管理这些移民，除了归化城同知厅，又设立了绥远城厅、萨拉齐厅、清水河厅、和林格尔厅、托克托厅来分别管理土默特地区民人。乾隆六年（1741），在"归化城地方，设总理蒙古旗民事务分巡归绥道一人"⑤，设立归绥道进行统一管理各个厅。道署建在"（归化城）厅治东，扎达海河之北"⑥。之所以将衙署建在扎达海河岸，和同知署设立时期情况相同。当时，扎达海河北岸的太平召一带，只剩下

---

① 中国第一历史档案馆编《雍正朝汉文朱批奏折汇编》（20），第213页。
② 中国第一历史档案馆编《雍正朝汉文朱批奏折汇编》（10），第84页。
③ 荣祥：《呼和浩特市沿革纪要》，第119~120页。
④ 军机处录副奏折：乾隆四年正月十二日绥远城左翼副都统甘国璧奏为预筹归化绥远托克托三城积贮事，档号：03—0736—001，缩微号：049—1146。
⑤ 《大清会典》吏部卷二十五，第318页。
⑥ 《归化城厅志》卷二"公署附仓库"。

一块两面临河的危险三角地带，于是"道台衙门"修盖在那里。①归绥道是山西省派出机构，具有地方政府的行政意义。

乾隆中期，为使对这个地区的管理更为具体明确，曾有关于归绥道是否迁入绥远城内的讨论。绥远城修建初期，设立绥远城理事同知负责绥远城财政问题和周围土地开垦事务，并设有绥远城理事同知库和盈宁库大使，均驻绥远城。②清代的惯例，驻防八旗满城的经济大权并不掌握在将军都统手里，而是掌控在其所在的省府手中，绥远城理事同知亦归山西省政补缺和管理。清政府提出将设置在归化城扎达海河畔的归绥道移驻绥远城，"管辖绥远城仓库"③。甚至在《清会典》中也记载，（乾隆）二十七年，改山西归绥道移扎绥远城。④迁归绥道署到绥远城里，意图完善以绥远城将军为首的归化城土默特地区管理模式。提出这个意见的是山西巡抚鄂弼，事实上这件事最终没有实现，遭到了绥远城将军的拒绝。当时的绥远城将军认为，尽管从行政级别上，归绥道必然是绥远城理事同知厅的上级机构，但归绥道对于绥远城理事同知库的管辖不过是"监收监放"，意义不大；同时"若将裁汰副都统衙署改为道署，凡二堂库藏及书役人等房屋自应一并添建，现据估需银一千九百余两"⑤。既然意义不大，又需要大笔费用修建衙署，显然清廷不愿意支付。更深层次原因是山西巡抚鄂弼本意是进一步掌控绥远城财政，此意正合清廷权力规划设想；而绥远城将军则不希望山西省政过度插手绥远城及土默特地区事务。清廷最后遵从了绥远城将军的意见，但也提出"该道不时稽查收放以慎重仓储"⑥。归绥道迁移入绥远城事宜不了了之。到清末，归绥道署依旧设立在归化城西的扎达海河西岸，和归化同知厅并称"二府衙门"⑦。

女真崛起后建立的清朝，是以等级观念来体现衙署建制的。清廷对归

---

① 刘映元：《扎达海河及其两岸的发展与变迁》，《呼和浩特史料》第二集，第174~175。
② 《归化城厅志》卷二"公署附仓库"，卷三"官制"。
③ 军机处录副奏折：议奏将绥远城裁汰衙署改建兵房事，乾隆二十八年八月十一日，档号：03—0517—079，缩微号：036—0558。
④ 《大清会典》吏部卷25，第319页。
⑤ 军机处录副奏折：议奏将绥远城裁汰衙署改建兵房事，乾隆二十八年八月十一日，档号：03—0517—079，缩微号：036—0558。
⑥ 军机处录副奏折：议奏将绥远城裁汰衙署改建兵房事，乾隆二十八年八月十一日，档号：03—0517—079，缩微号：036—0558。
⑦ 刘映元：《扎达海河及其两岸的发展与变迁》，《呼和浩特史料》第二集，第171页。

化城土默特地区的财政管理是以国家宏观调控、地方自给自足为特点。① 但唯有官衙署是清廷以国家财力修建，因此，官衙署的规划和变迁则有效体现清政府对归化城土默特地方的管理意图。其地最终形成了以绥远城将军为主，归绥道尹、归化城副都统三大权力核心，三方互相掣肘。其中旗务衙署的存在，则部分体现归化城土默特蒙民的意愿。这种格局一直持续到民国时期，其影响力持续至今。

（二）清代归化城官衙署修建资金来源及格局

清代归化城土默特蒙古的财政特点是清廷严格监管下的自收自支。② 而作为清廷设置在归化城的官衙署，其资金均由清廷统一支付。归绥道署和同知署，以及配套机构，如巡监御史、笔帖式等机构，由山西督抚负责，山西府库支出。都统署、副都统署的修建和绥远城官衙一样，由清廷买单。唯有当时世袭蒙古贵族的府邸，情况或有不同。主要就是丹津府邸，在归化城"北门内南向者，土默特正都统衙门，人曰丹府。[都]统于乾隆年间奉裁，旧衙为子孙世守，久为归化税局所僦居"③。这个衙署，荣祥先生说，可能是原来明代阿拉坦汗的王府。④ 从现有资料推断，如果在归化城中确有明朝土默特王府，可能就在北门附近，也就是丹府所在的区域范围内，具体则不详。后由清廷变价，丹津后裔购得居住，所以丹府名称保留至今。

归化城衙署的维修和绥远城衙署一样，均由清廷统一支付。史料中亦有关于归化城副都统署维修的记载。⑤ 这个问题将在绥远城官房一节相关内容中讨论，此处不再涉及。

清朝官衙的修建规制有详细规定。顺治五年（1648）题准：一品官给屋二十间，二品官十五间，三品官十二间，四品官十间，五品官七间，六

---

① 张永江：《试论清代内蒙古蒙旗财政的类型与特点》，《清史研究》2008 年第 1 期，第 38 页。

② 张永江：《试论清代内蒙古蒙旗财政的类型与特点》，《清史研究》2008 年第 1 期，第 38 页。

③ 《土默特旗志》卷四"法守"，第 243 页。

④ 咏岭：《土默特两翼都统的兴废及其它》，《呼和浩特文史资料》第 9 辑，第 106 页。文中认为是荣祥的观点。

⑤ 军机处录副奏折：奏请借支修理归化城副都统衙署事，道光二年四月二十一日，档号：03—3623—050，缩微号：251—0568；军机处录副奏折：奏为归化城副都统成凯请借项修理衙署事，道光二十三年五月二十六日，档号：03—3641—043，缩微号：251—3378。

七品官四间，八九品官三间，护军领催马甲各一间。（顺治）十六年题准，一品官给屋十四间，二品官十二间，三品官十间，四品官八间，五品官六间，六七品官各四间，八九品官各三间，护军领催给屋二间，马甲步甲一间。或买或造。照数拨给。① 顺治十六年正月辛酉，工部议各处取到旗下官员，拨给房屋，各照旧例酌减，精奇尼哈番品级，各十四间；阿思哈尼哈番品级，各十二间；阿达哈哈番品级，各十间；拜他喇布勒哈番品级，各八间；拖沙喇哈番品级，各六间；六品、七品官，各四间；八品、九品官，各三间；拨什库、摆牙喇，各二间；披甲人，各一间。② 精奇尼哈番即子爵，阿思哈尼哈番为男爵，阿达哈哈番即轻车都尉，拜他喇布勒哈番为骑都尉，拖沙喇哈番为云骑尉。以上规定更多是对京城中八旗和官员的规定，而各地省政所修衙署数量大多超出这个范围。

归化城官衙署房间数，均不在少数，《归化城厅志》里有比较详细的官衙格局的记载。

> 归化城副都统署：凡大门三楹，左右鼓乐楼各一。门内大堂三楹，左房三间，为土默特前锋营；右房三间，为绥远城戈什房；东西房各三间；再进为仪门，内北房五楹，左右耳房各二间，东厢房三间，西厢房三间，仪门之西书房三间，大堂东北房三间，迤北为马号，共房十二间，大堂西为箭道，箭亭三楹，前有抱厦；
>
> 旗务衙门：大门三楹，内东厢房三间，西厢房三间，左为户司、档房，右为汉稿房，中为仪门，门以内大堂五楹，左银库，右军器库，东西厢房共一十六间，为各官办公所，再进二堂三间，堂东楼三楹，存储案卷，又印房三间；
>
> 归绥道署：凡甬壁一，辕门二，东西鼓吹亭各一，大门三楹，门内东为礼科房，西为工科房，科房再北为仪门，内东科房五间，后有官厅三间，南向西科房六间，大堂三楹，左右库房各一间，堂后为宅门，内东门房三间，西门房三间，二堂五楹，连耳房一间，再北三堂五楹，东西厢房各三间，绕以游廊群房共十间，东西便门通后花园，园中叠石为山，山腰竖石笏，光润可爱，隶书"碧霭屏巅"，建凉厅三楹，题曰环翠山房，六角亭在山下，悬"树滋亭"匾，即皇太后幼

---

① 《钦定大清会典事例》卷八百六十九，第 82 页。
② 《八旗通志初集》卷二十三"营建志"，第 434 页。

时豫游之亭也，二堂之东为花厅院，花厅五楹，周缭以墙，游廊环之，院南为庖厨，共房五间，院后厅三楹，祀魁昨土地大仙，院东为刑幕书房，北房三楹，左耳房二间，后有北房二楹，二堂之西启事书房三间，房后为西花厅院，书房垣外为马号，马王庙一楹，马厩三间，车库二间，马夫房共三间，草棚一间，大堂外列戈什东班、西班，各房大门外为轿夫、鼓手、炮手各房；

归化同知署：甬壁一，东西辕门各一，东辕颜曰朔漠干城，大门三楹，门东为土地祠，西向仪门三楹，大堂五楹，堂之东为东库，西为西库堂，后更夫房二间，二堂三楹，堂之左书房，三间堂之右花厅四间，东西厢门房各三间，三堂五楹，左耳房三间，右耳房三间，东西厢房各三间，堂后大仙楼三楹，左右耳房各一，西房三楹，左右耳房各一，二堂后迤东，北房三间，庖厨房三间，稍北为马号，马王庙一楹，左右房共五间，马棚四间，大堂东列兵、户房，西列礼、刑、钱粮房，仪门外列吏、工、承发房，各班胥役以次列居，计宅门内共房七十余间；

管狱巡检署：旧笔帖式署，计凡三堂五楹，堂左为大仙庙，东西厢房共四间，再前二堂五楹，东厢房三间，西厢房三间，堂在北房五间，再前为宅门，门外大堂三楹，堂东北马棚二间，东西役房共八间，前为仪门，门之西监狱，再南为大门，隔道为甬壁，大门之东为土地祠，正殿一楹，右北房三间为巡检书吏办公所。

以上，官衙完全按照相应级别修建，归绥道署是三门，每堂楹数较多，依次列减。"乾隆元年谕：各省州县，与民最亲，凡大小案件，无不始终于州县衙门，是以旧制钱粮刑名等项，分委承办，设有六房，即附于州县公堂之左右"，"著各省督抚通行所属州县，验明六房屋宇，或有未备者，各于旧基如式建造"①。归绥道署、同知署等分别有六房设置。副都统署，都司署等具有军事职能，都设有箭厅。每个官衙署的建筑格局，不同于归化城的民房，也不同于召庙，集中体现了清代官衙的特点。《归绥识略》总结认为，归化城官衙署"按公署之设，南面而临，向明而制，所以崇体制肃观瞻也。其广狭大小，固视乎官职之崇卑，亦因乎地势之难

---

① 《钦定大清会典事例》卷八百七十，第92页。

易"①。一语道破归化城官衙的修建原则：依照官职高低和地势难易宽窄修建。

二　清代归化城官衙下属机构房地产

清代归化城的衙署多是官建。在衙署之外，另有一些行政、军事职能所需要的设施和机构，主要是教场、军营、仓库、学校、庙宇和一些慈善机构。而这些附属房地产的出现和变化映射着归化城职能的变化以及城市的发展。

（一）清代归化城教场、军营和仓库

土默特地区最终形成以绥远城将军为首的三个层次的行政管理，绥远城将军负责全部事务，主要以驻防为主，军事权力覆盖宣府、大同，西至乌里雅苏台地区；归化城副都统主要管归化城土默特蒙古事务；归绥道、归化城理事同知是山西省政延伸出来管理汉民和蒙民交涉的事务，尤其是司法纷争。这种权力变化是一个不断调整、渐进的过程。清朝初年，归化城是清军用兵准噶尔的后方军事据点，被视为清廷的驻防城，这就注定在归化城中，存有相当规模的军事设施。

1. 教场和军营

归化城有教场两座，均在城外。归化城土默特官员很多，"几倍于满城（即绥远城）"②。左、右翼长二人，参领十二人，佐领四十八人，骁骑校六十人。这些官员各有衙署，"参领兼佐领署十二所，佐领四十八所，骁骑校署六十所，位于东街，布满街衢"③，此外"操演营署一所，稽查厅署一所，参领兼佐领署十二所，佐领署四十八所，骁骑校署六十所，并在城"④。所领兵甲也比较多，"兵丁五千名"⑤，有兵就有教场。在城北门外二里许，土默特教场"内阅武堂三间，火药库两间，看守兵住房两间，照壁一堵"⑥，每年春秋，归化城土默特部派一千名兵甲在教场操演。由于归

---

① 张曾：《归绥识略》卷十一"公署"，第101页。
② 《土默特旗志》卷九"职官"，第271页。
③ 张曾：《归绥识略》卷十一"公署"，第101页。
④ 《归化城厅志》卷二"公署附仓库"，第2页。
⑤ 《土默特旗志》卷九"职官"，第271页。
⑥ 张曾：《归绥识略》卷十五"仓储"，第112页。

化城土默特兵没有军饷，只有份地，兵丁自种地。又因为兵丁分在各个机构，如仓廒、卡伦等，"纷纷瓜代，合之见多，分之见少"①。土默特之兵不单独设营，故而没有营房。

归化城还有绿营兵。驻守归化城外，即上文的归化营。汉兵皆用绿旗，是为绿营。由于在土默特渐次设立归化城厅、萨拉齐厅、托克托厅、和林格尔厅、清水河厅，乾隆二十五年（1760），"由大同镇拨驻绿旗营官兵二营，分防城邑汛地"。"归化营自宁武属之利民堡营移驻，管辖归化、萨拉齐、包头、多尔济、清河、沁昌六汛。"② 归化营房地产选址是经过一番讨论的。最初意图"将归绥道移驻绥远城已裁副都统衙署，其所遗该道衙门改作都司衙署"，后因为"添设归化营，其都司把总既各需衙署，而兵丁按数共应建营房四百间，如将归绥道衙署添改，不敷居住。若另行建盖，则弁兵散处不成营制。……其归化城外所遗都统衙署四所内酌留一所，为都司把总衙署，其余三所物料添改驻扎营兵房屋"。而且"于该处围墙地基一顷五十五亩内改建营兵房屋，庶地势宽展，于营伍体制，既足以壮观瞻而工料亦多节省"③。最终，归化营落足于归化城北，"所谓营坊道者，即其地也"④。都司署"大门三楹，前为甬壁，门东为军牢房，门西为号令房，进北仪门三楹，左房三间，东库三间，右官厅三间，西库三间，进北为大堂，堂左右房各三间，堂后东西房共四间，再进北房五楹，左右接耳房，东厢房五间，后有蔬圃，西厢房三间，马号在大堂东，为马神庙祠一，马棚共十间，大堂之西箭亭三间，前有抱厦，再西有土地祠，前亭后为书办房，又册卷房三间，守夜房一间；把总署在都司署西，大堂三楹，堂左房一间，堂右房二间，东厢棚三间，西为土地祠，前大门一间，大堂之后北房三间，左右耳房各一，东西厢房共六间；署后为外委把总署，房六间。此外有兵房院六十四所，院建兵房六间，共房二百八十四间，俱乾隆三十年建"⑤。教场在都司营侧，每年春秋二季，大同镇总兵来营校阅，都司以次将弁，演习骑射，兵丁三百，演习枪炮。⑥ 后来归化营

---

① 《土默特旗志》卷四"法守"，第 246 页。
② 《绥远通志稿》第 9 册卷七十一"军政"，第 303 页。
③ 军机处录副奏折：议奏将绥远城裁汰衙署改建兵房事，乾隆二十八年八月十一日，档号：03—0517—079，缩微号：036—0558。
④ 《绥远通志稿》第 10 册卷八十四"职官"，第 389 页。
⑤ 《归化城厅志》卷二"公署"，第 5 页。
⑥ 张曾：《归绥识略》卷十四"教场"，第 113 页。

兵丁渐次被裁汰，光绪二十四年时，仅余 81 人。光绪二十九年，经过张之洞等大臣讨论，归化营兵全部裁掉。由于基本没有战事，兵丁操演趋于停滞。土默特各级官员的房地产也都分布在归化城内，"公署私宅几不可辨"①。土默特教场和归化营兵房在"清季即经圮毁，场址亦荒弃有年"②。民国七年（1918），两个相隔不远的教场被都统蔡成勋扩建，作为军营使用。③

2. 仓库

清朝统治者马背上统治天下，重视军需建设，尤其重视前线的仓储问题。清代归化城的仓库修建，大致可分为三个阶段。第一个阶段，则是归化城作为清准战争的后方军事基地所进行的仓库建设，这必然要说到湖滩河朔。清准用兵之际，湖滩河朔是黄河上非常重要的军事渡口。很多史志中记载了湖滩河朔的位置，《绥远通志稿》中记载："黄河自沃野设治局西南入绥境，北流入临河县界；东折经苏台庙、黄家湾；又东折五原县境之惠德成、同兴堂；再东历安北与包头分界之西山嘴；绕中滩而至包头县城南十五里之南海子；又东过磴口入萨拉齐县境；向东南经冒带渡；渐屈而南至托克托县之河口，即湖滩河朔，亦称湖滩和硕。"④湖滩河朔，即今天河口镇。今天，作为地名的湖滩河朔已经消失。清代湖滩河朔修建有巨大米仓，前方将士的军粮囤积于此。康熙三十二年（1693）建造仓房一百五十四间，康熙三十六年，建造五十间。⑤不仅如此，康熙三十一年，在托克托城也"盖造仓厫十座，共五十间"。"雍正六年，于托克托城增设仓厫六座，共三十间。"⑥距湖滩河朔一百八十里的归化城也修建了一些军需仓库。《八旗通志初集》载，归化城"内旧设仓厫二座十间增设仓厫二座十间"⑦，共有仓厫四座，时间当在雍正十三年之前。归化城不只是后方的粮仓，更是战争后方基地，所以其仓库修建不如湖滩河朔以及托克托城数量多。第二阶段，绥远城修建以后，归化城的军事地位随之降低，随着以绥远城将军为首的行政管理体系完善，仓库呈现出三级特色。绥远城设有丰

---

① 张曾：《归绥识略》卷十一"公署"，第 101 页。
② 《绥远通志稿》第 9 册卷七十二"军营"，第 397 页。
③ 《绥远通志稿》第 9 册卷七十二"军营"，第 397 页。
④ 《绥远通志稿》第 1 册卷五"要隘"，第 430 页。
⑤ 《绥远通志稿》第 9 册卷六十七"仓储"，第 173 页。
⑥ 《八旗通志初集》卷二十四"营建志二"，第 466 页。
⑦ 《八旗通志初集》卷二十四"营建志二"，第 466 页。

裕仓，并专门设置盈宁库大使管理。① 归化城设有军需仓，在城内驼桥街内，久、安、楹、恒、充、裕六厫，额储谷五万一千二百六十石，系供支绥远城官兵口粮之用；常平仓在城隍庙侧，乾隆二十八年（1763）新建，是由归化城通判来完成的，资金由清廷支付，购得归化城内地亩②，内盖、藏、满、积、聚、丰六厫。土默特仓在归化城内驼桥街内，设隆字一厫，储谷二千石，系支放副都统衙门俸米，并托布拉克台召喇嘛口粮及养济院月米。义仓在三贤庙，储谷一千一百一十二石八斗。③ 常平仓用来"按丰欠平籴及借给农民之需"。④

光绪十三年（1887），常平仓"补修满字厫，次年补修丰字厫，俱值年乡耆经理，十六年同知方整修仓神庙，官厅围墙及大门各工，十七年同知平补修盖字厫，二十年同知方补修聚字积字藏字三厫，均如旧式"⑤。显然修理很不及时。初时维修是乡老出资，后才由归化城同知维修。而在光绪十八年（1892）的大灾荒中，归化城土默特地区"饿殍遍野"，仓储赈济杯水车薪。义仓在"光绪十八年灾荒赈济无存"。⑥ 常平仓在"光绪二十六年赈灾发放无存后，即未再积储"⑦。在《归化城厅志》注中写有，军需仓"《识略》：动碾支放，现无储谷"；土默特仓，"《识略》：现无储谷"。这是因为光绪末年，贻谷改革后，旧有的军事体制被新军取代，为绥远城和副都统衙门存储的仓库也就失去价值。这两个仓的谷物，在"清季均已罄数发放"⑧。

至此，归化城仓库不再储存粮食，其房地产空置。民国时期，军需仓和土默特仓所在位置被拆建为民乐市场，后来成为绥远饭店的基址。留下的小部分，也都坍塌。⑨ 在民国四五年，常平仓院落被改建为模范监狱，

---

① 《归绥识略》"仓库"记载，托克托城仓库后均归丰裕仓，托克托城仓库只赋有常平仓职责。
② 土左旗档案馆档案：呈报筹建常平仓估价及购仓址地亩等情，乾隆二十八年六月二十九日，全宗号：80—2—56。
③ 《归化城厅志》卷二"仓库"。
④ 张曾：《归绥识略》卷十五"仓储"，第116页。
⑤ 《归化城厅志》卷二"仓库"。
⑥ 《归化城厅志》卷二"仓库"。
⑦ 《绥远通志稿》第9册卷六十七"仓储"，第165页。
⑧ 《绥远通志稿》第9册卷六十七"仓储"，第164页。
⑨ 《绥远通志稿》第9册卷六十七"仓储"，第164页。

即后来绥远第一监狱。①

（二）清代归化城庙宇和学校

1. 庙宇

清代呼和浩特有召城的美称，召庙非常多。既有蒙古参领、喇嘛等修建的黄教召庙，也有内地移民修建和附着在黄教寺庙中的民间庙宇。本节讨论官修庙宇地产。官府修建的庙宇有两种，其一即在每个官衙里，都建有一些庙宇存在。如归绥道署，后院有祀魁星、土地、大仙、马王庙。归化城同知厅，大门东为土地祠，二堂后有马王庙一楹。都司署有马神祠、土地祠、关帝庙。把总署建有土地祠。② 这些衙署内部的庙宇是衙署功能的一部分。从所属位置来看，一般在正院较偏的位置，规模也不大。根据衙署职责来看，行政功能较强的归绥道署，归化城同知署都是供奉土地、大仙、马王等，都司署等军事功能为主的，则主要供奉土地、马王、关帝等。

还有一些官员修建的独立的坛和庙宇，主要就是先农坛、文庙、文昌庙、关帝庙等。

归化城先农坛和文庙（指土默特文庙）是由都统丹津在雍正五年修建的。先农坛是丹津"具奏奉旨"修建于归化城东三里许。"正殿三楹，供祀先农神位，东殿三楹，西殿三楹，八角亭一座，设为反坫，东屋三椽，西屋三椽，中设大坛，缭以门垣。周围籍田，地五顷。"③ 土默特行政官员主持修建先农坛，意味着边疆行政机构内地化。以先农坛为核心的地域，既不是租，也不是买，而是都统丹津"籍地"而来，直接划出一片土地。

文庙则在"城南门外二里许路西"。④ "正殿三间，东西庑各三间，后殿三间，后殿东为井亭，西为祭器库，正殿前泮宫门三间，东西两小角门，角门东为名宦祠，西为乡贤祠三间，门外有桥一，下为泮池，东西斋房各一间，棂星门三间，东西两角门，角门外东西两辕门，与南照壁相连。"⑤ 文庙资金来源于民间筹资，为了感谢丹津所做事迹，百姓"卜地庀

① 《绥远通志稿》第 9 册卷六十七 "仓储"，第 165 页。
② 《归化城厅志》卷二 "公署"。
③ 《土默特旗志》卷六 "祀典附召庙"，第 254 页。
④ 张曾：《归绥识略》卷九 "坛庙"，第 84 页。
⑤ 张曾：《归绥识略》卷九 "坛庙"，第 84 页。

材"，意欲给都统丹津修建生祠。于是丹津上疏，将此材料奏请建立文庙，"定位春秋致祭并储款以备修葺于将来"①。

文昌庙的修建比较晚，是在光绪元年。"建庙城南稍东，正殿三楹，后殿三楹，东殿三楹，西殿三楹，大门三楹。上祀奎星于三层楼。"②

归化城关帝庙也不少，有一处是在城南门东南小东街，由"雍正年间土默特参领等官施地建修"③。

以上可以看出，归化城官修庙宇的资金来源基本上是民间或官员自己筹集，或借地、买地、施地而用。这些庙宇的建筑格局都是汉式的，其筹建是在清廷的统治策略下，土默特之地的文化景观已发生了明显变化，呈现出农耕文明为主的面貌，儒学文化有了发展的土壤。

2. 学校和文庙房地产

清代归化城的学校和文庙的修建，儒学的引入息息相关，所以放在一起讨论其房地产的变化，以及说明的问题。

归化城有文庙两所，一所为都统丹津所建，一所为归绥道尹倡导所建。都统丹津所建文庙在雍正初年，归绥道尹所建文庙在光绪十一年，两者相差一百六十多年。间隔如此长的时间，体现出的恰是归化城及土默特地区文风兴起的特点，而这特点与归化城学校修建亦密切相关。

光绪前义学房地产的变化。归化城本没有学校，经多年发展，"通商惠工者，成效已彰彰"，"远近富厚农民，且无不趋之若鹜"。在这种情况下，"惟学校至今未立"④，但义学出现是比较早的。具体时间已无从考证，史料中显示是嘉庆八年归绥道尹德纶在道署西北隅所重建的义学。这个义学的正常运转主要依靠归绥道、归化城同知等官员捐献自己的养廉银。后移驻范家号租房居住。⑤ 道光二十五年（1845），认为"赁庑居住，究非良策"⑥，在归化城钱行商人的支持下，护理归绥道潞安村知府多慧筹议，在归化城西门外杨家巷路北"价典"⑦ 了一处房院，作为义学地址。资料中

---

① 《土默特旗志》卷六 "祀典附召庙"，第255页。
② 《土默特旗志》卷六 "祀典附召庙"，第255页。
③ 《土默特旗志》卷六 "祀典附召庙"，第255页。
④ 张曾：《归绥识略》卷十三 "义学"，第111页。
⑤ 张曾：《归绥识略》卷十三 "义学"，第107页。
⑥ 张曾：《归绥识略》卷十三 "义学"，第107页。
⑦ 张曾：《归绥识略》卷十三 "义学"，第107页。

有一句话值得注意："内除西套房三间原典主自占，如蒙古原地主及原典主备价回赎，即禀明归绥道饬归化厅验收银两，另行典买房院。"① 这句话包含了几层意思：义学房屋为典买，非绝卖，也就是临时使用；房地产原主为蒙古人，将房地产典卖给现在的房主，而官府亦从其手中典买到新的义学房地产。显然官府支持并适应这种房地产的使用方式，具体情形见表3 - 1。

表 3 - 1　清代归化城义学房地产情况

时　间	人　物	位　置	规　模	资　金	出　处
嘉庆八年（1803）	归绥道尹德纶	归绥道署西北隅	学舍一所，中楹奉至圣五师神位，东西各五楹	归绥道尹、归化城同知等捐廉俸	《归绥识略》《归化城厅志》
嘉庆十七年（1812）	归绥道尹嵩孚	范家号			《归绥识略》《归化城厅志》
道光二十五年（1845）	护理归绥道潞安村知府多慧	杨家巷	房院一所，正房三间，有抱厦，东厨房三间，西厢房七间，东南房三间，西南房四间，大门一间	归化城钱行总领并散户四十九家捐钱一千缗	《归绥识略》
光绪十一年（1885）	归绥道尹安详	东在吕祖庙，西在龙王面，南在观音庙，北在本城内		集官商银二万一千二十八两	《归化城厅志》

光绪年间文庙和学校房地产的变化。光绪三年，杨家巷文庙开始修建。资金来源是"归绥道宪阿倡集官商银二万一千二十八两"②，实际上是"罚捐商款"③，"就城内杨家巷旧义学一所，添买隙地，改修文庙大成殿三楹，东西庑各三楹，站门一座，外院东西厢房各三间，为乡贤名宦祠虚位，大门三间，西小院一，有北房三间"④，即为杨家巷文庙。当时所修

① 张曾：《归绥识略》卷十三"义学"，第107页。
② 《归化城厅志》卷四"学校，官学"。
③ 《归化城厅志》卷四"学校，文庙二"。
④ 《归化城厅志》卷四"学校，官学"。

建志文庙，"规模颇隘，其余崇圣祠、明伦堂、尊经阁等无地可建"①。这次扩建，所用之地应该是租用地基。史料显示，光绪十二年，席力图召喇嘛朝克图曾控告归化城厅建立文庙不给地铺钱，后决定由善举生息项下筹给。②

杨家巷文庙修建后，"仍留义学在内"③，并又添建了四所，东在吕祖庙，西在龙王面，南在观音庙，北在本城内。所剩银两维持文庙和义学的正常运转。在文庙修建的同时，扩大规模，用所捐之款，扩建四所义学。显然，在官府官员主持下，归化城的文风有一定起色，但正规的学校依然没能建立起来。

光绪九年（1883），潞安府教授韩秉均叩禀学宪，"归化城为归绥道五厅士子，无籍可归，拟请奏设立学校，以慰民望"④，首开办学的倡议。光绪十一年，归化城同知恩承赴任，"借用刘明经之房暂作古丰书院"⑤。这就是古丰书院的来历。刘明经是归化城有名的回民商人，在归化城有大量房地产。嘉庆年间，因为和杨姓诉讼胜利，将自己置办到的"房三百七十三间，空地基一十六块，悉数报效国家，蒙恩赏给翎顶，优予褒奖，时人荣之"⑥。这件官司在很多资料中有显示，古丰书院所借用房产即出于此。

还有一次建学署的讨论，发生在光绪十二年。山西巡抚要求归绥道尹会同归化城同知将归化城"牛桥大二公馆勘定一处，改建学署"⑦，并从"粮饷厅库储丰宁二厅押荒项银下提取所需要的一千四百二十七两白银"⑧。最早是归化城同知德生负责，认为："二公馆地址闲旷，旧建房屋坍塌倾颓，不堪楼止，内外房舍均需就址重建，查学署应建内院正北房三间，外院东西厢房各二间，过厅二堂，三间外院，东西厢房各二间，宅门一间外，书斗房各一间，署大门一间，照壁一堵，共估工料银一千四百二十七

---

① 《归化城厅志》卷四"学校，文庙二"。
② 土左旗档案馆档案：呈控归厅将本人地基建立文庙抗不给租，光绪十二年二月，全宗号：80—5—271。
③ 《归化城厅志》卷四"学校，官学"。
④ 《归化城厅志》卷四"学校"。
⑤ 《归化城厅志》卷四"学校"。
⑥ 《绥远通志稿》第4册卷三十四"官产"，第779～780页。
⑦ 《归化城厅志》卷四"学校，学署"。
⑧ 《归化城厅志》卷四"学校，学署"。

两零。"① 光绪十四年（1888）七月，同知松昌赴任后，继续执行这件事。"在归绥道库押荒项下，领出建盖学署工料实银一千四百二十七两二钱六厘"②，九月，炳玉由候补同知署任归化城同知，和总学教谕刘璜耀经过考查认为，口外初设学校考试，只行一次，生员并无多人，且皆散处七厅，甚而各归原籍；由于学生少，无学田学租，教谕岁食俸银三十余两亦不能保障；教署和文庙不能建在一处。文庙所在之地"四面民居，并无隙地可营教署"，"就牛桥街二公馆官房基址，相距文庙尚隔二里"③。商议结果是，从归绥道库中取押荒银一千四百两，用于发商生息，利息供教谕工资。关于在二公馆（即归绥道署和归化城同知署）或杨家巷文庙附近修建学署的讨论宣告结束。当时炳玉说，"将来口外文风稍有起色"④，必然会新建文庙和教署。

事实上，文庙"毋庸重建"⑤，而是新建。光绪十五年，炳玉就禀请借动押荒银六千五百两，以一千五百两买房修造新的学署，会同总教谕刘璜耀"买太平招东南旧房一所，重修大门、仪门，照壁，其余正房五间，东西房各六七间，皆因旧，稍为葺补"⑥，将古丰书院挪到此处。二十一年，古丰书院维修，同知方龙光又在归绥道宪授意下，委托段教谕"油饰大门、仪门、正房内外，并修辕门两旁小墙，葺补门顶，费银九十八两一钱"⑦。

清代归化城文庙和学校房地产，经过了附着在公署内、借用房地产、典买房地产使用等一系列变化。从无到有，再到较为固定的房地资产。学校制度也由义学发展到书院。民国年间，太平招（召）古丰书院被改为归绥中学堂，成为后来绥远省立第一中学，即今天的呼和浩特市一中。回溯历史，清代文庙和学校房地产变化正是体现了归化城之地从荒蛮到文风渐起的过程。

三 清代归化城公主府的修建

公主府是清代归化城官房地产中的特殊建筑，也是归化城唯一的宫廷

---

① 《归化城厅志》卷四"学校，学署"。
② 《归化城厅志》卷四"学校，学署"。
③ 《归化城厅志》卷四"学校，学署"。
④ 《归化城厅志》卷四"学校，学署"。
⑤ 《归化城厅志》卷四"学校，学署"。
⑥ 《归化城厅志》卷四"学校，学署"。
⑦ 《归化城厅志》卷四"学校，学署"。

式建筑。公主府是清皇室公主下嫁给漠北喀尔喀的府邸。较早嫁给漠北喀尔喀的是康熙帝的四公主恪靖公主，于康熙三十六年（1687），下嫁漠北喀尔喀部土谢图汗察珲多尔济的孙子敦多布多尔济。当时战争未息，公主暂住清水河厅，后移至归化城，住在扎达海河北岸一处院落，很快"建府于归化城北五里"①，即公主府，今天已被辟为公主府博物院。这座宫廷式府邸，依山傍水，占地一万七千亩，五进院落，有照壁、花园、马场，完全按照《清会典》中有关皇室封赐爵位的府邸建筑等级制度设计和营造。"建筑风景之佳，为一方冠。"以后又有几位公主嫁到此处，均住公主府。清代公主府一直由公主及其后裔居住，后逐渐衰败。民国二年（1912），袁世凯军队镇压蒙古百灵庙暴动后撤回，入居公主府，纵兵大掠，府遂大破，什物亦遭抢劫一空。② 民国十三年（1923）被呼和浩特师范学校使用。1990 年开辟为公主府博物馆。③

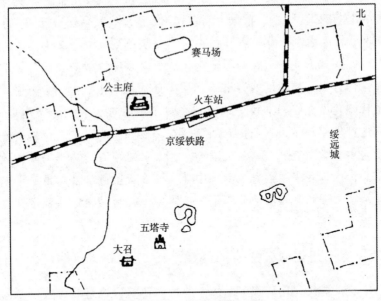

图 3-1 公主府位置示意图

（此图根据《清和硕恪靖公主府地灶清理简报》改绘）

---

① 《公主府志》公主篇。
② 金启孮：《清代蒙古史札记》，第 12 页。
③ 关于公主府的研究成果比较多，金启孮、杜家骥先生均有论述，其房地产变化线索较为清晰，故此处略写。

第二节　清代归化城官房地产的开发

清代归化城官地上的房屋、地基，除了官衙和公廨用房等，还有一部分是用来出租出赁的。这部分用来出租和出赁的房屋和地基，我们称之为官房、官地基产业开发。产业官房的出现是归化城房地产的一大特点，其管理、拓展都有其时代背景和现实条件。

一　清代归化城产业官房出现原因

归化城之地为交通要道，大量流动人口为房地产租赁提供了可能。归化城所在之处为游牧文明和农耕文明交界处，为东西南北重要通衢，明代中后期的旅蒙商，开始将归化城作为中转基地，货物囤积于此，然后销往蒙地，或者中原。归化城重要的地理位置，吸引了大量周边省市的人口涌入经商居住。初时，清政府不允许移入居民携带家口，这些经商居住的人口，并不在归化城购房，多租赁居住。清钱良择的《出塞纪略》中：归化城"惟官仓用陶瓦、砖壁坚致，余皆土屋，空地半之"①。归化城堡内相对较为空旷，加之流动人口比较多，为官房地产出租提供了可能条件。

传统意义上，蒙古人和召庙喇嘛均出租房地产，为官房出租提供了案例。归化城房地产原属于归化城蒙古人和召庙即召庙喇嘛。后来移入的汉民，多是采用租赁的方式居住，房地产买卖份额极其少，即便到了清朝中后期，归化城房地产买卖也不占房地产主权变更的主要方式。乾隆八年（1743），清廷再次划分了呼和浩特蒙丁的户口地，同时也分别拨与各召庙香灯地亩，每一处召庙都拥有大片土地。蒙古首领和普通民众以及召庙喇嘛就把自己分得和占有的房地产出租，用来赚取一定费用。由此甚至形成了以出租房地产为生的民间地产业。随着归化城土默特之地的行政领导权逐渐转移到清廷派驻的官员手里，官房地产出现。"从这时起，实际上归化城土默特的土地分为寺领、都统衙门及土默特官衙领（三种）了。"②清廷官员以各种方式，不断拓展

---

① （清）钱良择：《出塞纪略》，第18页。
② 金启孮：《呼和浩特召庙、清真寺历史概述》，《内蒙古大学学报》1981年第4期，第16页。

官房地产用于租赁。

中央控制下，归化城自给自足的财政特点决定了官员把房地产出租作为财政的重要补充。清朝建立以后，对归化城土默特采取了划拨土地，财政采用自给自足的方式。副都统以下，归化城土默特蒙古两翼官员均无俸给，只能依靠国家划拨给的土地和房地产，出租或耕种生存。即便是后来形成的归绥道等机构的官员，"官俸既薄，而庶人之在官者，薪工亦随之亦薄"①。归化城内的官员尽可能扩大财政来源，满足日常所需。产业官房所获得的租金成为归化城财政的正项收入，列入国家正项开支中予以报销。② 可见其在归化城财政中处于重要地位。

二 清代归化城产业官房的分布及来源

（一）清代归化城产业官房的分布

清代归化城的官房分布比较集中。在乌仁其其格的《18—20 世纪初归化城土默特财政研究》中，根据清代归化城土默特副都统衙门档案中整理出来的乾隆年间、嘉庆同治年间归化城土默特房租征收情况统计表：

表 3 - 2 乾隆年间土默特两翼房租征收统计

单位：房/间、银/两③

年　份	房铺位置	房铺间数	月计银两数	年共收租金	合　计
元年	归化城、察玛哈克等地			487.158	487.158
五年	官署周围	官房铺24		106.8	106.8
十年十一月至十一年十月	归化城、翁衮岭等处			609.255	609.255

---

① 《土默特志》上卷"政治志"，第 343 页。
② 乌仁其其格：《18—20 世纪归化城土默特财政研究》，第 167 页。
③ 此数据源于乌仁其其格：《18—20 世纪初归化城土默特财政研究》，第 121 页。

续表

年份（乾隆）	房铺位置	房铺间数	月计银两数	年共收租金	合 计
十一年	归化城等地	官房23	8.4	109.2，补征去年房租18.1	609.15
	归化城南门瓮城内	官房5	2	26	
	归化城南门瓮城外	12	13.5	175.5	
	固鲁格之妻所献房	50	10.7	142.91	
	城南墙根处	临街店铺22		95.5	
	翁衮岭北	民人私建房屋492		41.895	
十三年十一月至十四年七月	归化城南门瓮城内外	17	15.5	9个月房租139.5	139.5
十四年四至六月				3个月房租52.2，每月加收800钱	55.2
十四年八至十月	归化城南门瓮城内外	17	15.5	3个月征房租46.5	46.5
十四年七月	学校周围	官房35处，102		17.4	17.4
十六年十月	归化城、翁衮岭等处			571.945	571.945
二十七年	归化城等处	官房27	7.1	92.3	463.6
	归化城南门瓮城内	5	2	26	
	归化城南门瓮城外	10	11.3	146.9	
	固鲁格之妻所献房	46	7.2	91.91	
	归化城南门城墙根处	店铺21	8.15	105.95	
三十八年二月	学校周围	官房铺167		19.175	19.175
四十九年五月	旗署附近	官店铺148		45.27	45.27
五十八年十一月至五十九年十月	翁衮岭等处				685.175

表 3 - 3　嘉庆至同治年间归化城土默特官房房租统计

单位：间、两①

年　份	房铺位置	房铺间数	月计钱两数	年共收租金	合　计
嘉庆十八年 （1813）	归化城内官房	38	10.2	122.4	539.16
	归化城南门瓮城外	12	13.5	162	
	固鲁格之妻所献房	55	12.73	152.76	
	归化城南门外城墙根处	22	8.5	102	
嘉庆二十一年 （1816）	归化城内	38	10.2	122.4	523.1
	归化城南门瓮城外	12	13.5	162	
	固鲁格之妻所献房	55	12.73	136.7	
	归化城南门外城墙根处	22	8.5	102	
道光十一年、 十七年 （1831、1837）	归化城内官房	38	10.2	122.4	475.8
	归化城南门瓮城外	12	13.5	126	
	固鲁格之妻所献房	55	12.73	125.4	
	归化城南门外城墙根处	22	8.5	102	
同治七年、 九年 （1868、1870）	归化城内官房	38	10.2	104	314.73
	归化城南门瓮城外	12	13.5	97.5	
	固鲁格之妻所献房	55	12.73	48.88	
	归化城南门外城墙根处	22	8.5	64.35	
同治十一年 （1872）	归化城内官房	38	10.2	96	290.52
	归化城南门瓮城外	12	13.5	90	
	固鲁格之妻所献房	55	12.73	45.12	
	归化城南门外城墙根处	22	8.5	59.4	
嘉庆至同治	归化城南门瓮城内	5	2	0	

表 3 - 2、表 3 - 3 中显示，清代归化城的产业官房集中在官署，尤其是旗务衙署附近，南门瓮城内外，南墙根处，还有学校附近。这种分布格局从乾隆年间到嘉庆同治年间没有太大变动，房间数也基本保持相同。

（二）清代归化城产业官房的来源

占地后拓展。官署、旗署附近的产业官房，应均为这种方式。在官衙署修建的基础上，官府不断地在衙署周围拓展空间，采用租或者买的方

---

① 此数据源于乌仁其其格《18—20 世纪初归化城土默特财政研究》，第 178 页。

式，建盖房屋，用以出租。在表 3 - 2 中，乾隆三十八年（1773），学校附近出租房地产数量多达 167 间。根据表 3 - 4 可知，这些产业官房均在文庙附近，紧挨着文庙。旗署附近的产业官房也比较多，旗署位于归化城北门附近，是归化城土默特官衙集中地。文庙和旗署均是都统丹津在雍正初年间修建，产业官房的出现，当也在那时期。

清朝初年，归化城城池狭小。康熙三十年，"城周三里许，高三丈余，旧南北两门，年久坍废，经土默特左右翼与六召喇嘛，台吉等三佐领下人于旧城南增设外城，包东西南三面，筑墙开门……俱筑楼其上"①。表 3 - 2 及表 3 - 3 所说的城南门墙根处、城南门瓮城内，均指的是康熙三十年重修后的城南门。这个城墙是归化城土默特官员所修，城墙和瓮城内应该也修建了产业官房，用来出租。

捐献所得。在表 3 - 2 及表 3 - 3 中，有固鲁格之妻所献房 50 间，其收入纳入归化城财政正项收入。固鲁格身份当是土默特马甲，但因何将其房屋捐献给土默特官署，情况不详。在光绪《钦定大清会典事例》中也记载，土默特马甲"固鲁格之孀妇纳木扎布输纳入官铺房五十五间，每月应收房租银十二两七钱三分"②。这次所捐房屋数量在归化城官房中占有较大比重，所以《钦定大清会典事例》中有记载。通过表 3 - 2 知道，早在乾隆十一年（1746），这份房地产就已经捐献。

再有一个规模比较大的捐献，是前文提到的嘉庆十年回回商人刘明经在房地产官司胜诉后的捐献。范围是在归化城北常平仓与牛桥街以及外罗城路东等一带，计房三百七十三间，空地基一十六块。③数量也非常之大，这些房地产在民国年间依然存在，用于出租，成为归绥县的主要官房地产。④

回赎所得。清政府规定，蒙地土地可以典卖经营。规定期限内，可以备价回赎。回商刘明经在东顺城街建房院一所，后典与耶稣教堂教士居住。光绪二十六年（1900）庚子之变，教士们急于回国。但刘氏又无钱回

---

① 张曾：《归绥识略》卷八"城郭"，第 81 页。
② 土左旗档案馆档案：归化城旗务衙门库存旧管新收动支实存数目册（满文），道光十七年十一月八日，全宗号：80—45—23。此满文档案译文为《18—20 世纪初归化城土默特财政研究》书中译文，以下满文译文均引自此书。
③ 《绥远通志稿》第 4 册卷三十四"官产"，第 779 ~ 780 页。
④ 《绥远通志稿》第 4 册卷三十四"官产"，第 781 ~ 789 页。

赎所典之房。最后，由"归化厅备价代赎，此项房院遂归归厅经理"。[①] 光绪三十年（1904）正月间，被土默特陆军"赁住"。[②]

表 3 – 4　文庙所属官房间数目至及增长房租数目清册[③]

名　　称	房间数(间)	房钱（文/月）	备　　注
东泰店（即会亨店）	十七，自盖房六十三	七千七百	东西北长二十四丈六尺，南长十九丈九尺，南北前阔四丈，中阔八丈五尺，后阔五丈四尺东至官街，西至大顺长，南至文庙昌盛源，北至刘姓翼盛店
侯天福	五	一千一百	南北长五丈，东西阔一丈九尺，东至官街，西至文庙，南至赵剃头铺，北至东泰店，此房现在尹明珍认占
赵剃头铺	一	三百五十	东西长二丈南北阔九尺五寸，东至官街，西至文庙，南至李荣德，北至侯天福
李荣德	三	八百十	东西长一丈七尺，南北阔二丈八尺，东至官街，西至庙，南至旺兴顺，北至赵剃头铺
旺兴顺	三	一千	东西长一丈七尺，南北阔二丈八尺，东至官街，西至文庙，南至大有成，北至李荣德
大有成	四	一千二百	东西长一丈八尺，南北阔四丈，东至官街，西至文庙，南至陈世维，北至旺兴顺
陈世维	一	二百五十	东西长二丈，南北阔九尺，东至官街，西至文庙，南至王金明，北至大有成
王金明	四	一千三百	东西长四丈，南北一丈二尺，东至官街，西至文庙，南至张维连，北至陈世维
张维连	一间半	三百	立认官房约人，今认到银库案下官土房，南北长一丈，东西阔一丈五尺，东至周世兴，西至文庙，南至官街，北至庙，光绪十五年正月旧房不堪居住，报退，九月初四日赁与达克春名下，重新修理住，言明房课小二百文

---

① 土左旗档案馆档案：禀请将常备营所住房院会商归厅改赁为卖的呈文，光绪三十二年九月，全宗号：80—1—56。

② 土左旗档案馆档案：禀请将常备营所住房院会商归厅改赁为卖的呈文，光绪三十二年九月，全宗号：80—1—56。

③ 土左旗档案馆档案：文庙所属官房间数目至及增长房租数目清册，光绪二十一年十月初三日，全宗号：80—14—1311。

续表

名　　称	房间数（间）	房钱（文/月）	备　　注
王金明	三	八百	南北长一丈二尺，东西阔三丈，东至文庙，西至官学，南至官街，北至庙
周建武	一间半	四百	南北长一丈三尺，东西阔一丈四尺，东至庙，西至陈道，南至官街，北至庙（此前约周建武所赁官房于道光十二年五月初九日乔万年转赁住占）
乔万年	文庙大门西边空地基一块	二百，限至五年为止，满，房屋仍交银库经管	随带原旧檩六条，椽子二十四条，破门扇一个，下余所添一应土坯砖瓦木料泥木人工等项钱九千文
陈通	二	四百	南北五丈五尺二寸，东西阔一丈九尺，东至周建武，西至本主，南至官街
陈通	四间，自盖房二	一千	南北长五丈五尺二寸，东西阔三丈七尺，东至本主，西至昌盛源，南至官街，北至庙
昌盛源	官土房七间，自盖房四十六	四千七百	南北长二十三丈五尺，东西阔六长二尺，东至庙，西至久成当，南至官街，北至东泰店
大成当	官土房八间，自盖房四十三间	六千四百	北长二十三丈，前阔七丈四尺，中阔六丈五尺，后阔四丈八尺，东至昌盛源，西至三盛烟铺，南至官街，北至大顺长
张秉权	官土房七间，自盖房八	一千八百	东西长九丈七尺，南北阔五丈，东至东泰店，西至官街，南至王建功，北至李茂，此房于道光十六年三月间张秉权报退，当时张永禄赁占
张永禄	七	一千八百	
陈兆瑞	官土房六间半，自盖房七	八百	东西长八丈七尺，阔一丈七尺，南北阔六丈一尺，东至东泰店，西至官街，南至张秉权，北至大顺长，东南至大成当
笔帖式巴达尔户		地铺钱二百	文庙照壁前路南空地一块

三　清代归化城产业官房地产的出租、出售和维修

产业官房与民间房地产交易不同，它的出租都是以与官府签订官房约来进行。

(一) 清代归化城产业官房的出租

产业官房包括房屋和地基。在归化城的产业官房地产中，房屋和地基是分别租赁的。从表3-2及表3-3中可以看出，产业官房地产主要以官房为主，地基为辅；主要是出租，典卖很少。由于房地产地理位置、归化城人口变化，房屋的租银也不相同。表3-2中，乾隆三十八年学校周围的产业官房167间，一年租金只有19.175两，而乾隆四十九年的旗署附近的产业官房148间，一年租金就是45.27两，明显高于学校周围的租金。

1. 关于地基上自建房的处理

官地基被租赁后，需要建盖房屋居住。那么这地基上的房屋产权怎么划分呢？以下面契约资料来分析。

史料3-1：文庙所属官房间数四至及增长房租数目清册①

> 具赁呈人乔万年今赁到文庙大门西边空地基一块，随带原旧檩六条，椽子二十四条，破门扇一个。下余所添一应土坯砖瓦木料泥木、人工等项钱九千文，情愿自行修盖住占，言明每月交银库房课钱二百文，限至五年为止，满，房屋仍交银库经管，不致冒呈具赁呈是实。
>
> 道光十二年五月初九日

这是表3-4中的一个地基赁约。赁主乔万年赁到空地基后，用官府所留材料，自行建盖房屋。建房花费九千文，所以每月房课钱只交二百文。五年后，所盖房屋归官府所有。注意这里所收为房课钱，而非地铺钱。

史料3-2：文庙所属官房间数四至及增长房租数目清册②

> 文庙照壁前路南空地一块，每月交纳地铺钱二百文，笔帖式巴达尔户赁占。

这也是一个地基赁约，但只交地铺钱二百文，没有期限限制。

---

① 土左旗档案馆档案：文庙所属官房间数四至及增长房租数目清册，光绪二十一年十月三日，全宗号：80—14—1311。

② 土左旗档案馆档案：文庙所属官房间数四至及增长房租数目清册，光绪二十一年十月三日，全宗号：80—14—1311。

史料 3-3：租到土旗银库文庙东南角路北官土房 1.5 间的租约①

　　立认占官房约人达克春今认到银库案下坐落文庙东南角路北官土房一间半，今已坍塌，不堪住占，自己情愿认占，自备工本重新修盖，所有一切花费按帐计算。工竣，每月赴库交纳房课钱二百文，内按月扣除修理钱一百文。除清之日，如数交纳，不致短欠，恐后难凭，立认占官房约为证。

　　光绪十五年九月初三日达克春立

这实际属于产业官房的维修范畴，维修由赁主自负，但修理费用可以从房课钱中扣除，说明官府负责出租房屋的维修费用。

史料 3-4：出赁官房约据簿②

　　立赁官房地产基合同文约人梁东庆，今赁到银库文庙西面有大门连门面七间，地基一块。旧有赁房人自己原修盖房屋四十六间，东至文庙，西至隆和店，南至官街，北至会亨店。四至分明，情愿赁到自己名下，住占为业。同人言明，每月房课、地谱满钱三千二百文，按月赴库交纳，不致拖欠，恐口难凭，立赁房合同约为证。

　　光绪十三年九月初七日（上眉标注义生泉换新约）

　　史料 3-4 中，赁主不但交纳房课钱，还有缴纳地铺钱。在所赁地基上，赁主自盖房四十六间，官约上明确规定要交纳房课钱。即便不再租赁官房和地基，地基所盖房屋应为赁主自有。

　　以上资料显示，产业官房和地基是分开租赁的，出赁方和官府签订约据，也需要中见人。如果只租赁官房，则不再另外收地铺钱，如果只是地基，则征收地铺钱，如果官房和地基同时租赁，则收官房租银和地基租银（即地铺钱），在官地基上的自建房，如原材料为官府所有，则征收一定房课钱，房归官府所有。如全部材料为赁主所出，则自建房归赁主自有。

---

① 土左旗档案馆档案：租到土旗银库文庙东南角路北官土房 1.5 间的租约，光绪十五年九月初三日，全宗号：80—14—1284。

② 土左旗档案馆档案：出赁官房约据簿，同治三年七月，全宗号：80—14—1201。

2. 拖欠房租的处理。

史料 3-5：以自盖房 2 间折抵所欠官房租钱的甘结①

具甘结民人孔高升、祖父孔克珍，今于甘结事。依奉结得旗库大人案下。今因小的赁占官房四间，业经年久，屡年欠交房课制钱。至今，共积欠至满钱八十千零五十三文之多，今蒙查勘官房地产基，并追交旧欠房课制钱，惟小的所欠课钱为数甚巨，辗转无力交纳，恳求将小的除官房四间外，内有小的自盖房二间以抵欠项。今蒙恩准，姑念小的赁占年久，即将官房并小的自盖房屋一并管收转赁，小的情愿呈退官房，所具甘结是实。

宣统二年九月

民人孔高升，孔克珍（右手大指斗）

这段资料中，体现孔氏欠官房租已经很久，说明官房的房租收讫也不是没有通融的。由于拖欠年久，其所欠房租已经无力偿还，只能用房基内的自盖房两间来抵偿所欠。

3. 产业官房的租赁对象。

赁主租用官房，用于经商、居住或囤货。从银库收房钱簿中，能看到很多商号名称，如会亨店、天生涌等。② 除了汉民姓氏，租户中也有不少蒙古人，如札老爷、达克春等；也有一些官员租用，如笔帖式巴达尔户；③还有军队等的使用，出赁对象非常广泛，不受限制。

（二）清代归化城产业官房的出售

由于清代归化城的特殊地理位置，加之政府对典卖课税，却不征收租税的情况，产业官房极少典卖，清末才逐渐课及典契。顺治四年（1647）规定，买卖土地房屋，必须立契，经官府登记，按买卖价格每银一两征税三分，官府在其契尾钤盖官印以为证明。乾隆十四年（1749）定税契之法：

---

① 土左旗档案馆档案：以自盖房 2 间折抵所欠官房租钱的甘结，宣统二年九月，全宗号：80—2—813。

② 土左旗档案馆档案：银库收房钱簿，光绪二十年，全宗号：80—6—792。

③ 土左旗档案馆档案：文庙所属官房间数四至及增长房租数目清册，光绪二十一年十月三日，全宗号：80—14—1311。

有布政司发给契尾，不纳税无契尾者照漏税例论罪。乾隆时买契征税 9%，典契征税 4.5%，清末宣统三年（1911），契税税率定为买契 9%，典契提高到 6%。产业官房本来数额不多，又征典卖契税，所以典卖房屋很少。

史料 3-6：出赁官房约据簿①

　　接买官房约人福和堂，今买到银库案下，先年建盖大南街文庙后，坐西向东院宇半所，内官土房十七间，地基东西长二十四丈六尺，南北长十九丈九尺，南北前阔四丈，中阔八丈五尺，后阔五丈四尺。东至官街，西至天生湧，南至文庙北至聚城店，四至分明，房屋土木相连，公中妥议，同人言定，价银四百两整，其银当交不欠，情愿推卖与福和堂名下，永远承业，嗣后改拆建盖均由买主自便，每年仅交地谱市钱六十千文，仍按四标交纳，不准拖欠，恐口无凭，立推卖房约为证。

　　大清光绪三十三年十二月廿三日立

在这个买契中，福和堂典卖的只是房屋，地基属于官府和国家所有，并不买卖，仍然以出赁方式，每年向银库缴纳地铺钱。地基和房屋所有权分离。

（三）清代归化城产业官房的维修

清代归化城的房屋基本以土房为主，瓦房很少。房屋的维修一直是归化城房地产中的大事。在产业官房约据中，有比较清楚的约定。

史料 3-7：租到土旗银库文庙东南角路北官土房 1.5 间的租约②

　　立赁铺面官房院约人双盛当铺民吕建福，今赁到旗库案下南柴火市文庙街路北房院一所。年深塌倒，破烂不堪。同中说合整修。盖公委德老爷印隆额经理，工已告竣。内计栏柜，连大门七间半，正房七间，东号房一十六间，内有号架一十个，西火房二间半，食房二间，场棚八间，后院正房五间，门□俱全，东马棚、毛厕各一间。上下土

---

① 土左旗档案馆档案：出赁官房约据簿，同治三年七月，全宗号：80—14—1201。
② 土左旗档案馆档案：租到土旗银库文庙东南角路北官土房 1.5 间的租约，光绪二十一年十月三日，全宗号：80—14—1284。

木石相连，院内水井一面。情愿赁到自己名下住占，同中言定，每年房课归化钱平银一百三十两整，其银按四标交纳，不许长支短欠，亦不许逐赶，嗣后如有修理等，照归化旧章，土坯、麦穰、人工、茶饭出于住房人，砖、瓦、木、石、钉栈、石灰，官项所出。此系情出两愿，各无反悔，恐口无凭，立赁铺面官房合同约为证。

大清光绪二十一年十月初三日

同中人：催领补音达赖 +

郭瑗 +

刘锦仁 +

显然，"照归化旧章"说明官房维修是约定俗成之事。在维修时候，赁主负责"土坯、麦穰、人工、茶饭"，官府出"砖、瓦、木、石、钉栈、石灰"等料。而在房租上，官府也有照顾。在官房约据簿中，经常提到，"每月房课满钱三千文，嗣因修理花费工料满钱二千五百文，止交满钱五百文，按月计算，除完之日仍交房课满钱三千文"① 等字样。官府以减少房租的方式，来补修理房屋之款项。总体来看，房屋的修理工作主要由个人承担，费用则基本出自官府。

四 清代归化城产业官房及房租的管理、使用

（一）清代归化城产业官房的管理

清代归化城土默特设左右两翼，"翼长二人，参领十人，佐领四十八人，骁骑校六十人，兵丁五千名"②。由副都统管理，服从于绥远城将军。除副都统衙门外，还有旗务衙署作为办公机构，旗务衙署"东为户司署，西为兵司署，东北为印房总理署，又东有旗库，其外有汉稿房，专主汉文稿，其满蒙文件，均隶两司"③。在这个办事机构中，兵司、户司，还有操演营各设翼长一人，在十二参领中挑选，"户司管理户口田土案件"④。负责产业官房出赁的就是户司和旗库两个机构。旗库即银库，旗库"内收存

---

① 土左旗档案馆档案：出赁官房约据簿，同治三年七月，全宗号：80—14—1201。
② 《土默特旗志》卷九"职官考"，第 271 页。
③ 《土默特旗志》卷四"法守"，第 243 页。
④ 《土默特旗志》卷九"职官考"，第 270 页。

房地产租银、煤矿税银"。① 在乾隆二十七年之前,银库由户司翼长或章京兼管,二十七年之后,银库事务停兼于司,由一名参领专管。② 租赁官房的赁主到银库签订租赁约据,即官契约,定好租金等一系列事情。租金按月支付,由赁主每月到银库缴纳。表 3 - 5 即根据银库约据簿整理而成。"每月由管理库务官员征收记名","若有变化,则库员移文户司,陈明日期后再由户司核实,依照旧例缮稿报理藩院,同时移文银库"。③ (基本约据形式见图 3 - 2)

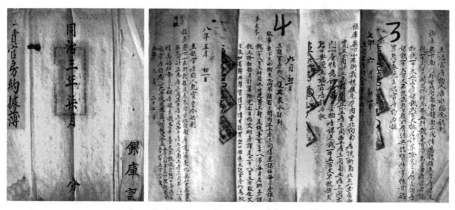

图 3 - 2　官房约据簿（土左旗档案馆藏）

表 3 - 5　出赁官房约据簿④

名　称	时　间	位　置	房间数（间）	房钱（文/月）	备　注
会亨店	同治三年七月廿四日	大南街坐西向东	官土房十七间, 自盖房六十三间	课钞七千七百	东西长约二十四丈六尺,南北长十九丈九尺,南北前阔四丈,中阔八丈五尺,后阔五丈四尺,东至官街,西至香□德,南至文庙统泉隆,北至刘姓翼盛店
会亨店	同治三年七月廿四日	大召坐东向西	官土房七间, 自盖房八间	课钞一千八百	东西长九丈七尺,南北阔五丈,东至香□,西至官街,南至双核店,北至香□德

① 张曾:《归绥识略》卷十五"仓储",第 116 页。
② 乌仁其其格:《18—20 世纪归化城土默特财政研究》,第 65 页。
③ 土左旗档案馆档案:办理库务甲喇章京敦多步等为库存正项银粮等项收支事呈文(满文),乾隆二十七年十二月十五日,全宗号:80—25—120。
④ 土左旗档案馆档案:出赁官房约据簿,同治三年七月,全宗号:80—14—1201。

续表

名　称	时　间	位　置	房间数（间）	房钱（文/月）	备　注
庆和堂	光绪四年六月日立	大南街坐西向东	官土房十七间，自盖房六十三间	课钱七千七百	东西长二十四丈六尺，南北长十九丈九尺，南北前阔四丈，中阔八丈五尺，后阔五丈四尺，东至官街，西至三裕德，南至文庙统泉隆，北至刘姓翼盛店
吕簧	同治七年九月初一日	小东街戏楼后东巷内坐北向南	正瓦房三间，正小土房三间，西土房三间，南土房三间，大门一座	足钱一千五百	房院一所，南北长八长，东西宽五丈
乾宁壹	同治九年三月二十七日	小东街戏楼后东巷内坐北向南	正瓦房三间，正土房三间，西土房三间，南土房三间，大门一座	足钱一千五百	房院一所，长八长，东西宽五丈，此房院原系吕门赁后又添盖土房二间半，并修理钱一百七十六千五百八十文
喇嘛六十五	同治十一年十一月十三日立	大南街	官地基五间，现今添盖房三间	足钱一千一百	修理花费工料市钱一百八十千文，每月由房院内除扣钱六百文，止交房课钱五百文，除完之日，仍交纳房课足钱一千一百文
刘进孝	同治十一年九月日立	大南街文庙东坐西向东	官房铺面四间	满钱二千	
吴胜魁贾天俊	同治十一年八月立	大城里驼桥坐东向西	官房铺面三间	白银一两一钱	
元亨顺李安	同治十一年九月日立	大城里北街路东	铺面两间，内托尾房二间，东房二间，南房一间	白银一两一钱	
复兴泉	同治八年五月初一日	大西街坐北向南	铺面三间，内正土房三间	足钱一千八百	修理花费足钱一百三十八吊，每月应交纳房课钱文除按月计算除完之日，仍交纳房课足一千八百文

续表

名　称	时　间	位　置	房间数（间）	房钱（文/月）	备　注
兴合德 谭文蔚	同治十二年闰六月初一日立	南门外大十字坐北向南	官房铺面二间，柜房一间	满钱三千	修理花费工料满钱二千五百文，止交满钱五百文，按月计算除完之日仍交房课满钱三千文
天生涌	光绪四年六月日立	大召前坐东向西	官土房七间，自盖房八间	课钱一千八百	东西长九丈七尺南北阔五丈东至三裕德，西至官街，南至双和店，北至三裕德
康永瑞	同治七年六月初一日	南门外向南	官铺面二间	房课足钱一千二百	修理花费工料钱一百吊，每月由房课内除扣钱一千文，止交房课钱二百文按月计算除完之日仍交纳房钱一千二百文
张　明	光绪十一年月日立	大十字街路北	房屋空地基一块	每年共出房地产基满钱十六千文，按四标凭折赴库交纳	东至康二斯，西至巴彦尔，南至官街，北至城墙根
隆和店 连世旺	光绪十三年四月初十日立	文庙西坐北向南	房间	满钱五千，按月赴库交纳	门面□间大门一座，西边门面三间，东边门面二间半，大门内正房五间，西房十间，西马棚三间，东马棚十间，又连东小院一所，内计正房二间半，东房三间，西房三间，均各门□屏门栏柜俱全
梁东庆	光绪十三年九月初七日	文庙	两房院一所	房课满钱三千二百，按月赴库交纳	内计门面大门七间，院内有自盖房四十六间，东至文庙，西至隆和店，南至官街，北至会亨店
梁东庆	光绪十三年九月初七日	文庙西面	大门连门面七间，地基一块	房课地谱满钱三千二百，按月赴库交纳	旧有赁房人自己原修盖房屋四十六间，东至文庙，西至隆和店，南至官街，北至会亨店，地基约
公正堂 贾顺祯		文庙西	大门连门面七间，地基一块	房课地基满钱三千二百，按月赴库交纳	旧有赁房人自己原修盖房屋四十六间，东至文庙，西至隆和店，南至官街，北至会亨店

续表

名　称	时　间	位　置	房间数（间）	房钱（文/月）	备　注
达克春	光绪十五年九月初三日	文庙东南角路北	官土房正房一间半	赴库交纳房课钱二百	内按月除扣修理钱一百文，除清之日，如数交纳
福和堂	大清光绪三十三年十二月廿三日立	大南街文庙后坐西向东	院宇半所，内官土房十七间	价银四百两整，其银当交不欠，每年仅交地谱市钱六十千，仍按四标交纳	卖约，地基东西长二十四丈六尺，南北长十九丈九尺，南北前阔四丈，中阔八丈五尺，后阔五丈四尺，东至官街，西至天生勇，南至文庙北至聚城店
马　威			官土房三间	满钱四百，按月清交	东至文庙官房，西至文庙官房，南至官街，北至文庙院

　　自从雍正、乾隆年间归化城理事同知和归绥道设立以后，情况出现了一些变化。以归绥道为首的二府衙门主要负责汉民和蒙汉民司法事务。在财务上，负责周边部分地租的征收，然后交绥远城理事同知，作为绥远城官兵的粮饷。在归化城理事同知署和归绥道署内，有吏户礼兵刑工六部的设立。而在城内，没有看见明显的官房出租出赁的记录。但有件事情值得注意，即嘉庆年间刘明经捐房事。① 此中房地产诉讼官司，主管人是归化城同知署，官司胜诉后，刘明经将房地产悉数捐给的对象，也是归化城同知署。② 在《归绥县志》中明确记载：嘉庆十二年回民刘明经捐由厅署管业者，原为三百七十三间，空地基十六块。③ 刘明经所捐之房全部由归化城理事同知署管理。民国以后，则由归化城厅改成的归绥县管理。表 3 - 2 的内容是根据归化城土默特部报送清廷的四柱清册中的内容整理而成，其中也没有看见关于刘明经捐房的房租管理记录，印证了刘明经所捐之房确为归化城同知署管理使用。还有一则档案：

---

① 此事见本书第一章民间房地产业一节。
② 《绥远通志稿》第 4 册卷三十四 "官产"，第 779 ~ 780 页。
③ 《归绥县志》"经政志"，第 222 ~ 223 页。

史料 3-8：禀请将常备营所住房院会商归厅改赁为卖的呈文①

　　管带土默特陆军参领倭什珂，谨禀都宪大人麾下，敬禀者，窃维治军以训练为先，以择地为要。敝营自成军以来并未建有营房，惟赁本城空闲商号零星散住。操练既虑不整，防范因之难周。迨至光绪三十年正月间，始择得本城东顺城街房院一所，规模宏敞，操练为宜。惟查此项房院，本属土默特地基，先年经回民刘姓建盖房屋，典与耶稣教堂居住。庚子之变，教士避乱回国，刘姓一时无银偿还典价，由归化厅备价代赎，此项房院遂归归厅经理。自敝营由归厅赁住已经三年之久，处处皆宜。本年雨水过多，房垣多有坍塌，参领意欲修理，又念本属赁业，未便擅自动工，意欲他移，又念本城无此相宜之地。再三筹画，惟有仰恳大人，俯念参领为公起见，可否准合向归化厅商议，将此项房院改赁为卖，酌中定价，让与卑营为业，俾得专心修理，永远居住，实于军治大有裨益。除禀请军宪外为此具禀，伏乞鉴核施行，敬请勋安。

　　　　参领倭什珂谨禀

　　　　光绪三十二年九月日

　　这则档案是土默特参领倭什珂向归化城副都统提交的请示，希望批准向归化城厅商议，可否将归化城厅管理租赁的一处房院卖给土默特陆军。以上两则档案显示出一个信息：即归化城内，不但有副都统下户司管理的产业官房，也有归化城厅管理的产业官房。当然这里提出一个问题，房屋是归化城厅管理的，但房屋下的地基依旧归属土默特蒙古。双方权限并不交叉，而是自行管理。

（二）清代归化城产业官房房租收入和支出

　　清代归化城产业官房房租属于归化城土默特正项收入。乌仁其其格认为，归化城出现官房出租时间是在雍正十三年。② 房租的收入与支出，均以四柱清册的方式向理藩院和户部上报核销。通过道光十七年的档案数据

① 土左旗档案馆档案：禀请将常备营所住房院会商归厅改赁为卖的呈文，光绪三十二年九月，全宗号：80—1—56。
② 乌仁其其格：《18—20世纪初归化城土默特财政研究》，第121页。

做一展示。

史料3-9：归化城旗务衙门库存旧管新收动支实存数目册①

一项　坐落归化城内官房铺面三十八间，每月应收房租银十两二钱。自道光十六年十一月起至道光十七年十月底止，共收十二个月房租银一百二十二两四钱。

归化城南门瓮城内官房铺面五间，每月应收房租银二两。开此项房铺之民人张文秀，于嘉庆十一年十二月间生意歇业报退房屋，已经咨报大部在案。

归化城南门瓮城外所有官房铺面十二间，每月应收房租银十三两五钱。此内，回子民人穆朝金租居官房一处三间，每月应收房租银三两。于道光十二年二月间生意歇业退房，已经咨报大部在案。

现在官房九间，每月应收房租银十两五钱。道光十六年十一月起至道光十七年十月底止，共收过十二个月房租银一百二十六两。

归化城南门城墙根处临街之铺面房二十二间，内粮房二十一间，每月应收房租银八两五钱。道光十六年十一月起至道光十七年十月底止，共收过十二个月房租银一百二两。

土默特固鲁格之孀妇纳木扎布输纳入官铺房五十五间，每月应收房租银十二两七钱三分。此内，民人张文明租居官房一处八间，每月应收房租银二两三钱一分。于嘉庆二十二年四月间生意歇业退房，已经咨报大部在案。

现在官房四十七间，每月应收房租银十两四钱二分。道光十六年十一月起至道光十七年十月底止，共收过十二个月房租银一百二十五两四分。

又收过入官地基租银四钱。

显然，官房的收入占主要位置，官地基数额非常少。根据现有资料，土默特产业官房房租收入，并不稳定。乾隆年间，最好的年收入是685两。很多产业官房屋长期无人租住。据乌仁其其格统计：其中在嘉庆十一年（1806）歇业空闲房屋5间，嘉庆二十二年（1817）歇业空闲房屋8间，道光十二年（1832）歇业空闲房屋3间，道光十九年（1839）歇业空闲房

---

① 土左旗档案馆档案：归化城旗务衙门库存旧管新收动支实存数目册（满文），道光十七年十一月八日，全宗号：80—45—23。

屋 1 间，道光二十二年（1842）歇业空闲房屋 1 间，咸丰三年（1853）歇
业空闲房屋 2 间，咸丰四年（1854）歇业空闲房屋 11 间，咸丰五年
（1855）歇业空闲房屋 2 间，同治元年（1862）歇业空闲房屋 5 间，同治
二年（1863）歇业空闲房屋 2 间，同治三年（1864）歇业空闲房屋 2 间，
同治六年（1867）歇业空闲房屋 4 间。① 这些官房不能租出的原因主要是
所处的位置及当年的归化城经济状况不景气。

文庙②的产业官房收入不记录在正项收入中，文庙的产业官房数额还
是比较多的。在银库收租银时，文庙项也是单独收取的，其租银钱："依
照旧例委派司员，每月征收交库。其中若有变化，则俟催租官员报明后，
由库知照户司，记注档册，每月何项动用多少，户司缮写文稿，移咨银
库。由库交给此项地亩、房屋租银收支情况，至年终，由户司会同管库官
员详细核算呈报。"③

以下档案是光绪十五年官房课钱和地基钱。

史料 3-10：呈报勘查所守本旗官房地产基、地谱银数及花费数④

谨将勘查本旗各项官房、地基截至本年七月底，征收过各户房
课、地谱银钱数目并花费数目，呈请鉴核。

计开

文庙巷：

聚文恒收过房满钱十三千文

白发堂收过房满钱十一千九百文

福和堂收过房满钱二十四千六百文

魏根厮收过房满钱四千三百四十文

德明厮收过房满钱一千二百文

王巴图收过房满钱一千五百文

大盛楼收过房满钱四百文

---

① 乌仁其其格：《18—20 世纪初归化城土默特财政研究》，第 197 页。
② 此处指修建于南柴火市附近的蒙古文庙，归化城厅所修文庙是光绪年间的事情。
③ 土左旗档案馆档案：办理库务甲喇章京敦多步等为库存正项银粮等项收支事呈文（满文），乾隆二十七年十二月十五日，全宗号：80—25—120。
④ 土左旗档案馆档案：呈报勘查所守本旗官房地基、地谱银数及花费数，光绪十五年，全宗号：80—6—902。

元升永收过房满钱三千五百文

扎老爷收过房满钱七千五百二十九文

王广和收过房满钱四百二十文

狄仁收过房满钱九千零一文

张盛收过房满钱一千五百三十文

工艺局收过地基钱银七两

正项：

马元收过房满钱三百十九千六百五十文

公合义收过房满钱三千七百三十文

三兴瑞收过房满钱五千文

冯太收过房满钱八千六百五十文

崇义泉收过房满钱八千一百文

张三厕收过房满钱六千八百二十五文

万生长收过房满钱十四千文

张明收过房满钱二十三千四百九十九文

长泰店收过房银二千六两三钱二分

福源湧收过房银一十九两六钱

万生长收过房银二十二两四钱

敦庆永收过房银七两

以上共收过房银满钱一百九十八千二百七十四文、银八十二两三钱二分

一　出课房基票板满钱四千五百文

一　出卖常、额、双三人满钱十二千六百文　　二一合市钱六十千文

一　谢梁修理满钱六千五百一十文　　二一合市钱三十一千文

以上共出过满钱二十三千六百一十文

以上统共除出净存房钱满钱一百七十四千七百六十四文、银八十二两三钱二分　　内有报部银六十三两八钱、满钱三十一千七百文

一　出卖常、额、双三人满钱十二千六百文　　合市六十千文

实存满钱二百六十二千一百六十四文、银八十二两三钱二分

上则档案中，显示有房租课银中支出修理官房的开销。既然产业官房地产的收入作为正项，纳入归化城土默特财政范畴，其支出也就融在了归

化城土默特的支出中。文庙产业官房的收入则全部用于土默特官学的支出，在《蒙古及蒙古人》中，波兹德耶涅夫写道："在属于学堂的地皮上，很早以前就盖了一些官房和铺子，这些房屋的租金收入就用以供养学堂的人员，乾隆年间，在规定人员的定额的同时，也确定了租赁章程。"① 土默特官学就设在文庙里。波兹德耶涅夫继续说道："由于租金定的低，这些铺面不仅任何时候都不会空着，而且总是带来比规定的数量更多的收入。"② 租金低廉，又是现房，并有官府保障，这或许是产业官房能得以持续下去的主要原因。

归化城理事同知署所拥有的产业官房收支均被用于绥远城驻防官兵使用。负责绥远城财政收支的是绥远城理事同知和盈宁库大使。在《绥远旗志》中盈宁西库收放各款数目条下，明确记载"收归化厅同年解交额征入官房地产租银八百五十七两三钱七分"③。这项收入被纳入归化城厅收入的一部分，参与到绥远城财政运转中。

小　结

清代归化城产业官房的出现，体现了清代归化城的地方特色和边疆特色，同时带有强烈的行政特点。正因为归化城据有重要的地理位置，又是清代走西口的归宿。由此产生了房地产租赁业的兴盛，加之归化城土默特财政属于清廷宏观控制下的自给自足，就给产业官房地产出现培育了丰厚的土壤。

清代归化城产业官房采用官契约的形式，赁主每月或每年，或以四标的方式到土默特银库交纳房租，并且用银或满钱支付，并由银库专门司员负责催缴租银，采用严格的交代和核销制度，体现了产业官房地产的行政特点。

清代归化城产业官房地产管理体现了归化城行政的变化和复杂特点。最初由归化城副都统管辖下的户司和银库，负责产业官房地产的管理，后逐渐有了归化城同知管理的官房地产，并单独行使权力。这种方式直接延续到了民国年间，以刘明经所捐房数来看，归化城理事同知厅有为数不少的产业官房，这种权力的分配，体现了归化城的行政权力分配现状。清代归化城产业官房的出现直接延续到民国时期，影响了民国时期归绥市的财政特点。

① 〔俄〕阿·马·波兹德耶涅夫:《蒙古及蒙古人》第二卷，第119页。
② 〔俄〕阿·马·波兹德耶涅夫:《蒙古及蒙古人》第二卷，第119页。
③ 《绥远旗志》卷五下，第138页。

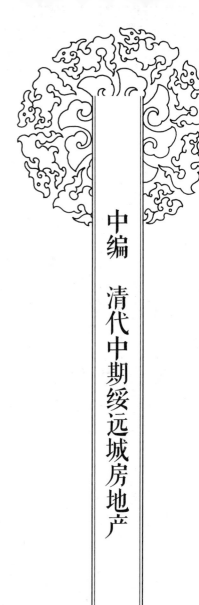

中编　清代中期绥远城房地产

第四章　清代绥远城房地产概述

绥远城为清朝北部边疆中将军级别的驻防城。史料中，也经常被称为满营或满城。绥远城自康熙年间酝酿到雍正末年，乾隆二年开始修建，乾隆四年竣工。由此，绥远城的房地产也就牢牢打上了驻防城的烙印。研究清代绥远城房地产情况，需要明确几个概念。在清代资料中，旗房、官房、营房经常是混用的。旗房一般指驻防城或京城中八旗官民的房屋，也包括城中附带的仓廒、操练营等房屋。官房则指清廷或八旗官署直接控制的房屋，比如说衙署、用于出租的街房等。在乾隆年间，甚至更早，满城中就已经有旗民交产的记录。旗民交产意味着绥远城房地产中，不但有官房，也有私属房。私属房可以是旗民，也可以是非旗民。官房和私属房是相对应的一对概念。本书使用了房地产的概念，包含几层意思：首先，本书内容包括清代绥远城的全部房屋、土地、城垣、坟地等，以房屋为主要探讨对象。官房、营房、旗房都不能涵盖本书探讨的房地产的全部范围。其次，书中不仅讨论绥远城房地产的静态状态，同时更关注，随着时代的推移，绥远城房地产动态的变化，如产权、用途等。最后，根据现有资料，分析房与地之间可能存在的关系及其变化。

第一节　清代绥远城房地产形成、存在的背景

绥远城在归化城东北五里。讨论绥远城房地产，必须讨论绥远城的修建。归化城建于明代中后期，并在清初战火中重生。乾隆四年绥远城竣工之时，归化城已经存在 167 年（明代 60 年，清代 107 年）。绥远城和归化城被统称为双子城。黄治国的博士学位论文《清代绥远城驻防研究》中总结前人观点，并进一步从政治、经济、宗教、军事方面等方面探讨了绥远

城修建的驻防意义。① 从更广阔的时空角度来看，绥远城所在的土默特之地，位于历史上农耕文明和游牧文明的交界处。有明一代，为了弥补游牧经济的缺憾，蒙古部落不断袭击长城沿边，进行侵掠。明蒙隆庆和议前后，当时的蒙古部落阿拉坦汗发展以板升为基础的农业，修建归化城。一定程度上，解决了自身游牧经济的缺憾。

崛起于东北的后金，1644 年定都北京，这只是它实现统一和政治大业开端。康熙年间，清廷召开漠南四十九旗大会，并实行盟旗制度，意味着漠南蒙古归附清廷。漠西蒙古的准噶尔部依然没有臣服，漠北的喀尔喀尚在清廷与准噶尔之间游离和犹豫，处于漠南之地的归化城，恰是当时清廷统治的西北边缘。

清朝统治者深刻地意识到这样一个地理位置的重要意义。皇太极曾说："尔等所守，城小壕狭，势难御侮，宜于城外建筑层垣，以资捍卫。"② 康熙三十年，归化城被重修，扩展。③ 即便如此，归化城也很难完成重要使命。雍正末年，清政府已经在策划修建一个新城。雍正十三年（1735）二月十日，雍正帝降旨，"归化城地理位置重要，派满兵几千前往，并修建城池"。④

著名满学家金启孮先生在《绥远城驻防志》序中则说："雍正末年，清廷与准部（蒙古准噶尔部）议和，划阿尔泰山为蒙古和准噶尔的牧界，议和自然要撤兵，所撤的兵无处屯驻，北方边防也不能松懈，于是在内、外蒙古修筑了一座和平时期屯兵的城"，"内蒙古就是我们呼市新城绥远城"。"绥远城不是战争的产物，它是议和后的产物，这一点很重要，需要明确。"⑤ 正是在这个时机下，绥远城开始修建。乾隆初年经过了清廷和地

---

① 黄治国：《清代绥远城驻防研究》（中央民族大学，2009 年博士学位论文）该论文首先总结了以前学界的一些基本观点："一是为防备准噶尔，并安置准噶尔战争中撤退下来的士兵；二是战略地位重要，据此作为进攻准噶尔的军事基地；三是监督地方而防止叛乱，即镇抚蒙古。"政治方面：归化城战略位置之重要，清朝对蒙古的防范政策，清朝将右卫驻防移驻绥远的原因；经济方面的原因：漠南农业的发展可以为驻防提供粮食等方面的支持，设置驻防以保护归化城这个商业枢纽，大青山附近可为设置驻防提供良好的牧场；宗教方面：归化城的佛教中心地位形成，清朝尊崇黄教以安蒙古的政策；军事方面：用兵准噶尔之需要，设置军事驻防以威慑蒙古等。

② 《归化城厅志》卷二"巡幸"。

③ 张曾：《归绥识略》卷八"城郭"，第 81 页。

④ 军机处满文月折包：雍正十三年闰四月初七日大学士鄂尔泰奏于归化城附近驻兵折，档号：1540—001，缩微：039—0348。

⑤ 佚名著，佟靖仁标点校注《绥远城驻防志》（满汉合璧四卷本）前言，第 2 页。

方要员的详细考察，具体到选址、材料的筹集、风水问题等。

最初选址地点定在黑河沿岸。乾隆元年（1736）四月稽查归化城军需给事中永泰上奏，请求改变原有地址。永泰认为："一，黑河离归化城二十里，似无庸添城也。盖归化城旧城即古丰州，背山面河，出入咽喉，最为扼要，易于防御。今欲于黑河地方另筑一城，咫尺之间两城相望，既无款制亦无庇盖，殊为赘设。添造新城，周围约计六七里，设主门仓库，搭盖营房，创始经营，工程约需二三年，工费约得二三百万，旷日持久，糜耗浩繁。在国家蠲租赦赋动辄数百万，自不惜此。然以有用之钱粮终属无益之差费，似不如就归化旧城修整完固，于城之东门外地方开阔，紧接旧城筑一新城，周围止须二三里。而旧城现有仓库、衙门，小民居住城内者隙地甚多，房屋无几，酌给价值，令民移居城外卖买属业。新旧两城搭盖营房，连为犄角，较之黑河地形款制，声势相援，便于呼应，费用亦相去悬殊。"① 此说深得乾隆帝首肯。修建的目的也就是两项，驻防和屯兵。"驻扎兵丁无庸一万，除鄂尔坤撤回家选兵二千留驻外，或于八旗内派出子弟兵四千，共计六千名。合之此地旧有土默特蒙古兵丁互相固守，庶为永远可久。"② 绥远城最终确定在归化城东北五里选址。

在清代各地建设的驻防城中，情况各有不同，乾隆年之前修建的驻防城，多是在原有城池中，找一块合适的位置，圈占起来而成，如北京、西安等。乾隆年以后，则多是在旧城之外，建筑新城。有的驻防城为汉城，有的是满蒙汉共同驻防，有的是满兵驻防。如果有满兵的驻防城，多被称为满城或满营。驻防城级别也不相同，重要的沿江、沿河及沿边的位置，基本都有清廷将军级别的驻防城，数量也不确定。③ 随着时代发展，将军级别的驻防城为 13 个。有的驻防城在设置之初比较重要，受到清廷重视，后来由于各种原因，级别下降，如宁夏、山西右卫等。绥远城的出现相对比较晚，也就有很多经验可以借鉴。绥远城建设时间较短。从乾隆二年到乾隆四年六月竣工，仅两年时间，其间，由于气候原因，施工时间也就是每年 4～9 月，所以绥远城是边驻防边建设的。归化城原有将军之设，后与

---

① 军机处录副奏折：稽查归化城军需给事中永泰奏陈筹划归化城久远各条事，乾隆元年四月，档号 03—8267—039，缩微号 605—0530。

② 军机处录副奏折：稽查归化城军需给事中永泰奏陈筹划归化城久远各条事，乾隆元年四月，档号 03—8267—039，缩微号 605—0530。

③ 关于驻防城数量的基本数字，可以参考黄治国等人文章，有 20、27、34、48 等说法。

驻守山西右卫将军合并，兼管归化城土默特事务。清廷把新建驻防城赐名绥远城，右卫逐渐迁移到绥远城。正因为此，绥远城房地产是严格按照将军级别的满城规制而建立的。

表 4 - 1　清代将军级别驻防城建立时间

地　址	设置时间	城垣及说明	出　　处
西　安	顺治二年	14 里 6 分	
杭　州	顺治六年	9 里余	
江　宁	顺治六年	3412 丈	
京　口	顺治十六年	1780 步	
福　州	康熙十九年	6 里 9 分	
广　州	康熙二十一年	1277 丈	
荆　州	康熙二十二年	周 2470 丈，计 17 里 3 分，城墙高 2 丈 6 尺余，六门	《荆州驻防志》
成　都	康熙五十八年	4 里 5 分	
宁　夏	雍正三年	6 里 3 分	
绥　远	乾隆二年	周 9 里 13 步，城墙高 2 丈 9 尺 5 寸，顶阔 2 丈 5 尺，底阔 4 丈，四门楼二重	《绥远城驻防志》
惠　远	乾隆二十七年	9 里 3 分	
乌鲁木齐	乾隆三十八年	9 里 3 分 7	

（此表根据赵生瑞《清代营房史料选辑》驻防八旗衙署规模表剪辑而成，表中有些数据，在不同时期有不同变化。仅取初设时间，后降级和消失的均未录入，如右卫后来由将军降为城守尉级别）

第二节　清代绥远城房地产数量和基本分类

绥远城的选址经过一系列变化。之所以最初选在大黑河岸边，主要考虑黑河也是黄河支流，临近当时著名的渡口湖滩河朔，是清朝大军前进的军事据点和粮仓重地。如果城址被选定在大黑河沿岸，既能利用河水的水源筑城，将来用兵也较为便利。但最终考虑从"新旧两城搭盖营房，连为犄角，较之黑河地形款制，声势相援，便于呼应，费用亦相去悬殊"[①]。从

---

① 军机处录副奏折：稽查归化城军需给事中永泰奏陈筹划归化城久远各条事，乾隆元年四月，档号 03—8267—039，缩微号 605—0530。

省钱的角度，地点确定在归化城东北五里。主修城池的瞻岱上奏："定城垣周围凑长一千九百三十二丈，高二丈四尺，底宽三丈三尺，顶宽一丈八尺。将军、副都统官员等项大小瓦房三千九百七十一间，土房一千一百三十三间，兵丁土房一万二千二百一十八间，铺面房二千七百四十五间……城垣乃万年永久之根基，务宜坚固，今酌定城根外面添砌石料，里面城身添筑灰土。四面共凑长一千九百六十丈，高二丈四尺，底宽三丈五尺，顶宽二丈三尺。将军、副都统官员等大小衙署房间并仓廒、学厂、官学等房，按照口外地方风土合宜拟定做法。"几位大臣会商的结果，"定大小瓦房三千八十三间，土房一千六百五十三间，兵丁土房一万二千间。铺面房只披十字大街，酌定土房一千五百三十间"①。乾隆四年（1739），办理绥远城工开垦军需事务绥远城将军王常，以及管理绥远城工程事务内务府郎中王山上奏乾隆皇帝："绥远城城垣、官员衙署、庙宇、兵房、仓廒、楼座、桥梁一应工程于乾隆二年二月初七日兴工，至乾隆四年六月二十二日告竣"。称"（绥远城）形胜壮丽，环山抱水，垣局周密"②。作为一个驻防城堡，绥远城房地产类型齐全，有高大的城垣、衙署、兵房、仓廒、教场、楼宇、桥梁、庙宇，以及为了驻防所需的商业店铺。据《八旗通志》记载，绥远满城初修建时，仅城内就建有关帝庙二十四间、旗纛庙十七间、马王庙十一间、城隍庙二十二间、山神庙二十四间、土地庙二十四间、东岳七间、火神庙七间、龙王庙七间、真武庙七间等十余座庙宇，共有殿堂 150 间。③ 列简表如下：

表 4 - 2　绥远城房地产类型

名　称	数量（所）	间数：间数×数量	备　注
将军衙署	1	138	附图
副都统衙门	2	54 × 2 = 108	附图
协领衙门	12	38 × 12 = 456	附图
佐领衙门	60	24 × 60 = 1440	附图

---

① 军机处录副奏折：归化城副都统瞻岱奏请拨修筑归化城新城工程银两折，乾隆二年正月十八日，档号 03—1114—008，缩微号 079—0054。

② 朱批奏折：奏报绥远城城垣等工告竣日期事，乾隆四年六月二十二日，档号：04—01—37—0005—019；缩微号：04—01—37—001—0646。

③ 《钦定八旗通志》卷一百一十七"营建志七"，第 2021 页。

续表

名　称	数量（所）	间数：间数×数量	备　注
防御衙署	60	19×60＝1140	附图
骁骑校衙署	60	14×60＝840	附图
笔帖式衙署	4	14×4＝56	附图
八旗兵房		12000	每人2间 《呼和浩特满族简史》认为每人三间。附图
铺房		1530	一至六等
堆拨	8	8×3＝24	又有马甲堆拨四门各一、步甲堆拨：将军衙门4、四大街4、八旗4
钟楼			附图
万寿宫		20	时间，附图
教场		13	附图
左右司	2	2×17＝34	附图
军旗库		14	
丰裕仓		105	
旗库		21	
小校场		12	
庙宇	关帝庙	24	
	城隍庙	22	
	山神庙	24	
	土地庙	24	
	旗纛庙	17	
	马王庙	11	
	东岳庙	7	
	火神庙	7	
	龙王庙	7	
	真武庙	7	

（此表根据《绥远城驻防志》、《钦定八旗通志》、《绥远通志稿》、《归绥县志》、《呼和浩特满族简史》等整理）

　　清初，绥远城将士死后，有骨殖进京之说，清廷拨给官兵骨殖进京的费用。乾隆十年（1745）七月，在绥远城北门外，拨给绥远城驻防八旗相

应的坟地。绥远城坟地在绥远城北门外四王庄，作为驻防城，一旦政府拨
给墓地，驻防官兵的骨殖要留在当地。定宜庄认为这意味着，"八旗兵丁
不再将驻防地作为出差之所，而当作自己祖先埋葬于此的家乡的标志"。[①]
定先生此言甚是，意义深远。当时绥远城北面的土质"不如城南的肥沃，
大都是不宜耕种的沙石地"，"这一带荒无人烟"[②]，故而做坟地比较适宜。
而今，清代绥远城坟地早已消失，这里成为呼和浩特市区的一部分。

表 4 - 3 绥远城坟地面积

八旗名称	地亩数量（亩）
镶黄旗满洲	一顷八十二亩一分
正白旗满洲	二顷五亩二分
镶白旗满洲	二顷五亩二分
正蓝旗满洲	二顷五亩二分
正黄旗满洲	一顷九十三亩一分
正红旗满洲	二顷三亩八分
镶红旗满洲	一顷八十九亩一分
镶蓝旗满洲	二顷一十亩八分
东翼蒙古	二顷七十三亩二分
西翼蒙古	一顷二十四亩
合　计	二十一顷九十亩

（此表据《绥远城驻防志》具体内容绘制）

第三节　清代绥远城房地产布局与建筑格局

一　清代绥远城房地产的布局

　　绥远城房地产的布局形成是一个动态的过程，随着兵丁的换防，布局
也发生变动。乾隆初年的时候，有满兵、汉军、蒙古军。后允许八旗兵携
带家属，换防即变为驻防。乾隆中期以后，汉军全部出旗，从此后，绥远
城成为满八旗和蒙古八旗共同驻防的城，绥远城房地产的使用才逐步明确

---

① 定宜庄：《清代八旗驻防研究》，第 242 页。
② 佟靖仁编著《呼和浩特满族简史》，第 95 页。

起来。

绥远城房地产布局有两个特色：一是以东西大街为轴，主要衙署集中在这条街上。绥远城的布局为棋盘形①，东西南北两条大街在鼓楼处交叉。《绥远全志》中附有一幅"绥远城衙署庙院全图"（图4-1），此书成书于光绪三十三年（1907），图中在城南门内以东有中学堂标识。《绥远通志稿》记载，光绪三十年秋，绥远城将军贻谷就原有圣庙内空房，设立中学堂。②由此可知，此图反映的是光绪三十年左右绥远城情况。我们以此图为凭借，可以勾勒绥远城初建时房地产规划。全城以最高领导人——绥远城将军所在衙署为中心，衙署位于东西大街中点，路北侧。其东是左司、鼓楼，在鼓楼以东依次排列有：陆军、万寿宫、旗库、马神庙、骁骑署、防御署等。将军衙门以西依次排列：右司、官钱局、巡警总局、骁骑署、防御署、佐领署、骁骑署、马税厅等。"绥城惟将军握金印，协领则有关防，佐领图记而已。协领关防颁自乾隆二年右卫将军王昌移镇之始，奏定绥远驻防设左、右二司，由礼部颁给关防，左司所职，即吏、刑、兵也；右司所隶则户、礼、工也；由协领择委二人，其三协领，曰管理旗库，分户、工之任也；曰管理前锋营，分兵、刑之事也；曰印房，并吏、礼事而分之者也。"③绥远城中重要的行政衙署基本排列在以绥远城将军为中心的东西大街北侧。绥远城将军管理绥远城及归化城土默特和右卫等地方的军政事务。但是，绥远城八旗军队的财政事务由绥远城将军干预，具体问题则由山西布政使统一负责，掌管绥远城士兵俸饷大权的绥远城理事同知和盈宁库大使直接服从于山西布政使，这是清政府对驻防八旗军的一种制约。在图中显示，绥远城理事同知衙门确在城东南区域，不在绥远城将军所在的十字大街上。

二是城内房地产被东西南北四条大街一分为四，以东、北为重要区域，四区各有特点。在鼓楼交叉的四条大街将城一分为四。大街通四门，东为迎旭门，南为承薰门，西为阜安门，北为镇宁门。每门上都有箭楼，下面是瓮城。四角有角楼。四周设堆拨八处，每处建兵房三间。四门并不

① 《呼和浩特满族简史》里提到，绥远城模仿山西右卫的布局建成，第53页。在《绥远全志》中亦保留有山西右卫全图，城基本是四方形，也有四条大街。但城内建筑规划和绥远城不同，衙署分布不同，右卫城内道教庙宇比比皆是；而绥远城内几乎没有道观。

② 《绥远通志稿》第6册卷四十二上"学校"，第62页。

③ 《绥远旗志》卷五下"经政略五司所职总记十五"。

相对。八旗兵眷被四大街分属于四个部分（表 4 - 4）。

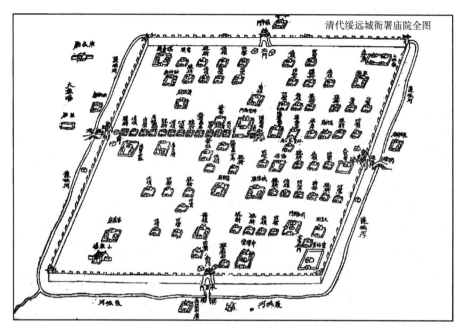

图 4 - 1 绥远城衙署庙院全图

（此图根据《绥远旗志》中绥远城衙署庙院全图改绘）

表 4 - 4 绥远城驻防八旗军分布①

名　称	位　置	备　注
镶黄旗蒙古	北城门往东、至东北角的长胡同	
镶白旗蒙古	书院街以南，至东南角	
正黄旗蒙古	北城门往西、乾泰泉街以北地区	
镶红旗蒙古	粮饷府西街以南、至西南角的菩萨庙，小校场一带	
满洲镶黄旗	头甲：山神庙街一带至家庙街之间的地段	
	二甲：家庙街南至元贞永街北之间的地段	
满洲正白旗	头甲：元贞永街南至仁普巷北之间地段	
	二甲：仁普巷南至东街的衙署以北之间地段	
满洲镶白旗	头甲：东街的衙署以南至东落凤街以北地段	
	二甲：东落凤街南至城隍庙街以北	

① 佟靖仁编著《呼和浩特满族简史》，第77页。

续表

名　称	位　置	备　注
满洲正蓝旗	头甲：城隍庙街南至书院街	
	二甲：书院街南至南牛肉铺巷北地段	
满洲镶蓝旗	头甲：老爷庙街南至义成泉后巷以北地段	
	二甲：义成泉后巷以南至碾子房巷地段	
满洲正黄旗	头甲：苏老虎宽街北至乾泰泉街南地段	
	二甲：苏老虎宽街南傅茶馆巷地段	
满洲镶红旗	头甲：傅茶馆巷南至将军衙门后街	
	二甲：将军衙门后街至西夹道巷以北地段	
满洲正红旗	头甲：西街路南至西落凤街以北地段	
	二甲：西落凤街南至老爷庙街以北	

（此表根据佟靖仁的《呼和浩特满族简史》绘制）

由此知道，绥远城房地产以绥远城将军为核心，满洲八旗围在四周，蒙古八旗在四个边角，简称"四翼八旗"。八旗又分左右翼，左翼为尊。绥远城房地产规划体现了严格的等级制度。八旗中的上三旗是镶黄旗、正黄旗、正白旗。在《大清会典事例》中规定，各省将军大员等所用旗纛为"盛京、西安、江宁、绥远城将军、天津副都统、热河副都统，皆用镶黄旗色"。"吉林、宁夏、青州、杭州、福州将军、归化城右翼都统、山海关副都统，皆用正黄旗色。黑龙江、凉州、广州、荆州将军、归化城左翼都统、成都副都统，皆用正白旗色。"① 也显示上三旗为镶黄旗、正黄旗、正白旗的排序和地位。在《绥远通志稿》中曾提道：向来新城（即绥远城）办理旗丁事件，皆以镶黄旗起首，挨次推行。② 在图4-2中可知，镶黄旗分布在东北区域最北，头甲在北，二甲次之。西北区域最北是正黄旗，依然头甲在北，二甲次之。镶黄旗南是正白旗，头甲在北，其次二甲。上三旗位于东北方向，尤以镶黄旗在东北角，东北是满洲八旗龙兴之地，下五旗依次分布在另外几个区域。在《绥远旗志》中还有出自右司档案的一段记载，绥远城四个城门各有一个堆拔，东门由正白镶白旗管理，西门由正红和镶红旗官员管理，南门由正蓝旗和镶蓝旗官员管理，北门则由正黄旗和镶黄旗官员管理，也证实了八旗房地产分布情况。③ 从图4-1可以看到，整个绥远城的庙宇中，土地庙、山神庙仅各有一座，还有一座家庙，都在

---

① 《大清会典事例》兵部二，卷七百十，兵部一六九，军器，旗纛之制。
② 《绥远通志稿》第7册卷五十二"民族（满族）"，第217页。
③ 《绥远旗志》卷二，第59页。

东北区域内的东北角。显然对于驻防绥远城的八旗军来说，这几座庙宇意义重大。《绥远旗志》中有一段出自都统通智碑记的内容，其中提道："城内遵祀典建神祠，关帝庙一、城隍庙一、旗纛庙一、马神庙一。"[①] 通智是修建绥远城最早的负责人，当时以兵部尚书任归化城都统，参与了整个绥远城修建的策划和规划工作。这段话可以反映出，这几座庙宇应该是绥远城在最初规划时就已经确立要修建的。这几座庙宇在绥远城分属四个区域，关帝庙在西南区域，旗纛庙在西北角，城隍庙在东南，马神庙在东北角。这段记载中，没有关于山神庙和土地庙，更没有关于家庙的记载，显然这些是后来满八旗兵驻防后修建的。

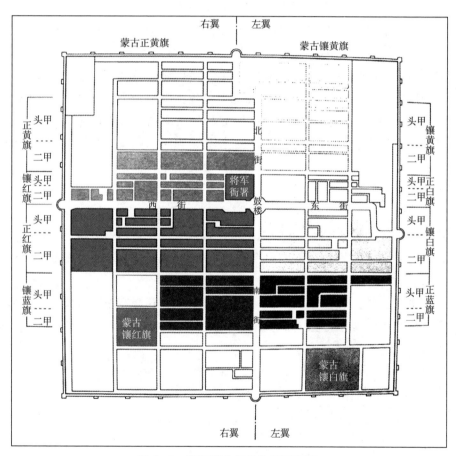

图 4-2 绥远城八旗兵分布示意图

（此图选自包慕萍《モンゴルにおける都市建築史研究——遊牧と定住の重層都市フフホト》）

---

① 《绥远旗志》卷二，第 59 页。

绥远城内修建有马神庙，还有马税厅，"绥远城仅止马市一处，其余油酒等项杂税及牛驼羊三项牲畜俱于归化城征收"①。在新城西街，还建有马王庙一座，这是光绪八年五月，由归化城商人修建的。② 关于马的具体事件，都在绥远城，其他羊、牛等市场，都在归化城，这也也体现了绥远城的驻防意义。

绥远城初建时，有大量街市房屋。"四街八面，一等至六等共千五百三十间，后剩一千零九十六间。"③ "旗丁隶兵籍，不讲蓄贮，日两餐所需，皆入市取给。"④ 乾隆四十一年（1776）军机处录副奏折中提到："归化城面铺向有一百四十余座，该商等以绥远城向不纳税，今陆续迁入绥远城者已八十余座。"⑤ "当日兵民麇集，廛舍栉比，市面繁荣，概可想见。"⑥ 事实上，当初的四条主干街道两侧铺面房所形成的街市，并没有都繁荣起来。"由钟鼓楼而南之太街，商贩骈列，百物杂陈，为城内惟一之市场"⑦，南街形成城内惟一市场，西南区域相对空地比较多，小校场也由东北角移到西南角。⑧ 四区域中西南区域逐渐发展为具有商业特点的区域。这个区域形成繁荣的市场，原因应该有二，首先，当时的归化城是商业最为繁华之地，只有和归化城相连的绥远城西门是利用率最高的城门。所以西南区域也就成了最受益的地方。其次，就是当时的绥远城西南区域建筑较少，人口也较少，有大量空地利于发展。随着战争结束，绥远城的驻防职能，逐步让位行政职能，具有了普通城市的特点。甚至，西南区域后来形成了以商铺名称命名的日盛茂街和聚隆昌街等街道，这些街道名称至今仍然存在。

东南区域，除了绥远城理事同知衙署所在，还建有圣庙、文昌庙等庙宇，成为清代具有文教特点的区域。

---

① 户部题本：题为查明绥远城空闲监督衙署并无公需租赁请估卖官兵为业事，乾隆三十八年十一月初十日，档号：02—01—04—16433—014；缩微号：02—01—04—07—639—0911。

② 〔日〕今堀诚二：「中国封建社会の機構」资料目录，第834页。

③ 《绥远全志》卷五下，第282页。

④ 《绥远通志稿》第2册卷十七 "城市"，第399页。

⑤ 军机处录副奏折：黄检复查归化城税务透漏情形折，转引自张舒、张正明《从两则清代档案史料看杀虎口与归化城》，《西口文化论衡》，第354页。

⑥ 《绥远通志稿》第2册卷十七 "城市"，第399页。

⑦ 《绥远通志稿》第2册卷十七 "城市"，第399页。

⑧ 佟靖仁编著《呼和浩特满族简史》，第56页。

总之，清代绥远城内房地产的布局呈现了以十字大街为划分，绥远城将军衙署为核心，东北为重要领域，向外辐射的情形。并且每个区域随着自然发展，也各自形成了独有的风格。而这种布局特点，有最初规划的，也有随着时间流逝慢慢形成的，是一个动态过程。

表 4 - 5　绥远城大街小巷

大　街	南街、北街、东街、西街
小　街	南马神庙街、城防街、关岳庙街、北马神庙街、家庙街、粮饷府街、书院西街、乾泰泉西街、五区后街、正白二甲街、巨隆长街、乾泰泉北街、财神庙街、日盛茂街、东落凤街、西落凤街、书院街、法院街、元贞永街、建设厅街、总局街、老缸房街、苏考虑街、马税厅街
小　巷	棋杆巷、棋杆后巷、辘轳把巷、糖房巷、公义泉巷、东亭巷、庆恒泰巷、书院前巷、隆世丰巷、老缸房巷、法院后巷、天启恒巷、南牛肉铺巷、大兴当巷、蒙古场巷、乾泰泉小巷、江南馆巷、乾泰泉前巷、二眼井巷、二小营巷、日盛茂前巷、王德小巷、阳泉前巷、柴火铺前巷、碾子房巷、厢蒙前巷、义成泉后巷、西夹道巷、公义局巷、北牛肉铺巷、五道庙巷、乾泰泉后巷、元贞永巷、任肉铺巷、马税厅小巷、庆亨泰巷、傅茶馆巷、厢蒙后巷、柴火铺后巷、日盛茂后巷、义成泉前巷、江南馆后巷、大兴当后巷、山神庙后巷、福顺公巷、银匠铺巷

（此表根据《绥远通志稿》第 2 册卷十七"城市"内容整理）

二　清代绥远城房地产的建筑格局

清代绥远城修建的时候，副都统瞻岱奏请拨修筑归化城新城工程银两由说："将军、副都统官员等大小衙署房间并仓廒、学厂、官学等房，按照口外地方风土合宜拟定做法。"① 显然，绥远城房地产的修建是根据清朝等级级别，参照土默特之地的房地产特点来修建的。保留至今的绥远城房地产中，只有多次修葺的将军衙署、残破不全的部分兵房以及一段绥远城城墙。绥远城房地产布局究竟经过了什么样的变迁，我们只能爬梳资料，从文献图片中加以分析。

乾隆二年修建绥远城时，归化城的都统署等已经修建。绥远城的官衙

---

① 军机处录副奏折：归化城副都统瞻岱奏请拨修筑归化城新城工程银两折，乾隆二年正月十八日，档号 03—1114—008，缩微号 079—0054。

署在格局上,是以清政府的等级规制和土默特已有官衙署来修建的。绥远城将军衙署,严格按照清朝一品封疆大员的规格建造,砖木结构,内外两个院子,内院二进,前面是公廨,后面为内宅,外院则是更房、马号、花园等,辕门前有影壁,侧有鼓乐房。将军衙署总共 3 万平方米,房屋 132 间,其他衙署规格相对比较小(图 4-3)。

绥远城唯一一座宫殿式建筑就是万寿宫,房 20 间,为二进院子,前有照壁,房屋对称,院落整齐,后院有影壁二个(图 4-4)。

旗兵房地产方位分布是连成一排,每排十户左右,南北两排背靠背,都面向街道(图 4-7)。旗兵房每院占地三分三厘,正房二间,四架卷棚硬山式,单厢(东厢或西厢)单坡硬山式,土木构制,板瓦覆顶,后院为马厩。房屋内部有炕有灶。在赵生瑞的《中国清代营房史料选辑》中,转引了刘致平《山西等处古建筑调查纪略上》书中于 20 世纪 60 年代考察呼市绥远城后形成的图片资料(图 4-5 及图 4-6)。

学者们对绥远城房地产布局则有一定的研究。究其结论认为:(1)严格的等级观念的呈现;(2)五行风水的影响;(3)清代满族统治格局的具体化。

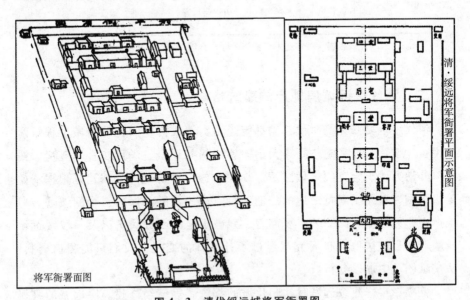

图 4-3 清代绥远城将军衙署图

(此图根据《绥远全志》中《清绥远将军衙署》图处理)

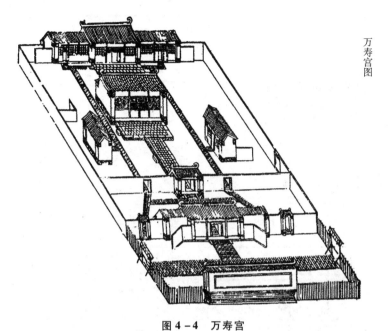

万寿宫图

图 4 - 4　万寿宫

（此图根据《绥远全志》绘制）

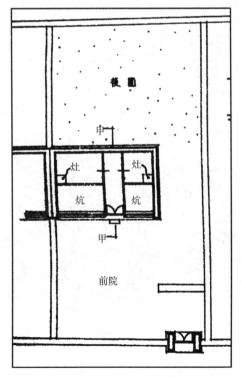

图 4 - 5　清代绥远城士兵房地产图

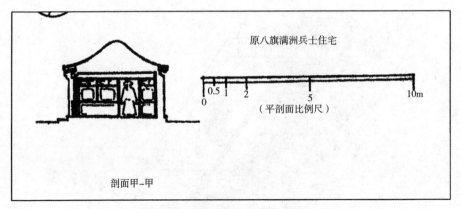

图 4 - 6   清代绥远城士兵房地产图

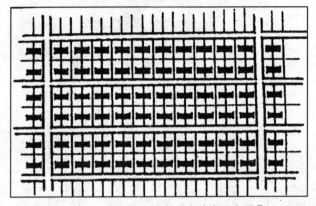

图 4 - 7   清代绥远城士兵房地产分布图①

图 4 - 8   绥远城兵房侧景
（此图引自定宜庄《清代八旗驻防研究》，摄于 20 世纪 90 年代。）

① 图 4 - 5、6、7 源自《中国清代营房史料选辑》，第 555 页。

图 4 – 9　今天残存的旗房

（此图由内蒙古社科院刘蒙林老师提供，摄于 2011 年 7 月）

第四节　清代绥远城房地产的质量

一　清代绥远城城墙修建过程

保留至今的清代绥远城内的房地产，只有几经修缮的将军衙署，现已成为将军衙署博物馆。还有一段百米的古城墙，闪耀着历史的余晖。绥远城选址时，原定在大黑河附近修建，因为："依克图尔根地方（即大黑河）殊在雨水之中，乃地势窒下，南面高而北面低，西首空而水直无阕无拦，散漫无收，此要建筑城垣未为妥协"，而"归化城之东北约五里许，后有大青山作屏障，前有依克图尔根、巴罕图尔根两河之环抱，左有喀尔沁口之水，右有红山口之水，会于未方。其中地势，永固之城基，实军民久安之要。新城垣建筑于此，取壬山丙向甚为合理"，"实属风水合法形势"。① 驻城所需要的水源，以及风水要求都考虑了。并选择于"乾隆丁巳年二月初七乙丑日辛巳先在壬方动土兴工吉"。② 雍正十三年（1735）六月二十四日，归化城都统丹津等奏："为修城工程，所用石瓦等已经发来，但建房一万二三千间，需大小木材三十万余根。去年木纳山有大量盗伐木材，请

---

① 军机处录副奏折：瞻岱再奏酌定归化城基址并兴工事，乾隆元年十月初六日，档：03—0984—007，缩微号：069—0032。

② 军机处录副奏折：瞻岱再奏酌定归化城基址并兴工事，乾隆元年十月初六日，档：03—0984—007，缩微号：069—0032。

将此木材已存的十万余根运往筑城地，以备修城。"① 归化城都统的这项提议被军机大臣复奏，并得到皇帝的首肯。② 但这些木材的结果又是如何呢？盗伐的木材堆积在山中，后来主管建城的瞻岱奏："原议内将窃砍穆纳山之木料大小共堆积十三万根取用"，"臣委员前往查迹，现存大小木料三万余根。因与原数不符，复委员查验，该山内堆积木植大率年久朽烂……饬令率工匠上山紧砍采新木，并将旧木选择可用者修断"。③ 显然，预期中的建房木植不敷使用，基本都要现伐现用。后来的贪污事件的发生也与其有关。再有就是建城盖房所需的砖瓦等项，瞻岱上奏"城建房屋用砖瓦需设窑烧造"，"倘设窑辽远，挽递维艰，如逼近城基恐有伤地脉"。④ 今天的呼和浩特市尚有东瓦窑的地名，在当年的归化城东南，据说就是当年烧砖的地方所遗留的地名。"又石灰一项，难于各山开设窑厂招商烧造，但率山路崎岖，运送不便，也作价解决。"⑤ 并"奏请将熟练工程之长沙府都司胡正元发往归化城办理城工"。⑥ 议复"办理工程事务及修城匠人在归化城招选，不够可在山西招选"。⑦ 所有材料、技术准备都很到位。

绥远城兵房修建是比较早的，乾隆元年（1736）十二月十一日皇帝降旨："归化城驻防兵丁，于明春即当遣往，但正在办理城工兵丁尚无住房"，"先将兵丁住房修理，俟遣往驻防后再行修理城工"。⑧ 到了乾隆二年九月，主管修建工程的内务府郎中王山即奏，"今年到达归化城，官员及兵丁房屋已经建成，城中衙署已夯好大半"⑨。乾隆三年九月初六，王山又

---

① 军机处满文月折包：归化城都统丹津等奏调用黄河岸上积存木材及木纳山内已伐木材驻城建房折，雍正十三年六月二十四日，档号：0754—005，缩微号：017—1122。

② 军机处满文月折包：军机大臣允礼奏议复丹津所请调运木材驻城盖房折，雍正十三年七月，档号：0754—006，缩微号：017—1127。

③ 军机处录副奏折：归化城副都统瞻岱奏请拨修筑归化城新城工程银两折，乾隆二年正月十八日，档号03—1114—008，缩微号079—0054。

④ 军机处满文月折包：军机大臣允礼奏议复丹津所请调运木材驻城盖房折，雍正十三年七月，档号：0754—006，缩微号：017—1127。

⑤ 军机处录副奏折：归化城副都统瞻岱奏请拨修筑归化城新城工程银两折，乾隆二年正月十八日，档号：03—1114—008，缩微号：079—0054。

⑥ 军机处满文月折包：乾隆元年六月十四日军机大臣允禄议复通智所请派员赴归化城办理工程折，档号：0755—0062，缩微号：017—1193。

⑦ 军机处满文月折包：乾隆元年六月十四日军机大臣允禄议复通智所请派员赴归化城办理工程折，档号：0755—0062，缩微号：017—1193。

⑧ 《清高宗实录》卷三二，乾隆元年十二月庚午。

⑨ 军机处满文月折包：乾隆二年闰九月二十七日王山奏因天寒归化城工不能继续请准回京折，档号：0756—005，缩微号：017—1289。

奏："现在新城已完成八分，但九月天气转寒，不能再建，暂行停工。"①乾隆四年六月再奏，"又添兵房□瓦，城垣加灰，以及平高垫低，增建衙署房间，置买城基，教场地价等项俱系卖添于复估之外"②，王山和当时的绥远城将军王常又向朝廷申请钱款，动用的是当时绥远城兵丁屯田之银两，得到批准。

乾隆四年，办理绥远城工开垦军需事务绥远城将军王常，以及管理绥远城工程事务内务府郎中王山上奏："绥远城城垣、官员衙署、庙宇、兵房、仓厩、楼座、桥梁一应工程于乾隆二年二月初七日兴工，至乾隆四年六月二十二日告竣。"③以上我们可以看出，绥远城的修建工作中，兵房是最早建设的，其次是衙署，再次是城墙等项。王山等称"（绥远城）形胜壮丽，环山抱水，垣局周密"。绥远城的房地产和城墙似乎应该是"万年永久之根基"了。④

二 清代绥远城城墙等修建过程的贪污事件及其处理

这座被修建者号称的"万年永久根基"的城池，其质量第二年就遭到质疑。乾隆五年（1740），绥远城再任将军伊勒慎参奏已故将军旺昌（应即上文王常，为绥远城第一任将军），"动用官房租银，侵冒匠役名粮，需索属员马匹等"。⑤由此导致"建造绥远城城垣、房屋，甚属草率"。⑥此次事件，乾隆皇帝震怒。但这件事情又不好大肆声张。于是，派补熙会同伊勒慎查办。⑦据《呼和浩特满族简史》记载，当时主要问题是设计图纸被改动，"原计划中的城墙高二丈四尺增加到二丈九尺五寸，顶宽由二丈三尺增到二丈五尺，底阔由三丈五尺增到四丈外，把城周一千九百六十丈（合十里有余）改为九里十三步，恰好少建了一城圈"，四明三暗的七层基

---

① 军机处满文月折包：乾隆三年九月初六日王山再奏因天寒归化城工不能继续请准回京折，档号：0757—002，缩微：017—1328。

② 军机处录副奏折：奏请增加绥远城工商运价并令王山回京事，乾隆四年六月二十二日，档号：03—0517—009，缩微号：036—0378。

③ 朱批奏折：奏报绥远城城垣等工告竣日期事，乾隆四年六月二十二日，档号：04—01—37—0005—019；缩微号：04—01—37—001—0646。

④ 朱批奏折：奏报绥远城城垣等工告竣日期事，乾隆四年六月二十二日，档号：04—01—37—0005—019；缩微号：04—01—37—001—0646。

⑤ 《清高宗实录》卷一百十六，乾隆五年五月乙巳。

⑥ 《清高宗实录》卷一百十六，乾隆五年五月庚戌。

⑦ 《清高宗实录》卷一百十六，乾隆五年五月庚戌。

石改为三明一暗的四层，城墙上的填土既不是原定的三合土（石灰、沙石、黄土搅拌），也没有夯实。① 这只是说出了城墙存在的问题。

最后，已故将军王常"应革职，其应追赃银，交该旗向伊家属按照追缴"，当时的副都统甘国璧、巴兰泰等办事大员被一网打尽，"均应革职，侵冒银两，追缴入官"。② 绥远城工程"实系草率，应将仓廒官兵房屋等工，勒限百日，令王山赔修；城楼等工，俟来年春融，再令兴修；城墙等项，修城楼时一并勒限赔修。至扣过平余银两，俱入于销算册内"，"其冒销砖瓦灰觔等项银两，俟赔修工竣，再行核办"。③ 最后，王山也因"家产报尽，免其造册在案"。④ 对于王山的处理不了了之。或者因为他是内务府之人，或者因为乾隆皇帝不想在即位之初就落一个轻信属臣之名。

到此，这场巨大的贪污案似乎得到了比较好的处理。⑤ 城墙和房屋也似乎得到了赔修。事实却是，1958年大炼钢铁时候发现，绥远城只有北城墙根据要求来做，层层夯筑，非常坚实，甚至能做炼钢炉。其他三面则是"稀松的黄土"。⑥ 至于衙署兵士房屋，贪污事件处理十年后，乾隆十五年，在对绥远城空闲官署营房估价招商的勘查中发现，"空衙署五十八所，七檩五檩瓦房土房不等，椽檩木植殊属细小，并无成材大料。……兵丁营房

---

① 佟靖仁编著《呼和浩特满族简史》，第56页。
② 《清高宗实录》卷一百十六，乾隆五年五月乙巳。
③ 《清高宗实录》卷一百二十四，乾隆五年八月癸卯。
④ 朱批奏折：奏为遵旨陈明绥远城官兵衙署闲空营房估价招商认买等办理情形并余剩余房间数目事，乾隆十五年十月十一日，档号：04—01—20—0002—023；缩微号：04—01—20—001—0624。
⑤ 《呼和浩特满族简史》中记载是兵部尚书通智督修城池，而发生贪污侵冒事件。但根据《清高宗实录》所记，兵部尚书通智一直奉差在外，督办军务，因此受到重视，在修城初期，与永泰等负责修建绥远城，由于修城过程中，对下属过于苛刻，"众怨沸腾。深为苦累"，被召回京，降职革查。而不是因为贪污事情。后来的瞻岱负责修城后，就更改了绥远城址，进行修建。乾隆十三年，"调取引见，酌量录用"的名单里有通智大名。紧接着，通智被平反，理由是"雍正十三年、原任尚书通智雇商驼车运送，并无迟误。"在《清高宗实录》雍正十三年九月丁酉朔；雍正十三年十二月丙寅朔；雍正十三年十二月丙戌；雍正十三年十二月戊子；乾隆元年二月丁丑；乾隆元年三月己酉；乾隆元年夏四月甲戌；乾隆元年四月庚辰；乾隆元年五月乙巳；乾隆元年五月丙午；乾隆元年六月甲子朔；乾隆元年七月己酉；乾隆元年七月庚申；乾隆元年八月丁亥；乾隆元年冬十月乙丑；乾隆十五年七月辛酉；乾隆十九年四月丙申均有记载。
⑥ 佟靖仁编著《呼和浩特满族简史》，第56页。

计四千七百七十四间，俱五檩土房，木植更属于零星细小"。① 实际空闲房屋五千八百八十三间，相当于当年所建房屋的四分之一，而这四分之一的檩木竟然都是未成材的木料。

绥远城的修建是一个浩大的工程，表面上是完美的，但房地产的质量确实不堪一击。然而就是这样的房子和城墙，也顽强地坚持了一百七十多年，甚至在中华人民共和国成立之后依然矗立。佟靖仁说："这些老官房虽是土木结构，但寿命一般都在二百年以上，至今还残存一些。"② 原因何在？

---

① 朱批奏折：奏为遵旨陈明绥远城官兵衙署闲空营房估价招商认买等办理情形并余剩余房间数目事，乾隆十五年十月十一日，档号：04—01—20—0002—023；缩微号：04—01—20—001—0624。

② 佟靖仁编著《呼和浩特满族简史》，第74页。

第五章　清代绥远城房地产的修理

绥远城的修建，所有动项均为清政府直接拨款。绥远城民间通常有一种说法：官城、官房、官饷。这一说法指的就是城内满民都是靠国家养活，在当时是一种炫耀的意味，也说明绥远城内房地产的所有权为清政府。清政府关于城垣官房的修理制定了一些相应的制度。

第一节　清政府关于驻防城房地产修理及费用的一般制度

一　清政府关于驻防城房地产修理一般制度

雍正十一年（1733），清政府议准："各省修理墩台营房，应令该管地方文武员弁，会同协办承造出结，责令保固六年，倘限内坍塌，…将承修文武官员一并查参，勒令赔修。"① 又规定："倘在任时不加修葺，以致于倒塌，后任官不肯接受者，该上司查实，著令赔修，题参议处，如去任官无力赔修，文官著落不严参之道府，武官著落不严查之将备修理。"② 乾隆皇帝曾分析官员不愿维修房屋的原因，"各员在任或安于简陋，惟事因循；或视同传舍，略不经意"。③ 乾隆三十年（1765）谕："各省官员衙署为办公之所，莅事亲民，观瞻攸系，岂可任其岁久倾圮，不加修葺？"④

关于维修的程序，清政府也有明确规定，绥远城和其他驻防城一样，都是借项维修。驻防城财政归所属地方负责。《大清会典事例》记载，乾隆三年，"设绥远城同知一人"⑤，专门负责绥远城的财务问题。如果发现

---

① 《钦定大清会典事例》卷八七二。
② 《钦定大清会典事例》卷八七二。
③ 《钦定大清会典事例》卷二六四。
④ 《钦定大清会典事例》卷二六四。
⑤ 《钦定大清会典事例》卷二十七。

城垣房地产有损坏坍塌，则由管城协领上报绥远城将军，前期由绥远城将军或者会同归化城都统上奏，即行修理。道光十四年（1834）皇帝上谕："向来修理各省驻防衙署、兵房或由将军及副都统具奏办理，未能画一。嗣后遇有驻防衙署、兵房应行修理者，著该将军、副都统等知照各该督抚，确切查明会同具奏。"① 从此后，绥远城将军不再能单独上奏，而是会同所属山西巡抚，以及归化城副都统三人共同上奏折，申请维修。如咸丰六年，同治元年，光绪三年，光绪十年，光绪十五年，绥远城申请修理房地产的朱批和录副奏折中均如此记载。② 如果只是关于城垣损坏的，则或者由绥远城将军上报，或者是山西巡抚请求修理。因为城墙是公用项，由绥远城同知负责。奏折批示后，山西巡抚会同在绥远城所在地区的厅级官吏一起勘查上奏，是属于新修保固还是原始房地产坍塌，程度如何，做出费用的估测，然后再进行维修。通常城垣维修期限是四个月，再行山西巡抚验收，报部备案。在乾隆四十三年之前，维修费用由国家统一负责，之后责任到人，衙署由官员负责，兵房由士兵负责，城垣维修则由绥远城同知负责。

总之，清政府在制度上维护了程序的完整，体现了国家对满城等驻防城的控制。

二　清政府关于驻防城房地产维修费用的规定和变化

驻防城房地产维修是清政府财政重要事情。维修费用的调整和改变，体现了清政府对驻防城政策，以及驻防城财政的使用情况的变迁。

最初，驻防城房地产维修支出由国家统一负责。雍正七年（1729）上谕：嗣后地方有应修之项，无论多寡，俱著从公支给，不得赔垫捐助。……嗣据各省凡遇该地方有应修坛禅、庙宇、城垣、仓廒、库藏、墩

---

① 光绪《荆州驻防八旗志》卷三"敕谕"。
② 朱批奏折：奏请赏借减半俸饷银两修理绥远右卫官兵衙署事，档号：04—01—30—0461—041，缩微号：04—01—30—028—1090；朱批奏折：奏请借项修理绥远右卫官兵衙房事，档号：04—01—30—0195—052，缩微号：04—01—30—014—0542；军机处录副奏折：绥远城将军瑞联，察哈尔副都统奎昌奏为筹款赈恤修办被水冲塌官房及护营土埧事，档号：03—7099—006；缩微号：530—2558；朱批奏折：绥远城将军丰绅、署理山西巡抚奎斌奏请按案减半借饷修理绥远右卫官卫衙署情形事，档号：04—01—30—0461—015；缩微号：04—01—30—028—0938；朱批奏折：奏为绥远城右卫官兵衙署房间复多坍塌请旨援案借项修理事，档号：04—01—20—0019—012，缩微号：04—01—20—002—1434。

台、营房以及文武官弁衙署，年久倾圮，或请动正项钱粮或动存公银两，陆续照例题达咨部兴修在案。① 费用从国家正项银两中支出，是国家正常开支。但随着内地和平局面的来临，地方官员在维修官房中的奢侈行为逐渐造成国家财政的一系列困扰。"近见各省文武官弁衙署支请动支存公银两修葺者甚多，工料竟至累百盈千，该地方官以为存公银两乃公中应用之物，具无关题奏，易于开销，其间或工程可待，随意报修；或张大工程，致滋靡费；更恐有不肖官吏，借此冒领浮开，以图中饱。若不亟定章程，则彼此效尤，任意浪费，将无底止。"② 维修制度不完善，既增加了国家负担，也滋生了大量腐败现象。

乾隆以后，清政府调整政策，把这项常用开支推给了地方，允许房地产维修使用地方存储的余款。乾隆三十年（1765）上谕，"各省官员衙署为办公之所，莅事亲民，观瞻攸系，岂可任其岁久倾圮，不加修葺？""除现在完整，并近年动项修改者，仍令自行粘补外，其实系年久坍塌，必须购料修理者，准予借动闲款，各按旧制酌量兴修，计其岁入养廉，分年扣还，俾公私均有裨益。"③ 启动了官员自行负责修理的机制，并限制使用公项银两。乾隆五十七年又谕："嗣后京城各营及各省驻防，如该营原有生息银两可以动用者，所居房屋，实在年久欹倾，尚可准其动项修葺。若并无存公银两之营分，不得擅动官项，率请兴修，以归核实。"④ 雍正年间不需要还款，由国家全权负责。乾隆中期，可以使用地方闲款维修房地产，闲款可以是地方的生息银两。后来清政府发现，生息银两不易控制，几次又禁止地方官员利用余钱生息银两。

随着房地产维修政策逐渐完善，最终形成借项修理的格局。可以看出，借项修理，是将房地产修理的费用，直接从国家财政拨款，转到省部级财政负责。从省级财政的耗羡银内借出，官员衙署修理费用由官员养廉银和俸饷内扣还，士兵修理兵房费用，从士兵饷银内扣还。定期向清政府报销核办。其实，最终修理费用由官兵自行负责。

---

① 赵生瑞：《中国清代营房史料选辑》，中国建筑工业出版社，1999，第381页。
② 转引自赵生瑞《中国清代营房史料选辑》，第381页。
③ 《钦定大清会典事例》卷二六四。
④ 《钦定大清会典事例》卷八七二。

第二节　清代绥远城房地产修理及费用

关于绥远城，民间通常有一种说法：官城、官房、官饷，有一种羡慕的意味。指的就是绥远城旗民住的是官房，吃的是官饷。说明绥远城内房地产的所有权在清廷，官房的修理也当由清政府负责。绥远城房地产的修理包含两层含义：重修和维修。记载重修的资料有二：同治七年，将军定安重建北城门楼，补修坤垠楼橹，浚濠引水，绕护外城，又于道旁夹植杨柳万余株，以防濠身沙淤，闸根水啮；光绪三十年，将军贻谷任绥远城将军，于各路添栽树一千一百余株，西门内起碑楼一，城西南修泄水闸二，四面浚隍，仍续筑衢路。① 而维修的记录相对比较多。随着时局变化，绥远城的房地产修理逐渐形成定制。乾隆四十九年（1784）奏准，"山西省绥远二处驻防兵丁，修葺营房，于耗羡银内，每名各借一年饷银，分作八年扣还。又规定，直省道府以下各官借支养廉，修理衙署，无论银多寡，概于领银一月后起扣，逾限未完，即行查办"。又议准，"绥远二处驻防官兵，遇有零星修理，所借银数，在二千两以内者，照旧咨报查办，如在二千两以上者，随时奏明办理"。② 乾隆五十九年（1794），绥远城前任将军图（桑阿）奏准：八旗官兵房间，嗣后借动饷银修理。作为八年修理一次。③ 保固期限定为八年，以后的修理记录也显示，基本上八年修理一次官兵房屋，后来演变为四年一修。从维修内容看，可以分为四种情况：城垣修理、衙署修理、兵房修理、铺面房修理。城垣、衙署、兵房的修理在官方档案中是有记载的。

一　清代绥远城城垣的修理及费用

筑城时，绥远城的城墙就纳入清政府财政支出中。因此也属于绥远城固定资产，纳入房地产项目。根据现有资料显示，清代绥远城城垣的维修共有五次分别是：乾隆三十四年（1768），嘉庆十三年（1808），嘉庆二十四年（1819），道光六年（1826），道光二十九年（1849）。八十年间，每次上报清廷的奏折中均称所修为乾隆年间修建，而非固修部分。

---

① 《绥远旗志》卷二，第 59 页。
② 《钦定大清会典事例》卷二六四。
③ 《绥远城驻防志》（满汉合璧四卷本）卷二，第 48～52 页。

乾隆三十四年（1769），山西巡抚鄂宝上奏章汇报：其率领"朔平府知府罗士昂、托克托城通判书鲁、右玉县知县苏萃"验收绥远城同知主持下维修的绥远城垣，其承修"城垣海墁三段，并拆砌海墁一段，逐加丈量，丈尺均属相符，筑砌砖石灌用灰浆并夯筑土胎等项亦皆坚实，惟北门瓮城原估五进成砌，及拆卸旧基止有四进，是以所照四进一律与修，其海墁原估三层铺砌，今因砖质坚厚节省一层"，"旧砖拆卸半多勘用，此中新旧搭配"①，看来修建得较为理想。在此次维修过程中，也发现绥远城修建之初，本来上报的瓮城为五进，事实只有四进，这次也就按四进进行维修。这一次维修，使用的是绥远城房租银两 3795 两。② 嘉庆十三年（1808），城墙东南西北几面城墙均有坍塌之处，耗费银两 1561 两。嘉庆二十四年（1819），北门瓮城，东西南北四面土牛女墙也间有坍塌，"俱系乾隆元年原建工程，不在历任新修保固之内"③，所需银两 991 两。道光六年（1826），南门瓮城坍塌，橹墙经雨水，也有渗漏坍断，耗银 982.7 两。道光二十九年（1849），"四面城墙俱已坍塌"，"南北二门瓮城及南箭楼西各外面砖墙坍塌，委系紧要，必不可缓"。④ 这几次维修，除了道光二十九年借项的银两来自大青山后地租银项，共 3596 两。⑤ 另外三次都是出自山西府库养廉银。清代绥远城垣的维修需要阐明的是，嘉庆以后所有城垣维修的项目还款，都是从绥远城理事同知的养廉银中逐年扣除，每年扣除白银 200 两。申请绥远城城垣维修的奏章则都是以山西巡抚为主上奏的。乾隆三十四年是山西巡抚臣鄂宝、绥远城将军公巴禄；嘉庆十三年是山西巡抚成宁；嘉庆二十四年是山西巡抚成格；道光六年是山西巡抚福绵；道光二十九年是山西巡抚兆那苏图。这些事实说明，清代绥远城等级职责分明，绥远城行政事务由其所在的山西省政负责。城垣维修属于山西省巡抚的职责，而绥远城理事同知则是山西省下派到绥远城的钦差大使，专门负

---

① 朱批奏折：奏为验收绥远城城工情形事，乾隆三十四年四月二十二日，档号：04—01—37—0024—022，缩微号：04—01—37—001—2622。

② 朱批奏折：奏为验收绥远城城工情形事，乾隆三十四年四月二十二日，档号：04—01—37—0024—022，缩微号：04—01—37—001—2622。

③ 朱批奏折：奏为绥远城垣坍损请借项兴修事，嘉庆二十四年闰四月二十三日，档号：04—01—37—0075—024，缩微号：04—01—37—003—1007。

④ 军机处录副奏折：奏为借款兴修绥远城工事，道光二十九年九月初三日，档号：03—3646—017，缩微号：252—0512。

⑤ 录副奏折：奏为借款兴修绥远城工事，道光二十九年九月初三日，档号：03—3646—017，缩微号：252—0512。

责绥远城财政的运营。① 由此，此笔维修费用由绥远城理事同知来扣还。

二　清代绥远城衙署维修和费用

一般来讲，衙署的修理和兵房的修理多是同期进行的。史料中有两则关于将军衙署单独修理的记录。

史料5-1：绥远城将军禄成奏为将军衙署年久损坏请旨借项修理事②

奴才禄成跪奏：为将军衙署年久损坏恭恳天恩俯准借项修理以资办公而壮观瞻事。窃照绥远城将军衙门一所，计大小砖瓦土房一百三十二间，设自乾隆二年，因年久并无动项兴修，所有倾圮损坏。查乾隆五十四年经前任将军积福奏请，将右卫空闲将军衙门变价银两内，动用银八百二十七两六钱零，择要补修，迄今又逾三十余载，虽历任将军暨奴才均皆随时补修，究不能一律完固。兼之二十四五两年雨水过多，地气潮湿，现在奴才所居衙署公廨率多倾圮闪裂，砖瓦损坏，群房围墙又均土坯垒砌，亦多倾欹坍塌，木植亦有糟朽，若不及时修理，恐年复一年坍塌愈甚，势必工程浩大，更难修葺。奴才再四思维，惟有仰恳圣主天恩赏借奴才银二千两，乘时妥协修理完固，以资办公而壮观瞻。如蒙恩准，查大青山后每年征收厂地租银一万四千九十三两二钱五分，除搭放兵饷外，现存历年余剩银三万三千六百三十

① 关于驻防城理事同知的设立，在定宜庄《清代八旗驻防研究》中第二章第五节专文讨论了理事同知的建制沿革、官缺职掌、铨选地位。定宜庄认为康熙年间理事同知这个官职就已经出现，基本都是满缺，主要是处理旗民之间的民政、司法、军事等事务。并且侧重谈论了归化城理事同知的设立。乾隆三十四年，授山西省归化城理事同知。事实上，在归化城土默特地区，渐次设立了五厅、七厅，直到民国时候，设置了十二个抚民厅。每厅或者设立理事同知，或者理事通判。均归设立在归化城的归绥道统一管理。在书中，关于绥远城理事同知的事情只字未提。即便相对于理事同知这个官职来讲，绥远城理事同知也是比较特殊的一个设置，绥远城作为驻防城，绥远城将军不负责财政问题，财政问题都是由其所在的山西省来负责，包括地方赋税，兵饷等，绥远城理事同知即山西省在绥远城设立的派出官职，归设立在归化城的归绥道管理，主要负责绥远城财政收支。衙署设在绥远城内西南。绥远城驻防机构中，在将军下设右司的属官，由协领担任。管理绥远城自身财政。如绥远城房租的收支，官兵红白事件的借动放赏，生息银两等的使用。在清朝中后期，地方财政基本承担了绥远城的支出。绥远城理事同知也就部分参与了绥远城地方财政问题。

② 朱批奏折：绥远城将军禄成奏为将军衙署年久损坏请旨借项修理事，道光元年四月二十一日，档号：04—01—0009—013，缩微号：04—01—20—001—2276。

余两，系属闲款，请即由此项银内赏借银二千两，分作二十年，在于奴才俸薪养廉银项下扣还归款。奴才不揣冒昧奏恳天恩伏乞皇上睿鉴训示遵行，谨奏请旨。

朱批：另有旨。

道光元年四月二十一日

史料 5-2：绥远城将军色克精额奏为借动闲款请旨修理衙署及办公厅房事①

奴才色克精额跪奏：为衙署及办公厅□将及坍塌不堪栖止应请循照旧章借动闲款乘时妥为修理，以便栖止而裨公务事。奴才所居将军衙署计大砖瓦土房一百三十一间，内有印房一所，恭贮一切上谕书籍会典等件，又有参办各司事务公所专司各处往来文移在在，均关紧要。自乾隆二年建盖后，迄今百有余年，从未兴修。至道光元年四月间，虽经前任将军禄成奏明，由存贮大青山后余剩场地租银内借动银二千两，不过择要修补，未能一律完固，至今已届二十余载。风雨摧残，率多倾圮，兼之近年雨水，地气潮湿，衙署房间以及办公之所大半渗漏歪斜，砖瓦剥落，间有坍塌，内外相通，情景维堪。奴才于去年抵绥后，睹此情形，询之协领等，均称因无岁修款项，以致如此。奴才即将奴才秋季所得俸薪养廉银两尽数略为粘补，以便栖止，而资办公□意。今岁春雪过大，城中地软潮湿，较往年更甚，房屋墙垣将及倾颓。奴才再四思维，若不赶紧修理倘遇大雨之时，难免倒压之虞，再划下奴才衙门急须修理，房间多系办公之所，关系紧要，所需无几。且历年扣留修理衙署银两，现在存贮厅库系属闲款。合无仰恳天恩俯准，照依前次办过成案，仍由此项银内赏借奴才银二千两，即行购买物料，以便妥为修理完固，以资办公，而免坍压之虞。如蒙恩准，所借银两仍分作二十年在于奴才俸薪养廉银项下，按季如数扣还。再道光元年所借银两如至本年已届二十年，本应如数扣完，惟缘历任将军遇有升迁事故，间有未能按季坐扣折，现在尚欠未完银一百二十五两，应请即由此次所借银内如数扣留，以清前款。奴才因公起

---

① 朱批奏折：绥远城将军色克精额奏为借动闲款请旨修理衙署及办公厅房事，道光二十一年五月初三日，档号：04—01—30—0416—026，缩微号：04—01—30—028—1004。

见，不揣冒昧，是否有当，伏祈皇上圣鉴训示遵行，谨奏请旨。

朱批：另有旨。

道光二十一年五月初三日

史料 5 - 1 中提到："乾隆五十四年经前任将军积福奏请，将右卫空闲将军衙门变价银两内，动用银八百二十七两六钱零。"① 显然乾隆五十四年维修将军衙署时候，所用银两来自原来右卫将军衙门变卖所得。而在道光元年，所请求的是"大青山后每年征收厂地租银一万四千九十三两二钱五分，除搭放兵饷外，现存历年余剩银三万三千六百三十余两，系属闲款，请即由此项银内赏借银二千两"。② 二十一年后，绥远城将军色克精额又奏请维修将军衙署，这次使用的是"历年扣留修理衙署银两"，"由此项银内赏借……银二千两"。③

关于归化城副都统衙署的维修事件，第一次维修是在道光二年，由绥远城将军禄成、归化城副都统年德共同上奏折请求，认为"大青山后每年收牧场地租银一万四千九十三两二钱五分，除搭放兵饷外，现存历年余剩银三万七千五百一十六两零，系属闲款，请即由此项银内赏借银一千五百两"④，得到批准。显然是受到道光元年奏请维修绥远城将军衙署得到批准的鼓舞，第二年又维修归化城副都统署。还有一幅录副奏折记载了维修归化城都统署的事件，在道光二十三年，由绥远城将军和归化城副都统一起上奏，得到 1500 两维修款项⑤，由于是断扣，不能了解这批款项的来源，但是比对道光二十一年绥远城将军衙署的维修款项，约略可以知道，这批款项或者也是历年维修衙署的预留款。

每一个任职驻防城的官员都要对他所在的驻防城的房地产负责，都要和国家申请银两，进行维修，但是绥远城将军衙署和归化城副都统署的修

---

① 朱批奏折：绥远城将军禄成奏为将军衙署年久损坏请旨借项修理事，道光元年四月二十一日，档号：04—01—0009—013，缩微：04—01—20—001—2276。

② 朱批奏折：绥远城将军禄成奏为将军衙署年久损坏请旨借项修理事，道光元年四月二十一日，档号：04—01—0009—013，缩微：04—01—20—001—2276。

③ 朱批奏折：绥远城将军色克精额奏为借动闲款请旨修理衙署及办公厅房事，道光二十一年五月初三日，档号：04—01—30—0416—026，缩微：04—01—30—028—1004。

④ 军机处录副奏折：奏请借支修理归化城副都统署事，道光二年四月二十一日，档号：03—3623—050，缩微：251—0568。

⑤ 军机处录副奏折：奏为归化城副都统成凯请借项修理衙署事，道光二十三年五月二十六日，档号：03—3641—043，缩微：251—3378。

理都是专项款。这几笔款项虽然是绥远城将军向国家申请来的，具体的银两却是来源于绥远城地方财政，不属于正项。当然这笔开销的还款是在绥远城将军和副都统的养廉银和俸饷银内扣还。在《绥远城驻防志》中记载，将军一年俸银一百八十两，养廉四季领，每季领银一百四十六两五钱六分五厘（内除修房银二十五两，实剩银一百二十一两五钱六分五厘）。一年养廉银五百八十六两二钱六分（除扣修房银一百两，实剩银四百八十六两二钱六分）①。养廉银中包括修房款，参考修理绥远城将军衙署的朱批奏折，借款 2000 两，分作 20 年，在将军养廉银内扣还，自然每年就是 100 两。道光元年的借款 2000 两，在道光二十一年已经基本还清，剩余不过 125 两。那么道光二十一年所借的 2000 两，据奏出自"历年扣留修理衙署银两"②，事实也就比较清楚。道光二十一年的借项却是道光元年以来修房款的扣还部分，剩余未扣的 125 两，绥远城将军要求扣完，然后再借新的 2000 两。实际上，是绥远城将军将原来扣还的 2000 两中又借出 1850两。显然这笔款项的收支都是出自绥远城地方财政，只不过是履行了向朝廷的申报手续而已。在《绥远城驻防志》中，没有罗列归化城副都统的俸饷状况③，我们只能从绥远城将军的记载中推测，或者也是相同的情况。关于绥远城将军和归化城副都统的养廉银的具体数字，在《大清会典事例》等中记载：各省驻防将军，盛京二千两，黑龙江、吉林、江宁、福州、广州、成都、杭州、荆州、西安、宁夏、绥远城各一千五百两；都统，察哈尔八百两，公费三千两。副都统：盛京、黑龙江、吉林、福州、西安、密云、热河、广州、宁夏、各七百两，成都一千两，凉州、乍浦、各八百两，江宁、京口、杭州、归化城、荆州各六百两。……各省将军、副都统、察哈尔都统等衙门、各五十两。④ 而《大清会典事例》与《绥远城驻防志》所记数量不一致，考查《绥远城驻防志》的底本基本都是绥远

---

① 《绥远城驻防志》（满汉合璧四卷本）卷一，第 28 页。
② 朱批奏折：绥远城将军色克精额奏为借动闲款请旨修理衙署及办公厅房事，道光二十一年五月初三日，档号：04—01—30—0416—026，缩微号：04—01—30—028—1004。
③ 《绥远城驻防志》中没有关于归化城副都统的情况，只记了一个条目。而《大清会典》和《八旗通志》等资料却都将归化城或者归化城副都统的事情记载在驻防城事务里，甚至明确提出，归化城为驻防城。这就涉及了中央和土默特地区关于归化城城市地位认识的问题。在归化城土默特地方，归化城更多是归化城土默特部落修建和居住的城市，而在清政府的眼里，则是驻防城。双方认识上的分歧都被对方默许了。
④ 《大清会典事例》卷二百六十一。

城将军历年来的奏章，具有可信性。而《大清会典事例》则有可能仅是记载官方的具体数字，和实际执行可能有一定差距，目前尚不能有效辨析。总体来看，绥远城将军和归化城副都统的养廉银数目均不在少数，偿还维修房款，应该不是问题。

需要说明的是，扣还的房款是从历届绥远城将军的养廉银中扣还，而不是针对某个将军而言。例如，道光元年绥远城将军禄成申请维修将军衙署后，他只在任四年。到道光二十一年再次维修时，中间共有 8 位将军在任。历届都要从养廉银中扣除禄成申请下来的维修还款。直到道光二十一年五月，还有 125 两尚未还清。① 从这个意义来考虑，能让清廷批准动用银两来维修衙署还是一届绥远城将军的政绩了。

三　清代绥远城兵房修理及费用

清政府兵房修理费用是以所在士兵的数额来决定的，不是按照房间数进行的。从乾隆年间到清中后期，士兵数额是限定的。由此，绥远城旗兵房修理的款项也是固定的。根据《绥远城驻防志》记载，绥远城共有：

协领5员，每员二百四十两，共银一千六百八十两。每两，摊部费银二分三厘零四系五忽四微。每员摊银五两五钱三分零八毫九系一忽。五员，共摊银二十七两六钱五分四厘四毫八系。

轻车都尉2员，佐领十五员。每员二百两，共银三千四百两。每两，摊银二分三厘零四系五忽四微。每员，摊银四两六钱零九厘零八系。十七员，共银七十八两三钱五分四厘三毫六系。

骑都尉1员，防御二十员。每员一百七十两，共银三千三百六十两。每两，摊银二分三厘零四系五忽四微。每员，摊银三两六钱八分七厘二毫六系四忽。二十一员，共银七十七两四钱三分二厘五毫四系四忽。

云骑尉1员，骁骑校二十员。每员一百二十两，共银二千五百二十两。每两，摊银二分三厘零四系五忽四微。每员，摊银二两七钱六分五厘四毫四系八忽，二十一员，共银五十八两零七分四厘四毫八系。

---

① 朱批奏折：绥远城将军色克精额奏为借动闲款请旨修理衙署及办公厅房事，道光二十一年五月初三日，档号：04—01—30—0416—026，缩微号：04—01—30—028—1004。

恩骑尉6员，笔帖式三员。每员八十两，共银七百二十两。每两，摊银二分三厘零四系五忽四微。每员，摊银一两八钱四分三厘六毫三系二忽，九员共银一十六两五钱九分二厘六毫八系八忽。

官员共房银一万一千三百六十两。共摊部费银二百五十八两一钱零八厘四毫八系。

领催、前锋280名，每名四十八两，共银13440。每两，摊银二分三厘零四系五忽四微。每员，摊银一两零六分一厘七毫九系二忽。二百八十名，共银三百零九两七钱三分零一毫七系六忽。

马甲1720名。每名三十六两。共银六万一千九百二十两。每两，摊银二分三厘零四系五忽四微。每名，摊银八钱二分九厘六毫三系四忽四微。一千七百二十名，共银一千四百二十六两九钱七分一厘一毫六系八忽。

步甲700名。每名一十八两。共银一万二千六百两。每两，摊银二分三厘零四系五忽四微。每名，摊银四钱一分四厘八毫一系七忽二微。七百名，共银二百九十两零三钱七分二厘零四系。

兵共房银八万七千九百六十两。共摊部费银二千零二十七两零七分三厘三毫八系四忽。

部费，以及造册书班银二千二百八十五两一钱八分一厘八毫一系四忽。

内，除宝一千九百七十五两（每宝以六钱），共银一千一百八十五两。①

这笔修房费用，共银九万九千三百二十两，就这九万多两的修房款项也终将成为清政府不小的负担。而每位官兵在还款时候还要承担一定的损耗，共计二千二百八十五两八钱四分二厘三系二忽。这些都意味着国家只是借给修房费用。尽管如此，每次修房申请也不会都被允许。同治十一年（1872）就因"前借扣还修房银两，均因□款支绌垫放，官兵俸饷动月无存，晋省蕃库又难筹此巨款，以致停缓"。②细看缘由，则是上次（即同治

① 《绥远城驻防志》（满汉合璧本）卷二，第48~52页。
② 朱批奏折：绥远城将军丰绅、署理山西巡抚奎斌奏请援案减半借饷修理绥远右卫官卫衙署情形事，光绪十年闰五月初七日，档号：04—01—30—0461—015，缩微号：04—01—30—028—0938。

元年）修房款项由绥远城垫付，这样就没有山西府库的扣还，才使"官兵俸饷动月无存"，说明绥远城官兵的俸饷是绥远城官兵修房扣款后所发。没有扣款，官兵饷银的发放也成了问题，山西府库难筹此款。

绥远城修建之初，八旗兵房 12000 间，经过乾隆十六年、乾隆三十四年陆续变价，部分兵房卖给八旗官兵，部分卖给民人。① 出赁取租房 156 间。② 除掉卖给民人的部分（具体数目不详，应该不会太多，八旗兵房最初变价都是优先旗人），国家只是按照兵甲数目发放修理房地产借动款项，这些借款显然是不足的。

四　清代绥远城官衙兵房地产修理费用变化

按照政策规定，清代绥远城官兵每八年就可以得到一次维修房地产的机会。可以从自己养廉银和俸饷里预支。事实是否如此呢？

乾隆三十九年有一次维修记录。正是在这次申请维修的时候，确立了每八年维修一次，修理费用出自山西耗羡银内借动，然后以官兵俸饷银分八年扣还。当时绥远城将军积福提出，"正蓝旗、镶蓝满洲二旗，因地势低洼，房间塌损过多，工程靡费。每名兵丁请借一年饷银；镶黄等满洲蒙古六旗，地势稍高，虽有损坏，尚可居住，兴修公费较省，每名兵丁请借半年饷银"。③ 从乾隆五十九年（1794）到光绪二十二年（1896）一百多年中，实际官兵房地产修理大约十次（表 5 - 1）。道光年间共有三次修房记录，均没有注明修房银具体来源，只是显示八年全部扣还完毕。道光二十年，绥远城将军色克精额到任后，看见衙署残破，询问手下，"均称因无岁修款项，以致如此"。④ 这幅奏折可以约略看出道光年间，修房款已经有点难于申请。从咸丰以后的修房记录则明确显示，清政府国库、府库都极度空虚，修房款项的筹措极为艰难。看下面几条档案资料：

---

① 军机处录副奏折：议奏将绥远城裁汰衙署改建兵房事，乾隆二十八年八月十一日，档号：03—0517—079，缩微号：036—0558。

② 《绥远城驻防志》（满汉合璧四卷本）卷一，第 3~5 页。

③ 朱批奏折：绥远城将军来仪等奏遵旨查明绥远城右卫八旗官兵住房数目及以往借支俸饷修葺情形折，引自《清宫珍藏杀虎口右卫玉县御批奏折汇编》（下册）253，第 163 页。

④ 朱批奏折：绥远城将军色克精额奏为借动闲款请旨修理衙署及办公厅房事，道光二十一年五月初三日，档号：04—01—30—0416—026，缩微号：04—01—30—028—1004。

史料5-3：奏请赏借减半俸饷银两修理绥远右卫官兵衙署事①

绥远城将军臣成凯、山西巡抚臣王庆云、归化城副都统臣德胜跪奏为绥远右卫官兵衙署房间已居十年，谨将筹款减半借项修理缘由，会同恭折具奏：合恳天恩仰祈圣鉴事。……绥远城右卫二处官兵居住房间……若不及时修理，实难楼止。……旋据归绥道钟秀转据绥远城粮饷同知都克精阿详称，遵查库储官兵前次所借修房银九万九千余两，内除历年各厅欠解地租不敷支放兵饷，及出征官兵支领行装借动外，现谨实存银三万四千五百余两，不敷放动等情……兹据署布政使恒福详称，查绥远右卫官兵衙署房间，筹商减半借支，先行择要兴修，分限四年扣还归款……遵查咸丰四年，据派绥远城马队官兵一千名，前赴紫荆关防堵，所需减半行装银两，暂由满营旗库官兵扣储马价项下借动银一万六百六十二两五钱，奉准部覆由山西报销局如数拨解归款，现在官兵修理房间亟须凑借动用，应请先由司库地丁项内借动拨解，仍由报销局汇总报部核销……至绥远官兵请借减半修费应需银四万九千六百六十两，该钱现存修房原款银三万四千五百五十两零。并由报销局拨还旗库借支行装银一万六百六十二两五钱，尚不敷银四千四百四十六两五钱，一并在于司库本年耗羡项内借动给领……俟命下之日，所有筹拨银两即由藩司提取，并粮饷厅库存储原款银照数支放，以便先行购买物料，俟明岁春融及时兴修……朱批：着照所奏行该部知道，单并发。

咸丰六年十二月初七日

由上可知：咸丰六年，旗库（绥远城银库）应该存上一次（即道光二十七年）维修房款后，陆续从官兵俸饷中扣还银9.9万余两。但这笔收入被借动，一项是绥远城兵饷银，绥远城兵饷银本应出自土默特各抚民厅地租银，由于地租银不能按时收缴，只好借动这笔扣还房款，约5.5万两。第二项借动是咸丰四年，出征士兵行装银1.06625万两（此支出本应该出自借动绥远城马价银），剩余3.45万两。山西司库报销局最后归还了行装银1.06625万两，实际剩余房款为4.52125万两。而咸丰六年减半借项修

---

① 朱批奏折：奏请赏借减半俸饷银两修理绥远右卫官兵衙署事，咸丰六年十二月初七日，档号：04—01—30—0461—041，缩微号：04—01—30—028—1090。

理房款银为 4.966 万两。两下一折算，从山西耗羡银内实际支出绥远城维修房款是 0.44465 万两，基本为总数十分之一，十分之九由绥远城原存维修房款内支出，这部分房款中已经包括绥远城马价银 1.06625 万两银。马价银属于绥远城地方财政内容，大约从乾隆二十四年开始，马价银就已经在绥远城地方财政中支出了。

史料 5 - 4：奏请借项修理绥远右卫官兵衙房事①

　　绥远城将军奴才德勒克多尔济、山西巡抚奴才英桂、署归化城副都统奴才塔清阿奏：为绥远右卫官兵衙署房间不能栖止谨，将筹款减半借项修理缘由，会同……圣鉴事。窃据绥远城八旗满洲蒙古署协领文山……官兵居住房间自咸丰六年十二月内奏蒙恩准减半借项以来，迄今已经六年……咸丰六年因军务未竣，筹款维艰，设法变通，筹商减半借支，先行择要兴修，分限四年扣还归款……旋据粮饷同知庚械详称：遵查扣完八旗官兵修房银两，除借支行装等款外，现在库内实应存银二万九百余两，查有咸丰三年出征官兵需用行装，会在修房项下借动过银二万三千一百余两，内已抵回银四千一百余两，尚有未领垫发行装银一万九千余两，兹于本城领春夏饷银之便，已经由山西省筹防局如数饬发，领回……至绥远城官兵请借减半修费应需银四万九千六百二十两，该厅现存修房原款及奴才英桂令山西筹防局于春夏领饷之便饬发领回，共银三万九千九百三十六两，其余不敷银九千六百八十四两，仍照上届由旗库存储官兵马价银内借动……俟命下之日，请即由筹拨旗库马价及山西筹防局领回，并粮饷厅库储款银两内照数支放，以便及时购买物料兴修……朱批：议政王军机大臣奉旨户部议奏，单并发，钦此。

　　同治元年七月十七日

　　由这则史料可见上次（咸丰六年）修房扣款被行装等项目借动后，仅存 20900 余两，作为借动行装的款项，山西司库还回 19000 余两，上次维修房屋扣还所借款项加山西司库还回借动房屋款项共银 39936 两，此次减半维修房款约需 49620 两，款项不足部分由绥远城旗库马价银内借动 9684 两。

---

① 朱批奏折：奏请借项修理绥远右卫官兵衙房事，同治元年七月十七日，档号：04—01—30—0195—052 缩微号：04—01—30—014—0542。

史料 5-5：绥远城将军丰绅、署理山西巡抚奎斌奏请援案减半借饷修理绥远右卫官卫衙署情形事①

奴才丰绅、奴才奎斌、奴才奎英奏：为绥远右卫官兵衙署房间年久失修……圣鉴事。窃据绥远城八旗满洲蒙古西陵福禄……绥远右卫两城官兵居住房间自同治元年六月间奏蒙恩准减半借项修理以来，迄今已经二十余年……若不及时修理，实难楼止，于同治十一年会经据情呈请，按照上届减半借支成案借款兴修，咨会前任山西抚臣奏请借款办理，虽因前借扣还修房银两均因□款支绌垫放，官兵俸饷动月无存，晋省蕃库（原文如此—笔者）又难筹此巨款，以致停缓，至今未修理，现查官兵房间坍塌尤甚，露宿苦状势难再缓……同治元年因军务未竣筹款虽艰，当已变通筹商减半借支，先行择要兴修，分限四年扣还归款，嗣于同治六年将军项扣完银两，据粮饷同知详明因兵饷不敷，均已垫款动用无存，又值军务未竣，库款虽筹，迨军务甫竣，晋省复遭大祲，更难兼顾，以致延缓多年失修……至绥远城官兵请借减半修费，应需银四万九千六百二十两，仍由司库筹划，于耗羡项下借动银三万九千九百三十六两，其余不敷银九千六百八十四两，即照上届旗库存储官兵马价银内借动……所借耗羡银两分作四年，由各该营应领俸饷银内，按季由司坐扣归款，所借马价银两亦分作四年扣还归款……朱批：军机大臣奉旨著照所请该部知道，单片并发，钦此。

光绪十年闰五月初七日

分析如下：此次维修房地产需要银 49620 两，39936 两出自山西司库耗羡银，其余 9684 两由绥远城马价银内支出。而上次（同治十一年）没有能够维修房地产的原因中提到，"官兵俸饷动月无存，晋省蕃库又难筹此巨款"。

史料 5-6：奏为绥远城右卫官兵衙署房间复多坍塌请旨援案借项修理事②

绥远城将军奴才克蒙额、山西巡抚奴才刚毅、归化城副都统奴才

---

① 朱批奏折：绥远城将军丰绅、署理山西巡抚奎斌奏请援案减半借饷修理绥远右卫官卫衙署情形事，光绪十年闰五月初七日，档号：04—01—30—0461—015，缩微号：04—01—30—028—0938。

② 朱批奏折：奏为绥远城右卫官兵衙署房间复多坍塌请旨援案借项修理事，光绪十五年四月初一日，档号：04—01—20—0019—012，缩微号：04—01—20—002—1434。

奎英……圣鉴事。窃据绥远城协领福禄等暨右卫城守尉文顺呈称：两城衙署兵房，自同治元年至光绪十年二十余载未能借款修理，破坏已甚，经前任将军丰绅会同前署巡抚奎斌奏借半数款补苴楼身……计今已经四载，前借半款抵扣完清……因山西巡抚奴才刚毅复以库储支绌，协拨纷繁，商筹减半……至绥远城官兵请借减半修费共银四万九千六百二十两，查前同治元年减半借修官房因粮饷厅将存储扣还房原款挪垫兵饷，及征兵行装，不敷借修之用，彼时从权暂由绥远城旗库官兵马价银内添借银九千六百八十四两，迨光绪十年减半借支犹复援案。添借，此次巡抚奴才刚毅既称设法挪凑，自应皆由藩库凑拨，无须再从绥远城旗库马价银内添借以复旧制……伏乞皇上圣鉴训示遵行，谨奏。

　　朱批：该部议奏单并发。

　　光绪十五年四月初一日

分析如下：这次维修费用都从山西司库耗羡银中凑拨。

史料5-7：奏为绥远右卫两城官署兵房坍塌渗漏请减半借支俸饷修葺事①

　　奏为绥远右卫两城官署兵房坍塌渗漏，拟请减半借支俸饷修葺，恭折具陈仰祈圣鉴事。臣永德、臣奎英先后据绥远城协领遇春……该两城官署兵房，自光绪十五年借支俸饷修理后，迄今又居八年……拟请循例借支全年俸饷，俾资修葺，仍分八年，在于应领俸饷内扣还归款等情咨商。……据该藩司俞廉三等详备遵查晋省司库本已入不敷出，兼之近年时有额外添拨之款，愈形竭蹶，本年复奏部文，每年拟还英法俄德洋款二十九万两，几于无法腾挪……拟请仍照上两届减半借支成案，借支一半银五万五千七百余两……至此项工程系属循例借款办理，将来仍于各官兵应领俸饷内分年扣还……谨奏。

　　朱批：著照所请该部知道。

　　光绪二十二年十二月

分析如下：依旧减半借项，所有修房款出自耗羡银。

---

① 朱批奏折：奏为绥远右卫两城官署兵房坍塌渗漏请减半借支俸饷修葺事，光绪二十二年十二月二十日，档号：04—01—21—0019—009，缩微号：04—01—21—001—0975。

从以上五份朱批奏折可以看出，在咸丰六年（1856）至光绪二十二年（1897）共四十年的时间中，绥远城房地产维修共五次，筹措这五次的维修费用都是极其困难的。从咸丰六年开始，绥远城房地产的维修款项开始减半，每次约4万多两，当然也就分四年还完。费用减少，维修周期也相应缩短。这种状况一直持续到清朝末年，成为新的定制。即便如此，咸丰年间的维修，几乎是绥远城动用了地方财政才完成。同治元年维修后，其中同治六年（1867），同治十一年（1871）请修，因"兵饷不敷，均已垫款动用无存，又值军务未竣，库款虽筹，迨军务甫竣，晋省复遭大祲，更难兼顾"①，遭到拒绝。直到光绪十年（1884）才又一次进行维修，时隔28年。从咸丰年间开始，中国的内忧外患深重，外国的坚船利炮已经打开中国大门，国内有太平军起事，西北回民起事。奏折中不止一次提到，绥远城出征士兵的行装款项借动了修房存款。山西府库"每年拟还英法俄德洋款二十九万两，几于无法腾挪"。②第一次鸦片战争以来，战败的清廷将大笔条约借款平摊在各级省政。巨额赔款，国库极度空虚，就连绥远城房地产维修都已经受到严重影响。

从奏折中也可以约略看出，绥远城和省级财政的矛盾。咸丰六间和同治元年、光绪十年的修房款项都挪用了绥远城的马价银，前两次还是使用的原来修房的还款。在光绪十五年绥远城将军申请修房的奏折中，有这样一句话，"查前同治元年减半借修官房，因粮饷厅将存储扣还房原款挪垫兵饷，及征兵行装，不敷借修之用，彼时从权暂由绥远城旗库官兵马价银内添借银九千六百八十四两，迨光绪十年减半借支犹复援案添借，此次巡抚奴才刚毅既称设法挪凑，自应皆由藩库凑拨，无须再从绥远城旗库马价银内添借以复旧制"。③显然对山西府库挪借马价银非常不满。所以，光绪十五年和光绪二十二年的维修费用基本都是出自山西耗羡银内。此后却也再无修房记载。辛亥革命，旗制取消，"原有兵房，私拆变价，汉人傣居，

---

① 朱批奏折：绥远城将军丰绅、署理山西巡抚奎斌奏请援案减半借饷修理绥远右卫官卫衙署情形事，光绪十年闰五月初七日，档号：04—01—30—0461—015，缩微号：04—01—30—028—0938。

② 朱批奏折：奏为绥远右卫两城官署兵房坍塌渗漏请减半借支俸饷修葺事，光绪二十二年十二月二十日，档号：04—01—21—0019—009，缩微号：04—01—21—001—0975。

③ 朱批奏折：奏为绥远城右卫官兵衙署房间复多坍塌请旨援案借项修理事，光绪十五年四月初一日，档号：04—01—20—0019—012，缩微号：04—01—20—002—1434。

购地改建"。① 驻防意义上的官兵房地产修理结束。

五 清代绥远城铺房的修理

绥远城修建之初已建有大量用于租赁的铺房。在官方档案资料里，均未看到关于铺房修理的记载。费用应该不从国家控制的饷银和俸银中支出。那就意味着，铺房的修理或者应该是绥远城地方财政负责。归化城和绥远城为双子城，归化城也有大量官房出租。我们前文讨论过归化城出赁的官房维修情况，归化城出赁官房的修理，工料由官方或产权人负责，土坯麦穰以及饭费由承租者负责。由此推想，绥远城租赁铺房应大抵如此。

表 5-1 清代绥远城房地产修理情况统计

内容	时间	在任者	房款（两）及借处	还款	说明
城垣	乾隆三十四年	山西巡抚臣鄂宝、绥远城将军公巴禄	房租银两：3795	粮饷同知和顺修补	
	嘉庆十三年	山西巡抚成宁	耗羡银：1561 四个月完成	绥远城理事同知养廉银 200 两，七年零三季	
	嘉庆二十四年	山西巡抚成格	耗羡银：991.6 四个月完成	绥远城理事同知养廉银 200 两，五年扣完	
	道光六年	山西巡抚福绵	耗羡银 982.7 四个月完成	绥远城理事同知养廉银 200 两，五年扣完	
	道光二十九年	山西巡抚兆那苏图	大青山后地租银 3596	绥远城理事同知养廉银 200 两，十二年扣完	
将军衙署	乾隆五十四年	绥远城将军积福	右卫将军衙署变价银：827.6		道光元年条下记
	道光元年	绥远城将军禄成	大青山后地租银：2000	养廉银，二十年还	
	道光二十一年	绥远城将军色克精额	历年扣留修理衙署款项	养廉银，俸饷	尚原 125 两未扣完

① 《绥远通志稿》第 2 册卷十七"城市"，第 399 页。

内 容	时 间	在任者	房款（两）及借处	还 款	说 明
归化城副都统署	道光二年	归化城副都统年德	大青山后地租银 1500	养廉银，二十年还	
	道光二十三年	归化城副都统成凯	1500	养廉银，二十年还	尚欠原 37.5 两钱未还完
教场	道光十年	绥远城将军升寅、归化城副都统祥康			道光六年有商议，但未行
官兵住房	乾隆三十九年	绥远城将军积福	正蓝、镶蓝借一年俸银，其他六旗借半年俸银		地势不同
	乾隆四十三年	绥远城将军雅朗阿	协领、轻车都尉：240；佐领、骑都尉：200；防御、云骑尉：160；骁骑校120；笔帖式、恩骑尉80	借俸银	
	乾隆五十九年	绥远城将军图桑阿	99320	八年如数扣还	借动饷银修理，八年一次
	嘉庆七年	绥远城将军崇尚			借动饷银修理，八年一次
	嘉庆十六年	绥远城将军来仪	协领、轻车都尉：240；佐领、骑都尉：200；防御、云骑尉：160；骁骑校120；笔帖式、恩骑尉80；领催、前锋40；马甲36；步甲18		
	道光九年	绥远城将军那彦保		如数扣还	道光十八年条记载
	道光十八年	绥远城将军特登额、山西巡抚申启贤			
	道光二十七年	绥远城将军英隆	99000 余	八年扣还	咸丰六年条下记载

续表

内 容	时 间	在任者	房款（两）及借处	还 款	说 明
官兵住房	咸丰六年	绥远城将军臣成凯、山西巡抚臣王庆云、归化城副都统臣德胜	上届还房款现存34550，官兵行装银10662。耗羡银4446.5。共49660	四年扣完，减半	附清单
	同治元年	绥远城将军德勒克多尔济、山西巡抚英桂、署归化城副都统塔清阿	49620两。原存修房款及咸丰三年出征官兵行装借修房款，共39936，旗库存储马价银9684		
	同治十一年	绥远城将军定安	未获批准	兵饷不敷，垫款动用无存，军务未军，晋省遭大祲	光绪十年条记载
	光绪十年	绥远城将军丰绅山西巡抚奎斌、归化城副都统奎英	49620 耗羡银39936，旗库存储马价银9684	四年还完	
	光绪十五年	绥远城将军克蒙额、山西巡抚刚毅、归化城副都统奎英	49620 耗羡银	四年还完	
	光绪二十二年	绥远城将军永德、山西巡抚胡聘之	55700余 司库耗羡银解决	四年还完	

　　（此表根据清史工程中华文史网数字图书馆上传的户部题本、军机处录副奏折，朱批奏折，以及《清宫珍藏杀虎口右卫右玉县御批奏折汇编》、《绥远城驻防志》等整理而成）

第六章　清代绥远城房地产权变化

绥远城刚开始修建之时，第一批旗兵就已经到位，那是乾隆二年。以旗兵为基础，雇佣各色工人开始进行绥远城墙和内部房地产建设。绥远城周边的农田也渐次开垦，并设置绥远城粮饷理事同知来负责管理农垦及相关财政问题。

第一节　初建时，绥远城房地产权

绥远城及其房地产等设施最初修建的所有经费均来自清政府拨款。后来才陆续贮存了一定的牧场、土地开垦以及房租形成的费用。[①] 修建绥远城究竟花费了多少呢？

乾隆四年，主持修建工作的建威将军王常上奏要求追加修城资金中提到，估银 1241992.879 两。[②] 由于"又添兵房、窑瓦、城垣加灰，以及增建衙署、置买地基等项"[③]，本来工程已经告竣，发现有赤字，于是上奏乾隆皇帝，最后同意在"绥远城粮饷同知库贮开垦银两暂挪，发给各商匠"，追加了 58194.497 两。[④] 虽然后来修城款项被奏告有浮冒，但全部款项确实来自清政府拨款。

---

① 《清高宗实录》卷一百十六，乾隆五年五月乙巳记载："兵部议覆、绥远城将军伊勒慎奏称、已故将军旺昌，动用官房租银、侵冒匠役名粮、需索属员马匹等贪婪各款，应革职。其应追赃银，交该旗向伊家属按照追缴。至副都统甘国璧、巴兰泰、系协同将军办事之大员，亦各侵冒匠役名粮四分，均应革职。侵冒银两，追缴入官。得旨，甘国璧、巴兰泰俱著革职。余依议。"该事件说明在乾隆五年之前，绥远城的铺面房已经出租，并有一定官房租银，否则，绥远城将军伊勒慎也不会动用管房租银等受到革职处理。

② 军机处录副奏折：奏请增加绥远城工商运价并令王山回京事，乾隆四年六月二十二日，档号：03—0517—009，缩微号：036—0378。

③ 《清高宗实录》卷一百，乾隆四年九月己酉。

④ 军机处录副奏折：奏请增加绥远城工商运价并令王山回京事，乾隆四年六月二十二日，档号：03—0517—009，缩微号：036—0378。

　　清廷商议在归化城附近修建绥远城的时候，城址经过了一系列讨论。终于确定在（归化城）"之东门外地方开阔，紧接旧城筑一新城，周围止须二三里"。① 档案资料中显示，工程告竣后追加的资金中有一项是"置买城基、教场地价"。② 在《光绪朝大清会典》中明确记载："武官之大将军，于衙署外，别设教场、演武厅。"③ 演武厅的位置在绥远城西门外，建自乾隆二年。④

　　乾隆二年官兵已经迁来，后汉军八旗、蒙古八旗军、满洲八旗军陆续入驻。至乾隆二十九年（1764），汉八旗全部出旗迁走，从此后绥远城内主要居住的满八旗和蒙八旗。各级官员和八旗兵都有自己独立的房地产，可以带家属，为驻防兵。表面看，似乎绥远城的官房使用权在八旗军民。事实上，我们从房地产修理项中即可看出，从乾隆二年到民国年初年，绥远城房屋等固定资产的修理权都掌控在清政府手里，即便后来制定借项修理的政策，用官兵的饷银来维持房地产的维修。但绥远城必须履行严格申请和上报程序，城池和官房的修理与否也是绥远城和其所在的山西省官员的基本职责。从权力使用和分配上，也能清晰显示，绥远城房地产使用权也属于国有。

　　这种情况并未维持多久，绥远城兴建之前，全国已经有不少驻防城。而雍正初年，驻防城已允许旗房交易。⑤ 绥远城修建后，在法令允许范围

---

① 军机处录副奏折：稽查归化城军需给事中永泰奏陈筹划归化城久远各条事，乾隆元年四月，档号03—8267—039，缩微号605—0530。

② 军机处录副奏折：奏请增加绥远城工商运价并令王山回京事，乾隆四年六月二十二日，档号：03—0517—009，缩微：036—0378。

③ 光绪《大清会典》卷五八。

④ 朱批奏折：奏为绥远城西门外满营演武厅全行坍塌请旨动项修葺事，道光十年七月十七日，档号04—01—20—0013—043，缩微号：04—01—20—002—0426。

⑤ 在庄灵君的博士论文《清代城市房地交易管理研究》中提到旗房在康熙年间，允许旗内买卖，所用资料是《八旗通志初集》卷十八"土田志一"中"官员、甲兵地亩，不许越界交易，其甲兵本身种地，不许全卖"。来证明旗房也允许买卖，论据有点牵强。但文中引用了张小林《清代北京城区房契研究》（中国社会科学出版社，2000）以及王钟翰《清史续考》（台湾华世出版社，1995）文中的契约，却明确看出，康熙年间，北京城内旗房已经可以旗内买卖。刘小萌在《满族社会与生活》（北京图书馆出版社，1998）一书中有《清代北京旗人房屋的房屋买卖——根据契约文书进行的考察》中亦提出，康熙三十四年，北京内城中无房旗人已有七千之多。但地方驻防城是否如此，不详，或可推测，驻防城内官房也存在买卖。雍正元年，颁布八旗田宅税契令，明确旗民交产合法，本文认为旗房允许买卖的标志时间点应在雍正初年较为慎重。

内，官房已经允许交易。在现有资料中，可以较为清晰地看到在官员控制下的绥远城房屋买卖活动。

第二节　清代绥远城房地产权变化

一　清朝关于驻防城房地产交易的规定及变化

清朝从龙入关，据有北京城。陆续开疆拓土后，清政府在很多地方开始建筑满城，大规模修建兵营，维护统治，城内任何设施都属于军营所有，不允许买卖。但由于携带家属的长期驻防，必然会出现一系列社会问题。在北京城，"旗人置买民房的现象，至迟在康熙初年已经出现"。① 针对这些现象，清廷不断调整统治政策。最初允许旗人内部房产交易。雍正元年，颁发八旗田宅税契令，认为"旗民互相典卖之处无庸议外，至旗下人等典卖房地产，从前俱系白契，所以争讼不休。嗣后应如所请，凡旗下人等典卖房地产，令其左右两翼收税监督处，领取印契，该旗行文户部注册。凡实买实卖者，罩民间例纳税，典者免之。至年满取赎时，将原印契送两翼监督验看销案，准其取赎。倘白契私相授受者，照例治罪，房地产入官"。② 从制度上认可了旗内买卖房产。卖房收税，典房不税。雍正十一年（1733）又规定，"现银认买官房，拆修听其自便，指扣俸饷认买官房，俟价值照数扣完之日，听其拆修"。③《钦定八旗则例》亦说："认买入官房地产给与执照，入官房地产人口，八旗官兵以现银认买者，俟银两交部给发回文后，该旗移咨该翼，给发印信执照。俱报户部存案。毋庸纳税；关于典卖房地产的规定：旗人拖欠银两以所典房地产报抵者，查询原业主限一年内照原价赎回，如愿将俸饷按年坐扣赎回者，亦准其坐扣俸饷赎回。如不愿赎回，将房地产入官变价抵项。"④ 进一步完善了旗内房地产买卖的规定。

尽管清政府多次禁止旗民交产，但屡禁不止。到咸丰二年（1582），

---

① 刘小萌：《从房契文书看清代北京城中的旗民交产》，《历史档案》1996 年第 3 期，第 263 页。
② 《八旗通志初集》卷七十"艺文志一"。
③ 《大清会典事例》卷一一二〇，八旗都统，田宅。
④ 《钦定八旗则例》卷三"孝部户口"。

只好发布上谕："向来旗民交产，例禁甚严，无如日久生弊，或指地借钱，或支使长租，显避交易之名，阴行典卖之实。此项地亩，从前免纳官租，原系体恤旗人生计，今既私相授受，适启青役等人讹诈句串等弊。争讼繁多，未始不由于此。若仍照旧例禁止，殊属有名无实。著照该部所请，除奉天一省旗地盗典盗卖，仍照旧例严行查禁外，嗣后坐落顺天直隶等处旗地，无论老圈自置，亦无论京旗屯居及何项民人，具准互相买卖，照例税契升科。其从前已卖之田，业主售主，均免治罪。"① 同时，清廷又颁布了《变通旗民交产章程》十六条。

至此，旗房买卖全面放开，旗民交产受到法律允许，同时提出房地产买卖，均缴纳房地税。

二　清代绥远城房地产权变化的情况

绥远城房地产权变化基本有两种，一种是房地产使用权发生转移，所有权不变；一种是所有权和使用权都发生变化。房地产权的呈现方式比较复杂，绥远城的房地产变化的类型基本是铺面房、官房、兵房等几种，变化形式则可能是出赁、改修、变价等。我们以房地产变化形式为线索来探讨。

（一）清代绥远城房屋出赁，改修

出赁②的情况比较复杂。我们可以拣选资料来梳理一下。

铺面房。在绥远城修建之时，为了驻防八旗兵的生活，"建置之始，四街市房原有一千五百三十间"。③ 围绕中心四条主街道，修建了1530间铺面房。乾隆三年（1738），这些铺面房就按照建房位置之优劣，分别六等次，每间以一钱至六钱租出。④ 商铺较多，驻防八旗兵有较强的消费，"旗丁隶兵籍，不讲蓄贮，日两餐所需，皆入市取给"。⑤ 促使了乾隆年间

---

① 《大清会典事例》卷一一一九，八旗都统，田宅。
② 关于房租问题，后有讨论。
③ 《绥远通志稿》第2册卷十七，第393页。
④ 朱批奏折：绥远城建威将军补熙等奏白卫绥远城官办商铺变通经营及官房出租根由折，乾隆十三年十一月初四日，《清宫珍藏杀虎口右卫右玉县御批奏折汇编》（中册）97，第549页。
⑤ 《绥远通志稿》第2册卷十七，第399页。

绥远城市场的繁荣:"当日兵民麇集,廛舍栉比,市面繁荣,概可想见。"①
这批修建之初就被定为铺面房用来出租的房地产,所有权归清政府,使用
权则为旗人或民人。清代军机处录副档案中记载"归化城面铺向有一百四
十余座,该商等以绥远城向不纳税,今陆续迁入绥远城者已八十余座"。②
绥远城为驻防满城,因为其不纳税,商民蜂拥而入,甚至归化城的商民也
搬来营业,有的商民则是来自周边的晋陕地区的移民。绥远城铺房出租一
直持续到清朝末年。

房地产出租还有几种特殊形式。《绥远全志》记载:"乾隆二十四年至
三十九年,八旗分管铺后房一百六十六间,变价房十间,实存百五十六
间;裁汰佐领取租房二十四间七分;取租官空闲房七十三间。"③ 取租官空
闲房是指闲置官兵空房,因处僻静地段,每间以七分至三、四钱租出之
房。④ 铺后房、佐领取租房都可以用来出赁取租,铺后房则由八旗各部
管理。

笔帖式衙署共有四所,各十四间;乾隆四年裁汰一所,出赁取租。⑤
这是衙署被用来租赁的情况。

官兵房屋陆续租出三十六间,又翻译教习家属居住房一十四间。⑥

建城之初,兵房 12000 间。乾隆十六年(1751),兵房 156 间出赁取
租⑦,使用权发生转移。

改修改建,转拨。这是绥远城房地产使用权发生转移的其他方式。就
拿铺面房来说,在乾隆二十六年(1761),一千五百三十间铺面房曾"改
修兵房 262 间",使用权发生转移,数量不大,剩余一千二百六十八间。
《绥远城驻防志》里还记载,佐领衙门拨给世职官三所居住,每所二十四

---

① 《绥远通志稿》第 2 册卷十七,第 399 页。
② 军机处录副奏折:乾隆四十一年黄检复查归化城税务透露情形折,转引自张舒、张正明:
《从两则清代档案史料看杀虎口与归化城》,《西口文化论衡》,第 354 页。
③ 《绥远全志》卷五下,第 282 页。
④ 朱批奏折:绥远城建威将军补熙等奏右卫绥远城官办商铺变通经营及官房出租根由折,
乾隆十三年十一月初四日,《清宫珍藏杀虎口右卫右玉县御批奏折汇编》(中册)97,第
555 页。
⑤ 《中国清代营房史料选辑》第四编八旗营房保障,第 554 页。
⑥ 朱批奏折:奏为遵旨陈明绥远城官兵衙署闲空营房估计招商认买等办理情形并余剩房间
数目事。乾隆十五年十月十一日,档号:04—01—20—002—023,缩微号:04—01—20—
001—0624。
⑦ 《绥远城驻防志》(满汉合璧四卷本)卷一,第 5 页。

间，共七十六间①，一所留作官学②。防御衙署拨给世职官云骑尉五所居住，每所十九间，共九十五间。骁骑校衙署拨给世职官恩骑尉二所，每所十四间，共有二十八间。③ 衙署改建兵房的事情也有。④具体改修改建原因不详。

（二）清代绥远城房地产变价

乾隆年间，绥远城就有两次大规模政府组织的兵房衙署等变价事宜，将多余兵房衙署进行交易。两次变价的背景都与绥远城驻防八旗兵变化有直接关系。

1. 乾隆十五年（1750）绥远城第一次大规模房地产变价

变价即变卖。这次房地变价于乾隆十五年开始，乾隆十六年完成。初建后的绥远城驻防处于不断地调整中。最初商议的是"于右卫兵四千内，酌拨三千，并军营所撤家选兵二千，热河鸟枪兵一千"⑤ 共六千人，每人两间，所以绥远城最初修建兵房 12000 间。很快，2000 名京师家选兵和1000 名热河汉军，共 3000 人驻进绥远城。但另外 3000 右卫兵没有来，原因是"右卫驻防兵丁，不宜迁移"，归化城应该"悉行开垦"，待"积谷充裕"，再行从京师调兵。⑥ 显然是绥远城所在地区开垦屯粮不及时。当年，右卫蒙古八旗兵调绥远城 500 人。乾隆六年（1741），绥远城内京师家选兵内开户 400 人。从乾隆六年到十二年，绥远城兵丁共 3900 人。由于"兵丁生齿渐多，粮饷不敷养赡，日久生计愈艰"。⑦乾隆十一年（1746），初时的 2000 名家选兵已经有"领催、前锋、马甲、匠役等共二千四百名"，"十岁以上、渐次成丁者，已有六千四百余名口"。⑧ 这是相当庞大的数字，

---

① 《绥远城驻防志》（满汉合璧四卷本）卷一，第 3~5 页。

② 朱批奏折：题为查明绥远城空闲监督衙署并无公需租赁请估卖官兵为业事，乾隆三十八年十一月初十日，档号：02—01—04—16433—014，缩微号：02—01—04—07—639—0911。

③ 《绥远城驻防志》（满汉合璧四卷本）卷一，第 3~5 页。

④ 军机处录副奏折：议奏将绥远城裁汰衙署改建兵房事，乾隆二十八年八月十一日，档号：03—0517—079，缩微号：036—0558。这件事情主要内容是记载归化营兵事情，因驻守在清朝归化城北的地方，为绿营兵，故放在归化城房地中考察，本文不详录。

⑤ 《清高宗实录》卷九，雍正十三年十二月丙戌。

⑥ 《清高宗实录》卷十六，乾隆元年四月甲戌。

⑦ 《清高宗实录》卷二百八十，乾隆十一年十二月乙丑。

⑧ 《清高宗实录》卷二百八十，乾隆十一年十二月乙丑。

不仅是兵房不够住，粮饷供给也有困难。乾隆十二年（1747），来自京师的家选兵及家属全部出旗，补充绿营兵。当即又从京师补派八旗兵1200人，绥远城内补选500人。这是第一次较大规模的绥远城军事驻防变动。至此，绥远城共有八旗兵3200人，按每人两间的标准，兵房、衙署均有剩余。

这次绥远城房地变价约在乾隆十五年五月就开始了。绥远城将军富昌曾上奏请旨，绥远城大量空闲官房衙署如何处置？就这个问题，绥远城将军和清政府上层是有分歧的。绥远城将军本意是将剩余兵房分给兵丁居住，遭到户部驳饬。清廷要求兵丁有偿认买，兵丁又无力承买，最后决定变价归款（即将房屋交易后，钱款上缴）。这次变价事宜责成山西巡抚全权办理。山西巡抚阿里衮遵旨，随即遴委朔平府知府顾世恒、崞县知县金潢前往，会同归绥道法保，带领绥远城同知勒尔金等去绥远城进行房地评估。评估内容包括官兵房屋"现在闲空若干，据实确估价值，设法招商认买，或应拆料运变，令其酌筹详报，一面将办理缘由先行奏覆"。① 由于原来建筑房屋的费用已经不清，又请"工部将从前报销原册移发，最后查明：绥远城现空衙署五十八所，七檩五檩瓦房土房不等，椽檩木植殊属细小，并无成材大料。内协领衙署二所，计房六十九间，共估银六百七十一两零；佐领衙署十三所，计房三百二十三间，共估银二千四百九十三两三钱零；防御衙署二十三所，计房四百三十七间，共估银二千八百二十三两九钱零；骁骑校衙署二十所，计房屋二百八十间，共估银一千九百九十一两九钱零；兵丁营房计四千七百七十四间，俱五檩土房，木植更属于零星细小，以四间为一连，每间估银五两零，共估银二万四千四百九十六两六钱零。以上衙署营房通共五千八百八十三间，共估银三万二千四百七十六两零，较之从前原估一万九千余两已加增银一万三千余两"。② 招买对象也经过了商讨，"原认之商以无利可获，不能承买，即凡在归绥附近之商亦恐有赔累，畏惧不前"，又怕"附近之人或有垄断居奇情事"。山西巡抚责

① 朱批奏折：奏为遵旨陈明绥远城官兵衙署闲空营房估价招商认买等办理情形并余剩余房间数目事，乾隆十五年十月十一日，档号：04—01—20—0002—023，缩微号：04—01—20—001—0624。
② 朱批奏折：奏为遵旨陈明绥远城官兵衙署闲空营房估价招商认买等办理情形并余剩余房间数目事，乾隆十五年十月十一日，档号：04—01—20—0002—023，缩微号：04—01—20—001—0624。

令"布政使朱一蜚转饬内地州县，晓谕所属地方，如有情愿赴买者，不拘买房拆料，准其承买"。最后，阳曲、太谷、祁县等"王濬等一十四人各情愿认买房间，多寡不等，共计衙署营房五千八百八十三间，已据照现估三万一千四百余两之价全数认买"。并"所有应交房价应定限三个月，令地方官照数解司，俟便搭解部库归款"①。此次绥远城房地变价圆满结束。

综上档案情况可知：首先，清廷对绥远城财政的严格控制。绥远城财政问题由绥远城所在地区山西省地方官统一负责，绥远城将军无权干涉。山西巡抚所派评估官员都是地方官员，并且所卖银两均"定限三个月"，由"各该县速令各户清交"，"兑收司库"②，显示其驻防城的特点，也显示了清廷对驻防城经济的管理模式。其次，绥远城房地的买卖程序是在清廷直接控制下，由山西巡抚委派官员勘查，直接定价招商认买，没有浮动余地，不具有自由交易的状况。虽然采用招标形式，但在招买之前已经定好招买对象和规则。正如山西巡抚所说："该城居民鲜少，买房居住者实系无多，止有拆运变价之法。"③ 显然这些山西商人买房并不自行居住，而是利用拆毁的原材料再次变卖赢利。在《大清会典事例》中提到："山西归绥道所属之归化城、绥远城、和林格尔、萨拉齐、清水河、托克托等处地方，向因各处工程无多，未经定有物料价值则例。"乾隆六十年（1795）才规定"该省查明本地现在物料价值，陆续造册送部，将木植灰石瓦颜料杂料铁斤匠运脚等项，逐款比较，酌中覆定，发交各该省，归入各省物料价值例内，永远遵行"。④ 既然商人可以将所买房屋拆毁转卖，看来价格还是相对较低的。最后，采买对象是山西省内地县里的商人，说明这次招标对象已经实现了旗民交产的模式，只是这种交易是由山西地方政府进行主导。

① 朱批奏折：奏为遵旨陈明绥远城官兵衙署闲空营房估价招商认买等办理情形并余剩余房间数目事，乾隆十五年十月十一日，档号：04—01—20—0002—023，缩微号：04—01—20—001—0624。
② 朱批奏折：奏为遵旨陈明绥远城官兵衙署闲空营房估价招商认买等办理情形并余剩余房间数目事，乾隆十五年十月十一日，档号：04—01—20—0002—023，缩微号：04—01—20—001—0624。
③ 朱批奏折：奏为遵旨陈明绥远城官兵衙署闲空营房估价招商认买等办理情形并余剩余房间数目事，乾隆十五年十月十一日，档号：04—01—20—0002—023，缩微号：04—01—20—001—0624。
④ 《大清会典事例》卷八百七十七，第161页，续修四库全书，影印清光绪石印本。

2. 乾隆三十三年（1768）绥远城第二次大规模房地产变价

乾隆二十九年（1764），清政府和准噶尔的战争基本结束。"准格尔回部等处全已平定，凡边界驻防之处，皆成内地。既毋庸多住兵丁。"[1] 当年驻防绥远城的 1000 名热河兵人数已经翻倍，"所有热河派来驻防归入汉军旗分官员七员，兵丁 430 名；归入满洲旗分官 37 员，兵丁 1669 名"，"官员、兵丁公同扣禀，据情愿调补绿营"。[2]这样，原热河兵全部出旗为绿营兵。第二年，从绥远城内旗兵中又补了 700 名八旗兵，从右卫迁徙过来100 名蒙古八旗兵。乾隆三十三年（1768），又从右卫迁来 700 名旗兵。绥远城内共有 2700 名八旗兵。直到清末，这个兵额数字再无变动。显然，2700 名旗兵入住，绥远城内兵房衙署相比较原来又有剩余。乾隆三十三年六月，绥远城房地产实行第二次大规模变价。

乾隆三十三年（1768），山西巡抚苏尔德上奏请求"绿营官兵空出房屋三千四十三间，奉文估变"。[3] 这次招商认买的时候，"确估共银一万六千七百六十六两零"。但苏尔德提出，尽管估价数值已经确定，但"前项房间系乾隆二年建造，已历三十余载，坐落□□，空出已久，无人修理，再经风裂雨淋墙垣坍塌，柱木糟朽，势必□□差多，若不定为空价召变，将来更费周章"。[4] 空价招变即不预先确定房地售卖总额。提出空价招变，无疑是一个较为大胆的改革。这次变价的有佐领衙门六十所、防御衙署六十所、骁骑校衙署六十所、八旗兵房一千六百六十二间。根据上谕，"其官兵空出官房，亦照前次空出官房之例，变价收贮同知库内；如旗人内有情愿指俸饷购买者，准其购买"。[5] 这次招买对象不受限制，旗人可以用提前支付饷银的方式购买，比乾隆十五年的政策有所放宽。

在档案资料中显示，乾隆三十七年（1772），还有绥远城将军容保将收租房卖给八旗官兵的记录。乾隆三十八年，也曾商议在绥远城内的原副

---

[1] 赵生瑞：《中国清代营房史料选辑》，第 558 页。
[2] 赵生瑞：《中国清代营房史料选辑》，第 558 页。
[3] 军机处录副奏折：奏明估变绥远城官兵空出官房价值缘由事，乾隆三十三年六月二十八日，档号：03—1126—031，缩微号：079—2140。
[4] 军机处录副奏折：奏明估变绥远城官兵空出官房价值缘由事，乾隆三十三年六月二十八日，档号：03—1126—031，缩微号：079—2140。
[5] 赵生瑞：《中国清代营房史料选辑》，第 558 页。

都统衙署改为绥远城收税监督衙署①，但最后未能成行。清代绥远城大规模的房地变价只有乾隆年间这两次，史料未见其他记载。

3. 清乾隆年间绥远城房地产变价意义

这两次房地产变价体现了清政府关于驻防满城的房地产政策。清代的驻防满城是在军事征服过程中，不断修建的，体现了清朝八旗驻防的特点。一般来讲，在乾隆之前修建的驻防满城都依托旧有城堡，在原有城堡中划出一片房地为驻防城。例如北京、广州等。在雍正后期，驻防满城一般都独立于原有城堡或干脆就独立修建，如绥远城、新疆的慧远等。② 这些独立于旧有城堡的满城都是清政府全资修建。随着战争结束，八旗逐渐衰落，原有城堡的驻防职能不断萎缩，向行政为主的城堡转化，而这种转化最主要的表现因素就是房地产权的转移。雍正末年，驻防满城还不允许旗民交产。旗人内部利用饷银购得的房地产也不能独立经营。《绥远旗志》中有这样的记载：八旗官兵等所住房间并无私行租典，每年年终由各旗具结，呈司咨部。③ 说明八旗官兵购买房地产除了自住外，即便作为产业出租使用，也是由八旗统一管理的。乾隆年间绥远城两次房地变价均由民人购得，或住或拆卖。正因为有了先例，清政府出台政策，允许民人购买驻防满城房地。因此，绥远城作为清政府满城一分子，其房地的两次变价无疑也是清政府关于满城房地政策探索的一部分。

这两次房地产变价体现了绥远城及其驻防满城的财政特点。乾隆年间绥远城两次房地产变价是由绥远城所在地山西省政主持完成的。变价事宜由山西主管财政的山西巡抚为首，派遣各县地方官进行评估，制定价格，组织商民招标，所卖银两归入山西地方府库。说明绥远城房地产大规模变卖是官方行为，由地方官员照章办事。绥远城将军无权干涉，体现出绥远城军政大权和财政大权的分离。

这两次房地产变价确定了绥远城房地产交易的模式，开启了绥远城房地产私有化进程。绥远城距离旧城归化城五里，清廷实行严格的旗民分治，直接影响了绥远城房地产变卖。两次变价对象一为旗人，一为民人。

① 朱批奏折：题为查明绥远城空闲监督衙署并无公需租赁请估卖官兵为业事，乾隆三十八年十一月初十日，档号：02—01—04—16433—014，缩微：02—01—04—07—639—0911。

② 黄平：《清代满城兴建与规划建设研究》，第24页。

③ 《绥远旗志》卷五下，第119页。

旗人购买房屋，"准其照估卖给该处官兵为业，所变银两照依定限令粮饷同知坐扣归款"，"按年扣饷"。① 旗人买房主要从每年饷银中扣除。购买房地后，官兵拥有部分房地产权，可以自行居住或统一出赁。民人买旗房多拆毁变料，再次售卖来获利。这就开启了绥远城房地产私有化的进程。无论旗人还是民人，只限于购买房屋，变价后形成的官房地权依然掌握在清廷。事实上，从民国初年制定的《修正绥远城官产清理处简章》看出，官产中包括官房地基、私房地基、铺面地基、园圃地基和空地；房屋有官房、私房、衙署等形式。② 显然，绥远城房屋产权私有化进程有其复杂性。由于房地产变价，绥远城内逐渐形成旗民混住情况，使驻防功能为主的城堡向行政功能为主的城市转化成为可能。房地产变价后，房屋被拆毁变卖，城内空地较多，为以后城市发展预留了空间。

表 6-1 清代绥远城兵丁变化③

单位：人

时 间	入绥远		出绥远			备 注	总 数
	人 数	来 源	人 数	去 向	说 明		
乾隆二年	2000	京师家选兵					3000
	1000	热河汉军					
乾隆二年	500	右卫蒙古旗兵					3500
乾隆六年	400	绥远城内京师家选兵开户					3900
乾隆十二年	1200	京师选派八旗满洲兵	1900	出旗直隶、山西	京师家选兵全部出旗	满蒙汉联合驻防	3200
	500	本驻防余丁	500	靖远营（今和林格尔）			
乾隆二十九年			2117	直隶、山西绿旗	原热河官兵	满蒙	1300

---

① 朱批奏折：题为查明绥远城空闲监督衙署并无公需租赁请估卖官兵为业事，乾隆三十八年十一月初十日，档号：02—01—04—16433—014，缩微号：02—01—04—07—639—0911。

② 《绥远通志稿》第 4 册卷三十四"官产"，第 774~778 页。

③ 《中国清代营房史料选辑》（第四编八旗营房保障，第 558 页）载"山西巡抚苏尔德为绥远、右卫汉军出旗及其原住营房变价事的题本"中记录的数据是"归入汉军旗分官员七员，兵丁四百三十名；归入满洲旗分官三十七员，兵丁一千六百六十九名"与图表乾隆 29 年中的 2117 相比，相差 18 名士兵。

续表

时间	入绥远		出绥远			备注	总数
	人数	来源	人数	去向	说明		
乾隆三十年	700	京师八旗兵内补				原京师900，蒙古兵300，战争所致	2000
	100	右卫蒙古余额兵					
乾隆三十三年	700	右卫（马甲500，步甲150，养育兵50）					2700

（此表根据蒙林的《绥远城驻防八旗源流考》整理）

表 6-2　绥远城房地产变价

兵种	房间数	变价及时间（时间为乾隆年间）									总数
		四年	十六年	二十二年	二十七年	二十八年	二十九年	三十四年	三十五年	三十七年	
副都统衙门2所	54间×2=108				1所	1所					108
协领衙门12所	38间×12=456		1所				1所		5所		266
佐领衙门60所	24间×60=1440		26所					11所	5所		1008
防御衙署60所	19间×60=1140		23所					12所			665
骁骑校衙署60所	14间×60=840		20所					18所			532
笔帖式衙署4所	14间×4=56	1所									14
八旗兵房	12000间		4632间					1662间			6294
仓库大使衙署2所	14间×2+28			1所							14
铺面房	1530间									172间	172
总数		14	6011	14	54	54	38	2406		172	9738

（此表根据《绥远城驻防志》《绥远旗志》《钦定八旗通志》等数据整理，此表中数据与档案中所显示数字稍有不同，原因待考）

第七章　清代绥远城房地产出赁及房租收支

随着绥远城的修建，绥远城房地产租赁就已经开始了。本章以中国第一历史档案馆藏的清代户部题本等档案为主，梳理考察了绥远城房地产租赁的及房租使用的一些情况，有助于了解清代驻防城财政的状况。

第一节　清代绥远城房地产出赁及收入

一　清代绥远城房地产出赁

从乾隆年间修建绥远城开始，房地产租赁就已经纳入议事日程。为了满足驻防旗兵的日常生活需要，在四条中心大街两侧都是用于租赁的铺面房。《绥远旗志》记载："四街八面，一等至六等共千五百三十间，二十六年分改修兵房二百六十二间，三十九年分变价房一百七十二间，实存千九十六间。乾隆二十四年至三十九年，八旗分管铺后房一百六十六间，变价房十间，实存百五十六间。裁汰佐领取租房二十四间，七分取租官空闲房七十三间，以上五项，共应有取租房千三百六十八间，现空房二百间，取租房千一百六十八间，每月纳收银三百五十九两有奇。乾隆十六年起，征收折毁房间、空闲地基、菜园租银，每年约收银二百九两零。"① 从类型上，有铺面房、衙署房、七分取租官空闲房、铺后房等，也有兵房变价取租的。乾隆十六年，兵房用于取租一百五十六间。②

从资料显示，铺面房和衙署官房的出租应该由八旗财政统一管理。《绥远旗志》记载，房地产租银管理是由右司和旗库负责。铺后房由八旗分管，这部分房间并不多，只有一百六十六间。《钦定八旗则例》中规定，八旗用于取租的官房管理实行调旗管理。"镶黄旗官房派正白旗官员管理，

---

① 《绥远全志》卷五下经政略五，第 282 页。
② 《绥远城驻防志》（满汉合璧四卷本）卷一，第 5 页。

正白旗官房派镶黄旗官员管理，镶白旗官房派正蓝旗官员管理，正蓝旗官房派镶白旗官员管理，正黄旗官房派正红旗官员管理，正红旗官房派正黄旗官员管理，镶红旗官房派镶蓝旗官员管理，镶蓝旗官房派镶红旗官员管理，所得房租仍交原领官房之该旗备用。"① 《绥远旗志》记载："八旗官兵等所住房间并无私行租典，每年年终由各旗具结，呈司咨部。"② 说明八旗自住房也有租赁现象，都由右司统一管理。显然，清代绥远城地铺权和房产权是分离的。空闲地基可以出租，任由租户盖房居住和使用。

绥远城居住的商户很多来自归化城。乾隆二十四年的奏折中，绥远城将军把空闲铺房租给归化城商人。③ 乾隆四十一年，山西布政使黄检就归化城漏税情况给清廷的奏折称："归化城面铺向有一百四十余座，该商等以绥远城向不纳税，今陆续迁入绥远城者已八十余座。"④ 为了繁荣商业，绥远城又从山西、河北等地招募了一些汉族工商业者入驻绥远城的东、西、南、北四大干道的1530间迎街铺面房。⑤ 在城西南逐渐形成新的以商号命名的街道，如日盛茂街，聚隆昌街等等，保留至今，足以说明山西商号发展的繁茂状况。

有清一代，绥远城房地产租赁一直在进行。乾隆十五年的一则档案资料中提到，"该城居民鲜少，买房居住者实系无多"。⑥空闲房屋，不是租赁，就是变卖拆毁。虽然出租房的修理有明确规定，但时间久了，房屋毕竟会有较大损害，乾隆三十八年的录副奏折中就提到，（衙署）"并无公项之需，又乏租赁之人"。⑦ 乾隆以后，绥远城内官地，年久浸没⑧，房塌地

---

① 《钦定八旗则例》卷三孝部户口。
② 《绥远旗志》卷五下，第 119 页。
③ 军机处满文月折包：绥远城将军恒禄奏将绥远城空闲铺房租给归化城商人折（满文），乾隆二十四年九月二十八日，档号：1786—021，缩微号：054—2066。
④ 军机处录副奏折：黄检复查归化城税务透漏情形折，转引自张舒，张正明：《从两则清代档案史料看杀虎口与归化城》，《西口文化论衡》，第 354 页。
⑤ 荣盛：《呼和浩特都市居民的多民族化形成及现状》，《中国都市人类学会第一次全国学术讨论会论文集》，1994，第 208 页。
⑥ 朱批奏折：奏为遵旨陈明绥远城官兵衙署闲空营房估价招商认买等办理情形并余剩余房间数目事，乾隆十五年十月十一日，档号：04—01—20—0002—023，缩微号：04—01—20—001—0624。
⑦ 军机处录副奏折：题为查明绥远城空闲监督衙署并无公需租赁请估卖官兵为业事，乾隆三十八年十一月初十日，档号：02—01—04—16433—014，缩微号：02—01—04—07—639—0911。
⑧ 《绥远旗志》卷五下，第 133 页。

芜①，维修也是大问题。尽管维持着租赁局面，租额越来越少。清末时候，贻谷任职绥远城将军，将用于出租的房屋"降等定价"，重新出租，"归入旗库，以济各署办公之需"。②

二　清代绥远城房租银收入

绥远城房租银的收入作为其正项银之外的开支，在绥远城财政中具有重要地位。笔者整理从乾隆年间到宣统三年绥远城奏销四柱清册的数据（见附录D），由于没有看到细册，尚不能直接报出当年房租银收入的具体数额。需要说明的是，绥远城房租银库奏销册中的四柱内容：旧管、新收、开除、实际库贮所显示的不是每年绥远城房租银的具体收入数额，而是房租库中房租银的使用分配情况。这个周期不是以一年为一个循环的。因为，在开除银中，从乾隆年间，或者包含红白赏银，或者包括兵丁补立驼马倒毙的补贴；新收入中，包括兵丁补立驼马补贴的扣还款。这个扣还款，当年借动的银两可以 40 个月扣完。由此，我们不能得知一年的具体房租收入是多少。不过我们可以借助其他资料，《绥远城驻防志》中载：

> 道光四年八月起，至五年正月底止：四街房租银 1756.8；五年二月起，至本年七月底止：房租银 1762.2，二共银 3519 两。四年八月起，至五年七月底止：共放过赏银 4549 两。红事 6 两，一百八十六件，银1116 两；红事三两，五十五件，银 165 两。白事八两，三百一十一件，银 2488 两；（白事）六两，一百三十件，银 780 两。四共六百八十二件。四共银 4549 两。铺后房租银（退租银三两）396 两（每月 33 两）；关闭当铺房租银 52.8（每月 4.4 两）；七分房租银 49.56 两（每月 4.13两）；裁汰佐领衔署房租银 92.4 两（每月 7.7 两）；菜园租银 6 两（一块 0.16 两）；地基租银 201.928 两。以上共收银 4832.648 两。③

《绥远城驻防志》的写作蓝本应该是当年的档案奏册等④，上述记载，

---

① 军机处录副奏片：绥远城将军堃岫奏为各庙祭祀折差脚价以及各处贴补公费请由房租项下作正开销事，宣统三年七月初二日，档号：03—7519—003，缩微号：559—1571。
② 《绥远旗志》卷五下，第 133 页。
③ 《绥远城驻防志》（满汉合璧四卷本）卷二，第 58 页。
④ 根据所看到的档案资料和《绥远城驻防志》相对照，能明显感到《绥远城驻防志》的内容源于绥远城和清廷折本往来，故有此说。

可能就是道光四年八月底止到道光五年七月底止，绥远城房租银奏销册中细册的内容。可以看出，四街房租银 3519 两、铺后房租银（退租银三两）396 两、关闭当铺房租银 52.8、七分房租银 49.56、裁汰佐领衙署房租银 92.4、菜园租银 6 两、地基租银 201.928 两，总计 4317.69 两。应该就是道光四年八月到道光五年七月底一年的房租银。宣统三年（1911）的一份录副奏折也提到："溯查初定，每年经征绥远城四街铺房租以及空闲地基银，四千四百五十六两八钱四分七厘四毫六丝。"① 房租银的实际收入基本上维持 4000 两左右，并持逐渐下降的趋势。清末，贻谷将军在任时，"绥远城内官地，年久浸没，租额不敷"。② 实际上，光绪三年，房租银的收入已经入不敷出。"除照章开支外，剩余房租不过百两上下"。③ 将军庆春"奏准由赏恤余存项下提银八千两，发商生息，每年所得利银九百六十两，拨入余剩房租项下，仍旧作为盘费之需，按年报销尽数用完"。④ 意味着，光绪三年以后，我们在附录 D 中看到的实际数额中，已经有每年 960 两利息银充入。表面原因是"房塌地芜"⑤，其实隐含的原因是绥远城开支增大。人口激增，而披甲之士数额不变，也就是国家所给的实际饷银不增，甚至一再收缩，减成发放。作为正项之外的一项收入，房租银收入却在逐年减少。以至于过去可以大做文章，甚至充饷银和做当铺本金，到清末连基本的日常公费开支都不能满足。绥远城的财政状况变化可想而知。

第二节 清代绥远城房地产租银的支出

绥远城房地产租银的收入、支出、核销及管理，可以直接反映绥远城房地产租赁状况及变化，同时也可以直接体现绥远城地方财政收支情况。

---

① 军机处录副奏片：绥远城将军堃岫奏为各庙祭祀折差脚价以及各处贴补公费请由房租项下作正开销事，宣统三年七月初二日，档号：03—7519—003，缩微号：559—1571。
② 《绥远旗志》卷五下，第 133 页。
③ 军机处录副奏折：绥远城将军堃岫奏为各庙祭祀折差脚价以及各处贴补公费请由房租项下作正开销事，宣统三年七月初二日，档号：03—7519—003，缩微号：559—1571。
④ 军机处录副奏折：绥远城将军堃岫奏为各庙祭祀折差脚价以及各处贴补公费请由房租项下作正开销事，宣统三年七月初二日，档号：03—7519—003，缩微号：559—1571。
⑤ 军机处录副奏折：绥远城将军堃岫奏为各庙祭祀折差脚价以及各处贴补公费请由房租项下作正开销事，宣统三年七月初二日，档号：03—7519—003，缩微号：559—1571。

根据梳理中国第一历史档案馆中户部题本等资料发现：乾隆年间，是绥远城房地产租银支出项目不断调整的时期。在此之后，基本上确定了房租银作为绥远城地方财政收入的主体，形成较为固定的支出项目。

一　公费银的支出及变化

清朝对地方财政和八旗财政的管理是非常严格的。实行严格的四柱清册上报核销制度。清初上报的房租收支情况数目通常都精确以两、钱、分、厘、毫、丝、忽、微来计算。绥远城的公费银项目比较多。绥远城的基本机构主要就是将军衙署，以及下层的协领署、佐领署等。这些机构的基本支出是由官员俸禄和养廉银来提供的，极个别年份，将军衙署地维修曾使用地租银、房租银等项目。而其心红纸笔钱等公用银，则出自绥远城理事同知库的兵饷银支出。[①] 除此之外的机构，就有印房、左右司、官学等办公机构，这些机构的办公支出一般出自房地产租银。较早出现户部核销房租银的档案是乾隆十五年七月底，户部对其核销的记录中，基本支出就是公费银，也叫公用银。公费银中包括"印房等处纸笔煤炭，笔帖式养廉，各庙公费，并致祭演炮等项银一千八十九两五钱八分二厘二毫零；又给各同知、通判衙门、清字蒙古帖写并蒙古满汉教习翻译、学生公费银三百十八两一钱八分八厘二毫零"。[②] 印房等机构是绥远城城中驻防八旗的办事机构，"左司所职，即吏、刑、兵也；右司所隶，则户、礼、工也"，由两个八旗协领负责，另外三个协领，分别负责旗库、前锋营、印房。[③] 同知，通判等是山西省延伸到此的机构，属归绥道的管理。绥远城中由绥远城理事同知负责八旗兵饷，以及八旗和地方交涉事务中汉民的管理。[④] 还有归化城厅同知，萨拉齐厅、清水河厅等初设通判。在行政归属上，同知和通判属于归绥道直接管理。满、蒙古学堂等事务，属于绥远城印房礼

---

① 《绥远城驻防志》（满汉合璧本）卷四"新红纸笔"，第99页。
② 户部题本：题为遵旨会议绥远城右卫二处乾隆十四年八月至十五年七月支存剩房租银两核销事，乾隆十六年二月初九日，档号：02—01—04—14510—012，缩微号：02—01—04—07—269—2248。
③ 《绥远旗志》卷五下，第115页。
④ 土左旗档案馆档案：详证验讯过归厅回民张三子被旗人魁淋等劈死一案供情书册，光绪二十四年八月，全宗号：80—4—591。此处的土左旗档案只作为一个案例来说明绥远城理事同知不但负担绥远城财政问题，同时负责绥远城满民之间的司法问题。

政，隶属右司。^① 这些公费支出是绥远城房租银支出的主要项目，这项支出一直持续到清朝末年。

公费银支出变化只有一次。就是咸丰十年（1861）左右，印房等处纸笔煤炭、笔帖式养廉，被允许减三成支给^②，即国家负担70%，剩余的30%由绥远城自行负担。以道光年间的左司公费银是131两，右司公费银是134两，印房公费银是97两。^③ 总数362两。国家只允许报销七成，253两。显然，这是国家对地方财政的一种控制和管理手段。而在召庙等公费银支出中，共十一庙香灯银则"免其减成"。从开始减成支出后，房租银核销册档案中，再没有出现同知、通判衙门、清字蒙古帖写、蒙古满汉教习翻译、学生公费银等项目支出。这笔支出转向哪里不清楚。

值得一提的是，在光绪年间，绥远城有一次希望扩大支出的举措，受到清廷制止。在核销册中，户部官员曾提到："光绪十二年（1886）查前项给过纸笔煤炭公费饭食等银虽系应支之项，惟印房及左右司加增纸笔银两一款，查阅原案，系因该处一时物价昂贵，暂行准添之款，并咨令俟物价平减即照原额支销，以归节省等因在案。当此库储支绌内外艰窘，况房租数有定额，自应力加裁减，应令该将军自光绪十四年起题销房租，务将前项加增银两概行删除。"^④ 因为物价上涨，绥远城主动增加了一部分公用开支，并且在下一年，继续保留这项扩大了开支，引起了户部的震怒："乃该将军年复一年视为定例常支，当此库款支绌，岂容漫无限制！前经臣部于上届题销案内声明，'今自光绪十四年起，将加增银两概行删除，'乃此次题销案内仍行开支，殊属不合，应仍令遵照上届销案，自光绪十四年起将所有印房加增银两一并删除，以重库储。"^⑤ 公用银增加事项没有被批准。此后的核销册中再没有出现此类情况。从这个往来的核销册中的提

① 《绥远旗志》卷五下，第115页。

② 户部题本：题为遵核绥远城将军题销绥远城右卫二处咸丰九年八月起一年房租银两动存数目事，咸丰十一年十一月二十七日，档号：02—01—04—21696—002；缩微号：02—01—04—10—060—0502。

③ 《绥远城驻防志》卷二，第58页。

④ 户部题本：题为遵旨核销光绪十一年八月起一年绥远城右卫二处房租动存数目事，光绪十五年三月十七日，档号：02—01—04—22438—009；缩微号：02—01—04—12—124—1970。

⑤ 户部题本：题为遵旨核销绥远城右卫二处光绪十三年八月起一年房租银两动存数目事，光绪十五年十月初三日，档号：02—01—04—22439—008；缩微号：02—01—04—12—125—0010。

法，反映两种情况：首先，清廷财政极度困难，这是事实；其次，绥远城地方财政意欲扩大支出数额。中央和地方在财政使用权上有过一个回合的较量。表面上，绥远城提升公用银，扩大房地产租银的试探宣告失败。

清初到光绪末年，公费银支出没有大幅度变化，总体则呈下降趋势。而绥远城八旗主要官方机构的公费支出都出自房地产租银，房地产租银收入可以视为八旗地方财政的主要内容。

二　红白事赏银的支出及结束

房租银作为绥远城八旗财政的基本收入项目，经常被挪用和支出，红白事赏银的支出就是其中一项。清初以来，逐渐建立了比较完善的官兵赏恤制度。士兵阵亡及遇有红白事件，要赏给银两。纵观史料，房租银内支出红白事赏银，基本是临时暂借，陆续归款或扣还的。

乾隆十五年（1750），户部核销的绥远城房租银内，第一次出现了红白事赏银的支出。户部大臣在核销时，提出"前项动给兵丁红白事银两，该城生息利银款内向据开报有动支银款，其因何复于房租银内动给之处，册内未据声明"①的质疑，显然，之前的红白事赏银的支出来自绥远城当铺生息银。绥远城将军在下一年的奏销册中，做了说明："因滋生利银不敷，遵照原议，在于房租银内动给在案。"②这个"遵照原议"的具体内容不详，结果就是利银不够支付兵丁红白事赏银，所以在房租银内支出。这是实实在在的支出，没有归还的记载。

康熙年间，清廷为了增加驻防八旗收入，曾允许地方用当铺来生息银两，但实施过程中出现了地方财政不受清廷控制的趋向。乾隆三十二年（1767）正式颁布上谕，停止多年来利用生息银两为八旗官兵谋福利的举措。③在乾隆二十九年、乾隆三十年、乾隆三十一年中，绥远城房地产租银中，还有为承恩当充本银的记载。乾隆二十九年的户部核销册显示，当年充值承恩当本银 10300 两，数目不算小。乾隆三十年为其充值 3500 两。

---

① 户部题本：题为遵旨会议绥远城右卫二处乾隆十四年八月至十五年七月支存剩房租银两核销事，乾隆十六年二月初九日，档号：02—01—04—14510—012，缩微号：02—01—04—07—269—2248。

② 户部题本：题为遵旨察核绥远城右卫二处乾隆十六年八月至十七年七月收支存剩房租银数事，乾隆十八年三月二十四日，档号：02—01—04—14666—010，缩微号：02—01—04—07—301—0592。

③ 郭春芳：《康雍乾三朝八旗官兵赏恤制度》，《满族研究》2006 年第 3 期，第 41 页。

乾隆三十一年，提出有充本银两支出，没有显示具体数额。[①] 三十二年之后，绥远城的房租银内再也没有为承恩当充本银的记录，显然这是临时之举。在录副奏折中也有关于绥远城停止生息银两的记载。[②] 这一时段，房租银中依然有红白事赏银支出，为此，户部官员曾质疑绥远城将军："查红白事赏银经军机处奏准在于滋生银两项内动给，如有不敷，将绥远城官房租银添补在案。自应遵照原奏，先尽滋生银两放完，再行动用房租，且该将军报销二十九年三月起至三十年三月底止共收利银三千二百余两，其红白赏银并据咨报每年约需银二千余两，系在原设官兵三千余名之时，今现在只存官兵二千余名，官兵既少，红白赏项自愿随之而减，计生息银两除放赏外，尚有余剩，因何又动支房租银一千四十八两？疏册内未据声叙，应令该将军查明报部，并令嗣后将每月所出红白事若干件，动支何款银两，赏给之处，先行按季造具细册送部备查。"这件事的结果不得而知，显然，尽管承恩当有利银，在乾隆三十年的时候，红白事赏，依然在绥远城房租银内支出。

乾隆帝停止生息银两作为八旗福利手段后，又提出绥远城的红白事赏银支出由山西藩库中存剩的裁扣绿营公粮银中扣留。"每年酌给银一千六百两，今绥远城同知按春秋二季赴司请领官兵俸饷时，顺便赴领"，同意绥远城将军的意见，"兵丁遇有红白事急需银两，或因藩库之银一时解领不及，应请于房租银内暂行借给，俟领到藩库裁扣银两之日即行归款"。[③] 此后，绥远城房租银内红白事赏银支出为借动形式，不是放赏，需要按期归还。但后期记录却显示，每年向房租银内还款数额不尽相同，支出却是飞增，令人费解。乾隆三十一年至三十四年，房租银内没有红白事赏的支出。但乾隆三十六年七月底核销册中显示是 1157 两，其他年份保持在 2000～3000 两，道光五年（1825）的核销记录竟然高达 4549 两，领取藩库所给的 1600 两，还欠 2949 两。由此看来，清廷每年同意支出的 1600 两，是根本不够使用的，房租银事实上还在承担兵丁的红白事赏银。

① 乾隆二十九年、乾隆三十年的数额，是根据户部核册的具体项目看到的，但乾隆三十一年，仅看到绥远城将军上奏的核销册，不是户部的具体核销册，显示只有生息银支出，没有具体数额。

② 军机处录副奏折：奏复绥远城右卫二处停止生息银两事，乾隆三十三年三月二十二日，档号：03—0500—051，缩微号：034—2470。

③ 户部题本：题为遵旨查核绥远城右卫乾隆三十四年至三十五年房租银两事，乾隆三十六年三月初六日，档号：02—01—04—16256—014，缩微号：02—01—04—07—603—2489。

道光十五年（1835），荆州驻防将军庆山奏请，由于满洲兵丁"生齿日繁，户口日增，红白事赏项不敷支放"，要求增加赏银。这倒也间接解释了上文的疑虑，清政府对红白事赏银进一步调整，户部和兵部合议商定："各省驻防兵丁红白事赏银，各按该省定例银数，分为四季支领，一季之内，红白事多少，银两酌定成数，按两均匀核计。"① 原来是按照兵丁级别，红事、白事各有定数。经过重新调整后，绥远城红白赏银总数控制在每年只有 1600 两，四个季度平均分配。核销项目也就只允许核销 1600 两。这就避免了地方官员多报销用于营私的可能。绥远城房租银核销册中，也直接显示，道光十三年七月底的核销数额中，红白事赏只有 400 两收入房租银内。此后，房租银内不再有红白事赏的支出。② 从这一系列变化，我们可以推测，清初，由于战事频繁，士兵多有死伤，红白赏银地位很重要。以后战事基本平息，红白赏银不过是兵士的福利，地位渐次下降；地方财政又有据此营私舞弊之嫌疑，于是清廷断然定额，规定地方在定额内均摊红白赏银。这样，绥远城房租银内自然也就停止了这个项目的支出。

三　充饷银的支出及说明问题

绥远城驻防兵的饷银支出和官员的俸银支出均在山西府库，属于国家财政拨款。在绥远城修筑的当年，山西省政已经在绥远城设立粮饷理事同知一职，专门负责绥远城兵的饷银收支。饷银出自绥远城周边的厅，如归化厅等，由周边土地开垦起科来承担。归化城厅同知等将赋税征收后交入绥远城理事同知库，用于饷银支出，实行严格的四柱清册核销制度，奏报给清廷。绥远城从乾隆初年修筑既有官房出租，这笔收入一直是一个值得关注的事情。乾隆初年，很多临时支出都出自此。比如说官员士兵骨殖回京、修理城墙衙署、临时买马等，在乾隆二十年的房租核销账册中，房租银库储已经高达 19000 多两。乾隆二十四年，房租银中支出 10000 两交入

---

① 《绥远城驻防志》（满汉合璧四卷本）卷二，第 46 页。
② 据《绥远城驻防志》显示，道光十五年十一月初十日。绥远城前任将军彦德等奏准：动拨厅库余存牧厂地租二万两，发商生息，每年所得利银二千四百两，内除去支出蒙古卡伦盘费和交粮饷厅库归款外，其余仍旧用于兵丁红白赏银，照旧例八两、六两、二两添补支放兵丁赏需银两。从这件事可以看出，每年 1600 两的山西藩库拨款，显然不敷，绥远城将军做了变通，仍旧按照原来支出额度发放。清廷为了甩掉包袱，地方财政不得不负担此项，以满足兵丁需要。当然也包括绥远城扩大八旗财政支出的举措。

山西藩库，用于公费开支。① 但在乾隆二十九年开始到乾隆四十六年②，上报的房租银户部核销册中，有充饷银一项。乾隆二十九年一次性充饷银10000 两，以后每年都有不等数额支出。

房租银中支出饷银，说明原有饷银不敷。而乾隆三十三年，停止绥远城生息银两的时候也提到，归化城的房租银也用于"充饷之项"。③ 何以这段时间，兵饷银激增。检阅资料发现，绥远城驻防兵丁人数最多时是乾隆六年左右，达 3900 人，其中一部分是汉兵。到乾隆二十九年为止，汉兵及京师家选兵全部出旗为绿营兵。以后绥远城成为满蒙八旗驻防的满城，定额 2700 人。史家认为，这个出旗的变化是为了日益繁衍的八旗人口而进行的举措。而在这个阶段，尽管兵丁人数只有 2700 人，但出现土地起科入不敷出现象，主要原因可能是八旗满兵的饷银和待遇要高出绿营兵的规制。

四　补立驼马倒毙银支出及变化

清廷和准噶尔部的战争时断时续，持续到乾隆中期。八旗驻防兵除了武器之外，都配备有马匹或者骆驼，以备战争所需。乾隆二十四年（1759），绥远城将军保德奏准朝廷："兵丁驼只遇有倒毙，每只借银二十两，如遇有更换驼只，每只借银十五两，倒毙马一匹，借银十两，更换马一匹，借银七两。作为四十个月扣还。"得到清廷批准，是为补立驼马倒毙银。这项规定的支出是在房租银中，乾隆二十五年的户部核销册里，就已经出现了 4420 两补立驼马倒闭的银两。这项支出之前，房租银每年支出只有公用银和士兵红白事两项，每年的实际库存都在万元以上，甚至近两万元。在此基础上，绥远城将军提出动用这笔开支，用于士兵的驼马倒毙补立银。作为借动（即借款，不是赏银），40 个月内，从士兵饷银中扣还。从房租银中显示的数据来看，从乾隆二十四年（1759）到宣统二年

---

① 户部题本：题为遵旨察核绥远城右卫二处房租银两自乾隆二十三年八月至二十四年七月止收支数目事，乾隆二十五年二月初四日，档号：02—01—04—15305—011；缩微号：02—01—04—07—438—0010。

② 目前没有看到乾隆四十六至五十二年户部核销房租银的资料，所以不能说明乾隆四十六年以后，房租银中是不是仍然饷银支出，可以知道的是，乾隆四十九年以后，房租银的剩余都用于兵士修理军器堆拔等开支，并尽数用完。而乾隆五十二年以后资料显示，房租银内没有饷银支出了。

③ 军机处录副奏折：奏复绥远城右卫二处停止生息银两事，乾隆三十三年三月二十二日，档号：03—0500—051，缩微号：034—2470。

（1912）的 150 多年的历史中，士兵的驼马补立银两均出于绥远城房租收入。借动数额呈曲线，乾隆末年到嘉庆年间呈现逐渐增高态势，最多支出为 8243 两，以后逐渐降低。清朝末年，维持在 3000 多两左右。资料中，光绪二十一年（1895），补立驼马支出是 3678 两，连旧欠未还共 5782.1 两；光绪二十二年，补立驼马支出 3220 两，连旧欠未还共 5594.2 两；可以明晓，房租银中这笔借动支出，怕是永远没有还清之日，是绥远城再一次向清廷争取扩大开支的一种手段。

五　修理军械银支出及说明问题

乾隆四十九年（1784），绥远城将军积福奏准朝廷，将上一年房地产租银全部盈余用于下一年兵丁修理军械、堆拔、盘费，尽数用完，获得批准。① 从乾隆年间到清末，房租银收入中，除去借动兵丁补立驼马、红白事赏、公用银等项目外，其他全部用于修理军器、堆拔和兵丁盘费开支等项。由于房塌地芜，房地产租银入不敷出。光绪三年后，不得不从赏恤余存项下拨款，发商生息，得利银九百六十两，来补贴到房地产银支出项目里。② 但报给户部的核销册中，甚至在清末，房地产租银余额还显示有近千两。到宣统三年（1911），这个秘密才由绥远城将军堃岫揭示出来。

房屋是消耗品，总有毁坏坍塌之时。房子不一定能顺利的全部出租。由此，房地产租银收入呈下降趋势，而支出却是变化，甚至增长的。从此意义来说，绥远城八旗财政，在乾隆年间就已经预示了衰败之象。

小　结

绥远城房租银支出变化的重要时段是在乾隆年间，经过多次调整，基本确立了以后房租银的支出项目。除个别时期有所调整，再无太大变化。

通过考察绥远城房租银核销册来看，房租银总数呈逐渐下降趋势，支出多于收入。事实上，绥远城房租银的支出早已入不敷出。实际库储银从乾隆初年的近两万两，到清末下降到不足一千两。乾隆二十九年可以视为一个分水岭。之前，房租银支出中只有公费银一项，没有固定大额支出，库储都在万两以上。乾隆二十九年后，承恩当生息、充饷银支出等几次大

---

① 《绥远城驻防志》（满汉合璧四卷本）卷二，第 44 页。
② 军机处录副奏折：绥远城将军堃岫奏为各庙祭祀折差脚价以及各处贴补公费请由房租项下作正开销事，宣统三年七月初二日，档号：03—7519—003，缩微：559—1571。

规模提款，每次都在万两左右。之后的房租银支出和收入相比较可以看出，每年的支出和收入，大体持平。很多年份的支出大于收入，必然使房租银实际库储逐渐下降，乾隆四十九年，绥远城将军又奏准上一年所有剩余房租银全部用于下一年修理军器堆拔等设施。综合来看，支出已经大于收入，原来仅有的历年剩余库存又全部用于下一年，绥远城地方财政的主要收入——房租银最终的命运肯定是入不敷出。

事实上，光绪初年，房租银已经赤字。宣统二年国家所作财政预算中，绥远城的盘费等被全部裁掉，迫使绥远城将军堃岫终于道出绥远城地方财政的实情。"溯查初定，每年经征绥远城四街铺房租以及空闲地基银，四千四百五十六两八钱四分七厘四毫六丝。除照定章开销各项公用外，每年余剩房租银二千余两。照案拨出，尽数作为官兵出差盘费，并修补军械堆拔之用。彼时以一半贴补正项之不敷，以一半归于盘费实用。嗣因房塌地芜，每年所征租银渐次递减，至光绪三年以后每年少收银二千两零。除照章开支外，剩余房租不过百两上下，以至办公竭蹙。"公用银包括办公支出和各庙祭祀两大项目。此时的办公费用："绥远城左、右司、印房、旗库四处，每处通年原定办公纸笔烧燃经费，除去扣减成平外，多者八九十两，实系不敷。每处定以贴补银四十两，一年共计银一百六十两以上。"祭祀各庙用银更费，"春秋致祭各庙太牢大祭，每次应用祭牛猪羊，并帛酒供品等项，仅领例价银六两九钱三分。按照时价，必须实用银五十余两。大祭如此，小祭可以类推，一年共计贴补各庙祭品银四百余两，又折差赢脚价每次例银十一两，以往返脚价路费实用银六十二两。一年折差以十次预算，除例价外，尚须贴补五百两有奇"。① 那每次的补贴费用从哪里来呢？"前任将军庆春奏准由赏恤余存项下提银八千两，发商生息，每年所得利银九百六十两，拨入余剩房租项下，仍旧作为盘费之需，按年报销尽数用完。"从此看出，光绪三年时绥远城的房租银已经入不敷出。我们从户部奏销册中，看到的数字已经是经过生息银贴补后的情况。正如堃岫所说"每任碍于例案，仍旧造报，行之已久"。② 如果不是国家作新的预算，对其财政进行裁夺，这种状况恐怕还不为人所知。

---

① 军机处录副奏折：绥远城将军堃岫奏为各庙祭祀折差脚价以及各处贴补公费请由房租项下作正开销事，宣统三年七月初二日，档号：03—7519—003，缩微号：559—1571。

② 军机处录副奏折：绥远城将军堃岫奏为各庙祭祀折差脚价以及各处贴补公费请由房租项下作正开销事，宣统三年七月初二日，档号：03—7519—003，缩微号：559—1571。

房租银作为绥远城八旗财政的主要部分,尽管数额不大,但是承担内容不少。房租银入不敷出,并由赏恤银中贴补。可以看出,绥远城财政东墙西补,漏洞百出,几近崩溃,这也是清末八旗命运的缩影。

第三节　清代绥远城房地产租银奏销制度及变化

从乾隆年间开始,绥远城房地产租银作为绥远城住房八旗自身的财政收入,不纳入山西财政府库,由绥远城右司协领一员主要管理,并受旗库协领牵制。这是符合清政府的财政管理的。尽管如此,清政府对整个绥远城的财政收支状况控制的力度一直保持比较稳健的作风,每年向户部的奏核销制度非常严格。

一　清代绥远城财政体系

绥远城将军是清廷武一品大员,地位高于归化城土默特副都统和归绥道尹,甚至高于山西巡抚。他行使整个归化城土默特地区的军政大权,还可以调动宣府大同的军队,也享有部分行政权力,权力范围极为广泛。土默特地区的灾荒情况都由绥远城将军上奏,地方司法事件中也可以看到绥远城将军的影子。但绥远城内部的财政制度是分离的。定宜庄女士在其《清代八旗驻防研究》中有过一段精辟论述:"从顺治朝开始,驻防八旗的财权就是分离的,财权归驻防八旗所在的地方财政管理,既体现清政府的旗民分治,又使将军和地方官员互相牵制。"[1] 绥远城八旗驻防亦是如此。乾隆二年开始修建绥远城,山西省政就已经下设粮饷理事同知厅,驻绥远城。由绥远城粮饷理事同知管理、负责开垦周边土地,供应绥远城官兵的粮饷银。[2] 同时负责和汉民交往事宜,如司法程序中汉民的事情。再有就是绥远城城墙、官房的维修等。[3] 绥远城民政事务基本都由山西抚政下派

---

① 定宜庄:《清代八旗驻防研究》,第 134~136 页。

② 军机处录副奏折:奏请增加绥远城工商运价并令王山回京事,乾隆四年六月二十二日,档号:03—0517—009,缩微号:036—0378。

③ 军机处录副奏折:山西巡抚成宁奏为修理绥远城垣事,嘉庆十三年五月二十五日,档号:03—1724—046,缩微号:121--1237;朱批奏折:奏为绥远城垣坍损请借项兴修事,嘉庆二十四年闰四月二十三日,档号:04-01-37-0075-024,缩微号:04-01-37-003-1007;军机处录副奏折:奏为借款兴修绥远城工事,道光二十九年九月初三日,档号:03—3646—017,缩微号:252—0512。

的绥远城粮饷理事同知负责。因为征收粮草赋税，也就有绥远城理事同知库。通常是归化城厅同知、通判等征收赋税或课税，然后按数额交到绥远城粮饷理事同知厅，储存在盈宁库中，用来发放八旗官兵俸饷银和粮草、马乾等。① 在归化城土默特之地，设有归绥道管理各厅。一则奏折一语道破归绥道和绥远城理事同知的关系："前议归绥道移驻绥远城，原为管辖绥远仓库起见，今经部议，仓库仍归同知经管，该道不过监收监放，应毋庸移驻。"② 本想将归绥道移驻绥远城，意义不大，不过是"监收监放"的作用。显然，绥远城将军不愿意将隶属山西省的归绥道放置在自家门口。绥远城理事同知驻绥远城，但主要归山西抚政管理。那么他们这些机构如何处理财务问题呢？试举一个例子来看。乾隆十五年，由于一部分兵丁出旗，绥远城出现部分空闲衙署营房，准备估价招商认买，当时的山西巡抚就考察情况向乾隆帝做出说明。

史料 7-1：奏为遵旨陈明绥远城官兵衙署闲空营房估价招商认买等办理情形并余剩余房间数目事③

奏。臣阿里衮谨奏为钦奉上谕事。乾隆十五年五月十七日，承准大学士公傅恒、大学士来保字寄内开乾隆十五年五月十二日奉上谕：将军富昌等请将绥远城空闲房屋分给兵丁居住等因一折。经军机大臣会同该部议驳，并交与该将军、巡抚处实增估题报。朕已降旨，依议。此项房屋前经该部议令，该将军等变价归款，该将军等转饬属员召卖，而属员又已无人承买为辞，此次经部驳饬，该管官员又不过出示行文，往返延搁，势必致官房日就倾圮，变价逾难，着交巡抚阿里衮将如何处实增估变价速行妥协办理之处，具折奏闻，钦此。遵旨寄信前来，臣钦遵谕旨，随即遣委朔平府知府顾世恒、崞县知县金潢前往，会同归绥道法保，带领绥远城同知勒尔金等，将前项官兵房屋逐一查明现在闲空若干，据实确估价值，设法招商认买，或应拆料运

① 《绥远旗志》卷五下，第 138 页。
② 军机处录副奏折：议奏将绥远城裁汰衙署改建兵房事，乾隆二十八年八月十一日，档号：03—0517—079，缩微号：036—0558。
③ 朱批奏折：奏为遵旨陈明绥远城官兵衙署闲空营房估价招商认买等办理情形并余剩余房间数目事，乾隆十五年十月十一日，档号：04—01—20—0002—023，缩微号：04—01—20—001—0624。

变，令其酌筹详报，一面将办理缘由先行奏覆在案。嗣因原建房屋当时实费几何，臣与将军衙门俱无案可稽。复经咨请工部将从前报销原册移发查核亦在案。旋据该委员顾世衡等禀称查勘，得绥远城现空衙署……就现在应变房五千八百八十三间……若照原费之数变价办理实属艰难。况查当日报销原册工部曾以开报未协驳查，尚未妥造，即经前往将军臣补熙将原经手建造之王山参奏工程草率浮冒，应追，旋因王山家产报尽，免其造册在案。则是报销原册所开之费似属未足为凭，而所造房屋既系草率浮冒于前，复经历年久远之后，更难多增价值，兹据委员顾世衡等会同归绥道法保等据实确估，较前加增银一万三千余两，实系照时估值，委无短少。王濬等既情愿照估认买，所有应交房价应定限三个月，令地方官照数解司，俟便搭解部库归款。……再奉部咨查，将军富昌奏报余剩官兵房屋间数与前任将军补熙开报之数因何不符之处，臣咨据将军富昌覆称……合并声明，谨奏。

朱批：知道了。乾隆十五年十月十一日

这段史料反映出，乾隆年间，绥远城将军上奏折要求处理空闲衙署营房。但整个事件的处理都是山西巡抚阿里衮运作的，派遣考察的官员亦是其下属的朔平府知府、崞县知县、归绥道法保以及绥远城同知。绥远城将军及其下属协领等均不参与此事。处理意见则知会绥远城将军后，上报户部。乾隆年间到清朝末年，绥远城内的俸饷银和民事事件，均归绥远城同知负责，尤其是财政收支分配。尽管绥远城将军级别高于巡抚，但不允许其过多干预。

但绥远城驻防八旗官员和兵丁还有一套相对独立的财政收支体系。定宜庄女士认为，驻防八旗拥有一定财权源自康熙年间的生息银制度。[1]《绥远旗志》记载：

绥城惟将军握金印，协领则有关防，佐领图记而已。协领关防颁自乾隆二年右卫将军王昌移镇之始，奏定绥远驻防设左、右二司，由礼部颁给关防。左司所职，即吏、刑、兵也；右司所隶则户、礼、工也；由协领择委二人，其三协领，曰管理旗库，分户、工之任也；曰

---

① 定宜庄：《清代八旗驻防研究》，第135页。

管理前锋营，分兵、刑之一事也；曰印房，并吏、礼事而分之者也。综六而二，折二为五，又融三于六，条理井然。①

这是绥远城八旗驻防的整个管理体制。管理机构有旗库、前锋营、印房、左、右司，以绥远城将军为首，左右司辅之，五协领各司其职。涉及财政问题较多的，就是右司和旗库。右司负责本城的财政大权，包括盐政、生息银两、俸饷银、米石、马乾、折色、红白赏、马价银、房租银公用银、兵丁补立倒毙驼马银、地租银、卡伦盘费、坟地、仓储等。②右司管理的事务里，包括绥远城理事同知的权限范围，双方是有交叉的。从级别上，负责右司事务的协领为从三品，理事同知为正五品。但主要的问题是，绥远城理事同知是地方官员，升迁补用渠道在山西省政，协领是驻防官员。协领和粮饷同知权力有交叉的地方，但在财政核销方面，粮饷同知理事库不受右司或旗库协领的管辖，而是走另外一条渠道。通过以下档案资料说明。

史料 7 - 2：题报乾隆四十四年十月前一年绥远城粮饷理事同知库贮管收除在银两数目事③

镇守绥远城等处将军兼管右卫归化城土默特官兵宗人府左宗人奉恩将军革职留任臣宗室弘饷谨题：为题销备用军需银两事。该臣查得绥远城粮饷同知库贮备用军需银两，自乾隆四十二年十一月起至四十三年十月底所有□□□□□□两，经前任将军宗室臣雅朗阿题销在案。今乾隆四十三年十一月起至四十四年十一月底各案动用过银两，据绥远城粮饷理事同知宝书册报，经归绥兵备道伊桑阿核转前来，臣检查册开旧管各案军需以及补平余平等项共银二十一万五千七百九两一钱四分，新收派往乌里雅苏台换班官员还借过俸银一百六十五两二共银二十万五千八百七十四两一钱四分内，开除运送乌里雅苏台军营经费银五十万两，所需脚价盘费等项银三千二百四十两一钱四分一厘

---

① 《绥远旗志》卷五下，第 115 页。
② 根据《绥远旗志》卷五下"经政略"整理。
③ 户部题本：题报乾隆四十四年十月前一年绥远城粮饷理事同知库贮管收除在银两数目事，乾隆四十四年十一月十五日，档号：02—01—04—17086—016，缩微号：02—01—04—07—770—2482。

外，实在库贮银二□□□，俱属相符。除将原报清册咨送户部查核外，理合遵例缮疏具题，伏祈皇上睿鉴敕部覆核施行谨奏。

绥远城理事同知经办的事务由绥远城理事同知册报给归绥兵备道，然后由归绥兵备道复核后，转给绥远城将军，由将军以题本上奏皇帝，并将原报四柱清册咨送户部。

由此看来，绥远城财政行使的是绥远城将军总领的双轨制。俸饷银收支分配由绥远城粮饷理事同知负责，由归绥兵备道监督，绥远城将军和山西抚政上报户部和相关部门奏销。其他绥远城内部产生的收入和开支由右司或旗库协领负责，上报绥远城将军，由绥远城将军上报户部和相关部门奏销。

二 清代绥远城房地产租银及房租库管理和权属变化

绥远城房租银及房租库的管理属于绥远城右司和旗库。[①] 房租银存储在旗库，分为房租库，由一名章京负责。由于房租库事务繁忙，乾隆三十七年（1772），绥远城将军请求在房租库添办心红工食等银（即增添办公费用）。上奏的题本几经核转，移咨、复核后，批复准行。我们试着分析绥远城房租银管理问题。

史料7-3：题为遵议绥远城房租库添心红工食等项银两事[②]

□□□□□□□□□□□□□素而讷等谨奏：题为前事。内开乾隆三十七年四月二十日据山西布政使朱珪呈，乾隆三十七年二月二十二日蒙准户部咨山西案呈，乾隆三十六年十二月十四日准绥远城将军诺伦等咨称：窃查从前绥远城原设承恩当铺，其所收息银以为驻防兵丁红白事件之用，向系专派章京管理，每月给与纸笔心红煤炭等银十四两三钱五分，人役工食银二十一两，饭食银八两二钱五分，冬春六个月增添煤炭银七两八钱，历年报销在案。嗣因承恩当停止营运，其兵丁红白赏银在于藩库绿营裁扣公粮银内赴司领回，以备陆续放给，惟是此项赏银并无专司之员，是以令其归于房租库内兼管，但查

---

① 《绥远旗志》卷五下"经政略"，第132页。

② 户部题本：题为遵议绥远城房租库添心红工食等项银两事，乾隆三十七年七月初九日，档号：02—01—04—16372—005，缩微号：02—01—04—07—626—2752。

房租库内向来每月止有办理房租事务，议给公费银二两，而兵丁赏银归并兼理必须酌添纸笔人役工食等银，是以前请除兼办章京，毋庸议给公费外，请每月酌给纸笔心红银五钱，登记账目酌给纸烛银五钱，煤炭银一两，添派书办一名，月给工食银一两五钱，饭食银七钱五分，添派领催二名，各月给饭食七钱五分，添雇水火夫一名，月给工食银一两，饭食银七钱五分，冬春六个月，每月量给煤炭银一两。咨奉部覆，以太原驻防并通省绿营均无支给之例，未奉准行。彼时因经理兵丁赏银，仅止千有余两，免为暂令通融办理，未覆咨请。今又奉文酌给银八千两，以备借给官兵远近差使、红白事件、修理军械等项之需，其银亦令房租库经理，但借项银两已多，而承办之事愈繁，非系从前止办房租事务，费用简省可比，况房租库每月仅有公费银二两，何能资三案用度之费，亦不能照太原驻防于省，事务简少，绿营赏银归于各营分为经理也。且官兵请借银两必须按月查扣，而纷纷请借，事事必得详细稽核，倍多于止办经收房租事件支放兵丁赏银之事简而易行，即较之从前承恩当事务并无减少也。再四筹酌，若不酌添纸笔心红、人役工食饭食煤炭等项银两，实难以资办公。况一库而总办三事，其所请添给之银数不及从前承恩当所支银两十分之二，合再声明，现在切实情形，咨请大部俯照原议，每月添给纸笔心红银五钱……堪资办公之用。倘蒙准行，其所需银两并请在于本城房租银内按月支给，入于房租奏销册内，造报核销，相应咨请示覆饬遵办理。……彼此情形本部难以悬揣，应令山西山西巡抚会同该将军等详察该城房租库承办事务实在情形，会核具题，到日再议，并咨覆该将军可也。等因。咨院行司蒙此当经移行归绥道详察妥议，去后兹准归绥道咨，据绥远城同知噶尔炳阿申称，遵查绥远城房租库内，向来止办房租事务……一切出入记档查扣报销归款案件，势必时时需人稽核办理，方无遗漏……理合具详，核转等情，由道覆核移咨到司，准此该山西布政使朱珪查得绥远城房租库请添心红工食等项银两一案奉准部咨，以是否实系必须行令详察……相应转详会同绥远城将军察核具题等情呈详到臣。据此该臣看得……前来臣覆核无异，相应会同原任绥远城将军臣诺伦、归化城副都统臣伯成合词具奏，伏祈皇上敕部议覆施行，谨题请旨，前来。三十七年五月初二日题，本月三十日奉旨该部议奏，钦此。钦遵。于本日抄出到部，该臣等查得：山西巡抚三宝等疏称绥远城房租库请添心红工食等项银两一案。接准部咨以是否……应如所请，准其在于该城房租银内动给，以资办公，俟命下之日，臣部行文山西巡抚绥远城将军归化城副都统遵照办理，并将给过银两按年造入房租奏销册内，具题核销可也。臣等未敢擅便，谨题请旨。

　　乾隆三十七年七月初九日

　　臣素而讷，臣英廉□□□□□□□□□□

　　这是一个户部题本，可以清晰了知绥远城房租库是否添置心红纸笔费用的申报原委。在此题本中，经绥远城将军申请，山西巡抚调查，委托绥远城理事同知复核，咨会绥远城将军和归化城副都统后，山西巡抚会同绥远城将军，归化城副都统再次奏本，户部复核，皇帝批示，这件绥远城房租库添办心红纸笔一事才得到圆满结局。

　　在题本中看出，绥远城房租是由绥远城旗库中专门设立房租库来管理的。乾隆三十七年前，房租库没有专门人员办理，只有公费银二两。乾隆三十七年之后，房租银支出中，包含了前文提到的绥远城八旗兵红白事件赏银的借动办理，当然后来房租库中又增添了补立驼马倒闭银的支出，修理军器的支出等等，均在房租银下收支。

三　清代绥远城房地产租银奏销基本流程

　　清朝政府对地方事务实行较为严密的管理，事无巨细，都要上奏请示。尤其是财政上，逐渐完善了一套奏销体系，体现清廷关于财政的一套良好的系统。绥远城房租银也是其中一环，不以其事小，而实行严格的奏销制度。

　　因没有看到相关的细册，以下选取几个比较有代表意义的房租银题本来说明。

史料 7 -4：题请核销绥远城右卫二处收用房租等项银两各数事①

　　该部查核具奏。题。乾清门行走绥远城将军兼管右卫归化城土默特官兵奉恩辅国公臣兴肇等谨题：为绥远城右卫二处收用房租银两请

─────────

① 户部题本：题请核销绥远城右卫二处收用房租等项银两各数事，乾隆五十四年十一月十七日，档号：02—01—01—17563—009，缩微号：02—01—04—07—868—0164。

旨核销事。该臣等查得：绥远城右卫二处自五十二年八月起至五十三年七月底止，所有收存动用银两经署理将军印务副都统臣七十五提销在案。今查得：绥远城乾隆五十三年七月底止存剩旧管房租银二千七百一十五两一钱三分七厘。自五十三年八月起至五十四年七月底止连闰十三个月，新收房租并收回补立驼马以及借动放赏等项银一万三千八百两四钱三分二厘。以上旧管新收共银一万六千五百二十三两五钱六分九厘；内除陆续借给兵等补立驼马并借动放赏既留为五十四年修理军器堆拔并兵等盘费及各项公用银一万三千八百三十四两七钱九分七厘外，实存银二千六百八十八两七钱七分二厘。

续据右卫城守尉佛保住咨呈，查得右卫乾隆五十三年七月底止存剩旧管将军旧衙门围房租银四百二十二两一钱四分七厘，自五十三年八月起至五十四年七月底止连闰十三个月新收租银一百六两二钱二分三厘，以上旧管新收共银五百二十八两三钱七分。再另案备发兵丁补立倒毙驼马租银六百两，内于乾隆五十三年八月起至五十四年七月底止陆续借给兵丁补立驼马尚欠未完银五百五十四两五钱，实在库贮银四十五两五钱。

又据朔平府粮捕理事同知富纶呈造，乾隆五十三年七月底止存剩旧管官房地产铺租银五百四十六两二钱九分六厘，自乾隆五十三年八月起至五十四年七月底止连闰十三个月，新收官房地产铺租银六百一十三两七钱八分九厘，以上旧管新收共银一千一百六十两八分四厘，内开除右卫各项公用银一百一十一两九钱二分四厘，又开除乾隆五十四年估饷册内造拔截至五十三年七月底止抵充兵饷银五百四十六两二钱九分六厘外，实在库贮银五百一两八钱六分四厘，应请抵充兵饷之需，现在于八月造报五十五年分估饷册内开造详请咨明抵拔，合并声明，各等情前来。臣等覆核无异，除将绥远城右卫二处房祖银两分造四柱清册于九月二十五日咨送户工二部外，理合遵例缮疏具题，伏祈皇上睿鉴，敕部覆核施行。谨题请旨。

乾隆五十四年十一月十七日

乾清门行走绥远城将军兼管右卫归化城土默特官兵奉恩辅国公臣兴肇

□□□□□□□□□□□归化城副都统七十五

贴黄。

史料7-5：题为遵查绥远城右卫二处乾隆五十三年之五十四年房租银两动存各数目事①

工部尚书署理户部尚书事务总管内务府大臣臣金简等谨奏题：为绥远城右卫二处收用房租银两事。户科抄出绥远城将军奉恩辅国公兴肇题绥远城右卫二处房租银两自乾隆五十三年八月起至五十四年七月止动存各数一案。乾隆五十四年十一月十七日题，十二月初八日奉旨：该部查核具奏，钦此。钦遵。于本日抄出到部。该臣查得：绥远城将军奉恩辅国公兴肇将绥远城右卫二处房租银两自乾隆五十三年八月起至五十四年七月底止收存动用各数造册具题前来。查绥远城房租旧管银二千七百一十五两一钱三分七厘，新旧共银一万六千五百二十三两五钱六分九厘，开除银一万三千八百三十四两七钱九分七里，实存银二千六百八十八两七钱七分二厘，又右卫房租旧管银九百六十八两四钱四分三厘，新收银七百二十两一分一厘，新旧共银一千六百八十八两四钱五分四厘，开除银六百五十八两二钱二分，实存银一千三十两二钱三分四厘，臣部查旧管银两与上届奏销册造实存银数相符，新收银两按册核算亦属符合，应毋庸议，所有支存各数按款核覆开列于后：

一给绥远城印房等处纸笔、煤炭并致祭各坛庙品物、营中演炮等银一千一百五十一两六钱六分，又给同知通判等衙门清字蒙古贴写并满洲学房公费银三百五两等语。查前项给过印房等处纸笔、煤炭、各庙祭祀、营中演炮以及贴写公费，赍送奏折骡脚等银，共一千六百二十一两六钱六分，臣部按册核算与应给银数相符准开销；

一给八旗兵丁乾隆五十三年八月起至五十四年七月底止借支兵丁红白事件银二千五百一十六两，又奏准留备修理军器堆拨兵丁盘费等银二千七百一十五两一钱三分七厘等语。查前项借给过兵丁红白事件银二千五百一十六两，业据新收册造归还银二千四十一两，其余尚未归还银四百七十五两，应令该将军照数归还造入下年新收项下报部查

_____

① 户部题本：题为遵查绥远城右卫二处乾隆五十三年之五十四年房租银两动存各数目事，乾隆五十五年三月初九日，档号：02—01—04—17606—003，缩微：02—01—04—07—877—0058。

核，至留备修理军械堆拔兵丁盘费等银二千七百一十五两一钱三分七厘，查系奏明动用之项，应令该将军遵照原奏办理；

一给八旗兵丁买补倒毙驼马银六钱九百八十两等语。查绥远城兵丁所栓驼马各有倒毙在于房租银内借给买补，每驼一只价银二十两，每马一匹价银十两，其所借银两分作四十个月扣还，等因在案。今前项借给兵丁买补马驼银六千九百八十二两，应令该将军查照原奏按月扣还咨报臣部查核；

一给右卫城守尉纸笔煤炭一百七两，演炮牌把银四两九钱二分四厘，右卫抵兑兵饷银五百四十六两二钱九分六两等语。查前项支给纸笔、煤炭银一百七两，演炮牌把银四两九钱二分四厘，核于每年应给银数相符，其右卫抵兑兵饷银五百四十六两二钱九分六厘，业据山西巡抚造入五十四年估饷册内在案。均毋庸议；

一绥远城实存房租银二千六百八十八两七钱七分二厘，右卫实存房租银一千三十两二钱三分四厘等语。查绥远城右卫二处共实存房租银三千七百一十九两六厘，臣部按照册造四柱数目核算，与应存银数相符，应令该将军遇有动用随时咨报臣部查核；

一右卫房租银内拨出另案备借兵丁买补倒毙驼马银六百两内，兵丁陆续借支未还银五百五十四两五钱，实存银四十五两五钱等语；

查借给兵丁买补倒毙驼马银两定例作为四十个月扣还，今册造陆续借给兵丁未还银五百五十四两五钱，应令该将军遵照定例按限扣还，咨部查核，其实存银四十五两五钱并令该将军遇有动用随时咨报臣部查核仍造入下年报销册内旧管项下，送部核销，臣等未敢擅便谨题请旨。

乾隆五十五年三月初九日

□□□□□□□□□□□□□臣金简
□□□□□□□□□□□□□臣诺穆亲
□□□□□□□□□□□□□臣蒋赐启
山西清吏司郎中臣永禄
郎中臣白琰
郎中臣刘世宁
员外郎臣苏第察
员外郎臣常安

主事臣苏藩泰

主事臣陈木

额外主事臣荣麟

史料7-6：署理绥远城将军印务文瑞奏报绥远右卫库存动用房租银两事①

署理绥远城将军印务花翎归化城副都统世袭二等□□男奴才文瑞
跪奏：为绥远右卫库存动用房租银两，遵照部章，该题为奏折恭，仰
祈圣鉴事。窃查绥远右卫二处，自光绪二十六年八月起至二十七年七
月底止存用房租银两业经奏销在案。兹据本城管库协领吉玉报称，光
绪二十七年七月底止，旧管房租银一千四百九十四两一钱七分八厘；
自光绪二十七八月起至二十八年七月止，新收房租并扣回兵等补立驼
马银六千三百二十二两九钱三分八厘；开除陆续借给兵等补立驼马以
及各项公用银六千七百二十四两三分三厘；实存银一千九十三两八分
三厘。

复据右卫城守尉额图珲报称，右卫光绪二十七年七月底止房租项
下旧管无存，光绪二十七年八月起至二十八年七月底止，新收围房租
银四两八钱，开除五项，实存银四两八钱。再查另案备发兵等补立驼
马租银六百两，内自光绪二十七年八月起至二十八年七月底止，陆续
借给兵等补立更换驼马，尚欠未扣银五百二十三两，实存银七十
七两。

又据署朔平同知荣兴呈报，光绪二十七年七月底止旧管银六两三
钱四分，自光绪二十七年八月起至二十八年七月底止按月新收官房地
产铺租银六十六两四钱八分，开除右卫各项公费银七十二两二分，实
在库储银八钱，留拨次年公用合并声明，各等情前来。奴才覆核无
异，除将绥远右卫造送房租银两数目清册咨送户部查覆外，理合恭折
驰陈伏乞皇太后，皇上圣鉴，敕部核覆施行，谨奏。

朱批：户部知道。

光绪二十八年十二月初七日

史料7-4是绥远城将军根据管库协领上报的一年的房租银收支情况

---

① 朱批奏折：署理绥远城将军印务文瑞奏报绥远右卫库存动用房租银两事，光绪二十八年
十二月初七日，档号：04—01—35—0614—005，缩微号：04—01—35—034—1075。

而做的题本，请求户部对收支状况进行核销。绥远城的房租银和山西右卫、朔平府的房租银一起上报。绥远城的则由管库协领负责，右卫房租由右卫城守尉负责，朔平府房租由朔平府同知负责。三方将一年的情况，按照严格的四柱清册方式整理，包括旧管、新收、开除、实际库贮四个方面。然后由右司协领按年造册，由绥远城将军、归化城副都统署名上题本，并造细册，上报户部。绥远城的房租银奏销工作是由户部来具体进行的。①

史料 7-5 是户部对绥远城房租银复核后，给皇帝上的题本。户部要对其所造细册分别进行检查，检查是否符合奏销项目和数额。如果涉及房地产修理等内容的，则绥远城将军上奏户部的同时还要咨送工部，涉及军事和军需开支的，要咨送兵部。如果其中内容有涉及军事讨论问题的，一般都有军机处的参与。最后由户部提出批复意见，如有不能奏销的内容，则提出异议，不予奏销，并要求绥远城将军提出理由。同意奏销后，由户部上题本，一般都有贴黄。皇帝按照题本朱批。鉴于题本繁复迟缓，于光绪二十七年（1901）废止，以后的奏销都以奏折和奏销册的方式进行（史料 7-7）。

需要说明的是，一般房租银的奏销程序都是绥远城将军当年十月二十日左右上题本，造送细册。户部会在次年三月左右复核完毕。同治以后，户部核销时间趋向于不太正常，经常拖延，甚至有的三四年之后才进行核销，有的年份却又一年内核销之前两年的房租银，这种情况一直延续到光绪末年。② 这有可能意味着驻防八旗制度的衰落和清朝财政制度的没落。

小　结

房地产租赁是绥远城财政收入的一个特点，影响了以后城市发展和房地产业化。清朝众多的驻防城，都采取很多措施发展和保证驻防官兵的生活。清政府也在不断调整措施扩大驻防城的财源，利于维护八旗和清朝的统治。诸如对官兵的红白事赏、生息银、各种盘费，以及开垦土地、房地产租赁等。不同的地区采用不同的方式开源节流。处于中原地区的驻防

---

① 归化城土默特旗库的房租银奏销则由理藩院来完成，在清中央，绥远城驻防八旗财政和归化城土默特财政分属于不同机构应该注意。

② 关于这个情况，是梳理整个清朝的户部核销账册的结论，可参考附录 D。

城，多半是据有原来老城，划地建内城，所有生活起居都取自外城，相对比较方便。乾隆以后所建的驻防城，多半都是在旧城外建立新城。绥远城既如此。这样官兵的生活起居就需要建立比较繁荣的市场，这为房地产出赁提供了可能。在驻防城财政收支体系中，能够发现新疆的驻防城中也有较大量官房地产租赁，是新疆驻防城财政的有效补充。从某种意义来看，房地产租赁市场的存在也是驻防城走向一般行政功能城市的基础和条件，由此揭开了一般行政功能城市的序幕。

房租银收支是绥远城八旗地方财政的重要组成部分。绥远城房地产租赁产生了租银，以及租银的分配。尽管房地产租银的数额并不大，但其对绥远城财政的影响却不小。绥远城财政实行国家有效控制下的双轨制：国家财政和八旗地方财政并行。作为镇守一方的驻防城，其官兵的主要俸禄源自清政府国家财政，清政府委托山西抚政对其进行管理。这个管理通常包括收入和支出两大部分。绥远城官兵的俸禄每年由负责的绥远城粮饷同知从山西藩库领取，然后发放。山西藩库的这部分支出均出自绥远城周边的归绥道管理的散厅，如归化城厅等。归化城厅同知每年将征收的银和米石交付绥远城理事同知库。由绥远城理事同知发放绥远城驻防旗兵的马乾，米石等。而与其相关的一些军事银两、饷银问题，都由绥远城理事同知负责，分别由绥远城将军和山西巡抚向户部上四柱清册，奏销备案。同时，绥远城自身还有一定其他收入，比如说当铺生息。关于当铺生息问题，康熙年间，甚至更早，清朝就允许八旗开办当铺，生息取利。由于产生了一些弊病，造成清政府财政的流失。乾隆年间，生息银制度最终被取消。绥远城官办的当铺——承恩当也被关闭。① 清政府在每一个驻防城周边，都会为驻防城划出一块马厂。绥远城的马厂后来逐渐开垦，马厂地租银归绥远城粮饷同知征收上报，但这部分收入是属于绥远城八旗地方财政。房租银则是绥远城终清之世都依靠的固定收入。

综观其他将军级别驻防城，广州驻防八旗有一定的房地产出租。和绥远城不同的是，它们基本是将军衙署、闲散兵房用于出租。这笔收入也支撑了广州的驻防旗兵生活所需。估计新疆的驻防城有大量房

---

① 事实上，绥远城的收入和支出中，一直有生息银的影子。从最初建绥远城，就从归化城当铺中生息取利。后在道光年间，光绪年间，都可以看到绥远城在周边散厅，如归化城厅，萨拉齐厅等收取利银。这是绥远城正项收入外，另一个值得关注的一个问题。

地产用于出租，目前还没有详细资料。其他驻防城，如杭州、福州等，或采取地租银的方式，或用生息银的方式补充财政收支不足，但均没有房地产出租。绥远城的房租银，一度成为绥远城地方财政的支撑，从房租银中发饷银，提供生息的本金等，其作为绥远城的公费开支，维持到清末。这既体现了绥远城地方财政的特点，也见证了绥远城八旗财政的瓦解。

下编　清末、民国，归化与绥远城房地产清理整顿

第八章　清末归化城房地产整理

经过近三百年的发展，清朝末年的归化城、绥远城房地产面积已经有了极大拓展，房地产权变化亦很明显。清末民初，社会形势变化急剧，对归化、绥远城房地产也有明显影响。房地产的清理整顿既是对清朝以来房地产状况的总结，也是当时社会形势的反映。

第一节　清末归化城房屋印花税问题

一　清末归化城厅等地征收房屋印花捐的背景

清末归化城征收房地产印花税牵涉当时中国一个重大事件，就是绥远教案。绥远教案是长城以北义和团运动中发生较早、伤亡较多、影响也较大的事件。光绪二十六年（1900），天主教民霸占民产未果，屠杀蒙汉民，躲进教堂避而不出，激起民愤，义和团围攻教堂，是为二十四顷地教案。并以此扩展到整个绥远地区（土默特，乌、伊二旗等），当时正值全国义和团轰轰烈烈之时，绥远地区大部分教堂被攻破，教民被杀害，房地被掠夺，造就了著名的绥远教案。

清代以土默特为主的地区，很早就有天主教的活动，道光十年（1830），北部察哈尔建立了西湾子教堂。天主教以此为据点，向土默特及以西之地发展。同治十年（1871），西方传教士以 1680 两白银在武川购得四十五顷地，建立教堂，使之成为根本。同治十二年（1873），西湾子教士在归化城庆凯桥东北购买了一处旧院落，建立教堂。光绪九年（1883），罗马教廷在内蒙古地区分设东蒙古、西蒙古、中蒙古三个教区。尽管遭到抵制，西方天主教、耶稣教等依然在蒙古地区有广泛的发展和传播。与此同时，西方殖民势力武装侵入，清朝统治者与其妥协，武力镇压义和团，义和团运动宣告失败。清朝统治者同八国联军签订巨额赔款的《辛丑条约》,这次赔款史称庚子赔款。

事变后,各省办理教案,"奉旨准设局专办其事"。① 绥远教案的赔款
正是在这种情况下进行的。光绪二十六年(1900)冬,山西成立洋务局,
清理教案。"二十七年设口外七厅洋务分局,以司其事。"② 议定,"省南潞
安府和口外七厅天主教会赔款,均归法国人办理"。最终在北京议定,"山
西筹给方主教济众所管教民赔恤京平足色纹银六十五万两",合同签订两
个月后,付银二十万两。"惟晋库支绌,议为分年筹付,特立善后合同十
二项",剩余分三年筹付。每年各付十五万两,分两次进行。③ 光绪二十八
年十一月,最后签订合同。这笔巨额开支,山西财政筹款方式分为:地亩
摊捐、土盐加价、教案实官捐等,都陆续施行,而房屋印花捐的征收,正
是这次筹款的方式之一。

二 清末归化城厅等征收房屋印花捐的基本内容

光绪二十八年二月二日,归绥兵备道为附和筹款,响应号召。晓谕蒙
汉民,拟办房屋印花捐。告示如下。

档案题名:为拟办房屋印花捐并拟就告示晓谕民蒙的咨文④

为出示通行晓谕民人买卖房屋应将约据呈请印花,并缴捐项事。
照得本道前因丰宁贰厅例有田房税契一项,而归萨托清和五厅向无田
房税契,查西五厅地系蒙古世业,民人止准租不准买,而房屋若系民
人自行建盖,应准民人互相买卖,惟屋基之地,应与蒙古地主重换过
租新约而已,至民人租蒙古之地有短租长租之分,除短租地毋庸议
外,若民人典买民人之房屋,长租蒙古之地亩,年深月久,往往出有
假约,忘兴争讼,两造均以白纸约据为凭,真假莫辨,判断殊难。是
以本道熟筹息讼安业之法,莫如令民人典买房屋,及长租地亩均将约
据呈官查验,请盖印花,遇有争讼,呈验约据有印花者为确凭,无印
花者为假约,所以昭信守而杜诈伪,法至善也。惟现值教案赔款甚

---

① 《绥远通志稿》第7册卷六十"教案",第585页。
② 《绥远通志稿》第7册卷六十"教案",第592页。
③ 《绥远通志稿》第7册卷六十"教案",第592页。
④ 土左旗档案馆档案:为拟办房屋印花捐并拟就告示晓谕民蒙的咨文,光绪二十八年二月
二日,全宗号:80—2—588。

剧，而晋省库款奇绌拟令呈请印花者的乐捐项藉充赔款，按田房税契每价银壹两征税银叁分之例，酌减拾成之贰，每约载价银壹两，收捐银贰分肆厘，若以钱作价，亦按每制钱市钱壹十文分别收捐，制钱市钱贰拾肆文等因，详奉抚宪岑批准饬令先办房屋印花捐，应自光绪贰拾捌年开印之日起，一律试办，凡有民人典买房屋，各约据统限叁个月内一律呈官请盖印花，若是绝卖契，应照前开章程收捐，倘系活典约，按卖约之印花捐再减贰成收捐，止令现在业主将最后新约照章捐请印花壹次，其后前辗转易主，以及老约壹盖毋庸捐请印花，以示体恤，而省烦扰，在该业主民人所捐无多之钱，而可永杜冒争之患，当亦民情所乐，从慎勿吝惜小费，隐匿白约不请印花，倘别经发觉，或被人指控即从重惩罚，勿谓言之不预，也至该蒙古地主应牧地铺应过租约均照旧办理所捐之印花银钱，悉出与典买之民人与蒙古地主毫无妨碍干涉，毋得误生疑惑，妄行阻挠，至印花捐银壹两外加该房纸笔费银伍分钱，亦如之，此外，倘有勒掯需索即赴道厅控告，以凭书法惩办，各宜懔遵，毋违特示。

光绪二十八年二月二日

这则档案主要意图是对归化城等西五厅征收房屋印花捐。印花捐即印花税。是以经济活动中签立的各种合同、产权转移书据、营业账簿、权利许可证照等应税凭证文件为对象所征的税。印花税由纳税人按规定应税的比例和定额自行购买并粘贴印花税票，即完成纳税义务。印花税起源于荷兰，清政府将其翻译为印花。庚子赔款后，以归化城厅为首的口外五厅承担教案赔款数额不在少数。第一批商捐，归化城厅为四万两白银，萨拉齐三万，托克托二千，和林格尔、清水河各五百。① 为扩大经济来源，山西省政想尽各种方法筹款，光绪二十八年，主管五厅事务的归绥兵备道出示晓谕，印花捐先从房屋起征。

1. 征收对象。从出台告示来看，由归绥兵备道尹出示，针对归化城厅等五厅。归化城厅等的设立基础是在大量汉民迁入归化城土默特地区之后，处理汉民事务以及蒙民交涉事务才逐渐形成的。这个告示明确表示其印花捐征收对象是这五个厅所管理的民人，即以汉民为主的移民，并且强

---

① 《绥远通志稿》第 7 册卷六十"教案"，第 592 页。

调，此次征收税捐与"蒙古地主毫无妨碍"。

2. 征收项目。因为民人在归化城等地的房屋买卖比较复杂，印花捐的征收只针对房屋，而不涉及房屋所在的土地，即地基。有"绝卖"和"活典"两种。对于民人来讲，手中持有的"绝卖约据"，是与原有主人交易后，永久拥有对房屋的使用和处理权益。"活典"则是对手中的房屋拥有部分年限的使用权，主人可以赎回。

3. 征收金额。有银钱和制钱的不同标准，并因契约项目不同，征收金额不同。

4. 征收范围。告示明文规定，只征收归绥兵备道负责的西五厅。即归化城厅、萨拉齐厅、托克托城厅、清水河厅与和林格尔厅，不包括蒙古地主房地产，不包括绥远城等房地产。

5. 征收时间。自光绪二十八年开印之日起，三个月内完成。

光绪二十八年的这个晓谕张贴后，转发给绥远城将军并归化城副都统。事实上，从全国情况来看，光绪十五年（1889）总理海军事务大臣奕劻曾奏请清政府使用印花税，光绪二十二年（1896）和光绪二十五年（1899），御史陈璧、出使大臣伍廷芳等分别再次提出征收印花税。直到光绪二十九年（1903），清政府才下决心正式办理，但遭到各省反对，只得放弃。后又曾提出，终因商民反对而搁置，直到灭亡，清政府都没能真正实现征收印花税之事。而归绥兵备道这道告示是否真正实行了呢？史料中亦未见明确记载。

三 清末归化城厅等征收房屋印花捐的意义

清代归化城厅等征收房屋印花捐的导火线是绥远教案赔款问题。印花捐或许没能实行，但征收印花捐告示的出台却对归化城等房地产问题有着非常重要的历史意义。

1. 印花捐出台，标志着归化城厅等民人房屋所有权得到法律认可，促进移民社会形成。清朝初年，清廷认为蒙古归化城土默特部带地投诚，其土地所有权属于国家。并将土地再次划拨给土默特左右两翼，作为养赡之资，其中"山前之土默特系属全旗户口，山后之土默特纯为本爵及各台吉与延寿寺之游牧"。①（山即阴山山脉）意为清朝对山前土地的处置，是将

---

① 土左旗档案馆档案：为陈恳查核海流速太荒地归属的呈文，全宗号：79—1—827，1916。

它作为蒙古民众的户口地。山后则以清廷名义拨给土默特左右两翼贵族，作为牧场，山前山后土地均不能买卖。归化城内及周边土地，也包含在户口地内，予以划分，属于土默特两翼蒙古部众。安斋库治认为，"户口地是分给土默特官兵的私有土地"。① 黄时鉴先生认为，蒙丁不仅对户口地有使用权，而且逐渐得到了对户口地的实际占有权。② 王建革先生进一步认为，蒙地的权利被分割为两部分，占有权和耕种权。占有权又分为上下两层，国家拥有上层的占有权，而蒙古部众拥有下层的占有权。蒙古王公并不直接占有土地，故将其权益称为领有权，至于耕种权，则归租种土地的汉人所有。③ 显然，随着对归化城土默特土地研究的深入，归化城土默特蒙古部众的土地权限被基本明确，即国家拥有土地，蒙古部众事实上占有土地。大量移民涌入土默特地区后，原属于蒙古民众的土地使用权性质逐渐发生变化。

以归化城为例，最初居住在归化城内的主要是蒙古部众和喇嘛等，并拥有对归化城内房、地所有权。大量移民涌入城内，最初租住原属于蒙古部众的房屋和土地，房、地使用权势必发生变化。正如晓谕中所说，（归化城房地产）"系蒙古世业，民人止准租不准买"。正因为此，尽管"丰（镇厅）、宁（远厅）二厅例有田房二契一项，而归（化厅）、萨（拉齐厅）、托（克托厅）、清（水河厅）、和（林格尔厅），向无田房二契"。④ 契税是对土地、房屋等不动产的典当、买卖契约所征收的税。未税之契称"白契"，税过者在契纸上盖有红印，称"红契"。归化城土默特蒙古部众内部的房地产买卖在乾隆十一年就有征收契税的记载。⑤ 大量移民涌入城内，初期租房租地居住，蒙古民众不擅长建造房屋。地基租赁非常发达。民人租地基后，自己建造适合的房屋居住。然而在地基上建造的房屋主权，一直没有明确所属。光绪二十八年，归绥道尹颁布的印花捐令，首先

---

① 〔日〕安斋库治：《清末土默特的土地整理》，《蒙古史研究参考资料》第7辑，第29页。

② 黄时鉴：《清代包头地区土地问题的租与典》，《蒙古史论文选辑（一）》，内部刊行，第284页。

③ 王建革：《土地关系与社会形成——农牧生态与传统蒙古社会》，《巴彦淖尔年鉴》，内蒙古文化出版社，2007，第368~389页。

④ 土左旗档案馆档案：为拟办房屋印花捐并拟就告示晓谕民蒙的咨文，光绪二十八年二月二日，全宗号：80—2—588。

⑤ 土左旗档案馆档案：归化城都统为呈送户司所造收支银两数目册事呈文理藩院（满文），乾隆十一年十二月一日，全宗号：80—30—27。转引自乌云其其格《18—20世纪初归化城土默特财政研究》，第128页。

从法律上认可了民人对房屋的所有权。这里否定了以前三令五申的不允许蒙民交产的禁令。认可了民人从蒙古部众手里曾经"绝卖"或"活典"的房屋所有权。

同时提出，"房屋若系民人自行建盖，应准民人互相买卖，惟屋基之地，应与蒙古地主重换过租新约"。从以往档案资料看，归化城土默特地区民人租蒙古房、地时，契约中的房屋和土地是分开的。告示由此明确，"房屋若系民人自行建盖，应准民人互相买卖，惟屋基之地，应与蒙古地主重换过租新约而已"。租蒙古地基的民人所建房屋的所有权属于民人，只不过要履行一下新的地基租赁手续。对于官府而言，只要在官府备案，交了印花捐，房屋就是现有主人的了，当然土地属于蒙古地主，其实土地的所有权是在国家手中罢了。这则晓谕也就意味着归化城厅等民人所住的房屋，无论是绝卖、活典还是自建，都拥有产权。显然，这是在牺牲了蒙古民众的房屋和土地基础上，从法律上默许、认可了民人在归化城的居住权，保障了民人在归化城的部分财产权利，民人成为归化城的主要居民，促进了归化城移民社会逐渐形成。

2. 印花捐的征收，标志着清廷中央政府和山西省地方政府进一步加强归化城厅等房屋的行政管理权力。对一个地方的军事或形式上的占有，并不意味着获得地方民众的认同。民众认同是长时间才可能完成的。土默特部众归属清朝，清廷逐渐加强对其的统治和控制。在行政权力上，从最初将土默特蒙古分为左右两翼，设两都统，后将世袭都统以京员选任，剥夺了土默特部众的自主权。又因移民涌入土默特之地进行耕种，进而设立归化城厅等管理，其中包括蒙民法律纠纷事宜。后又从山西省政延伸出归绥兵备道统一管理土默特地区的民人事务。这种在同一土地上建立的双重行政权力，已经是清廷对土默特地区实际管理权力的渗透。清廷不仅在行政建制上加强控制，在具体权力和经济事务上，也在不断渗透。归化城作为土默特地区，乃至蒙古地区，政治、经济、军事核心的城堡，发展到一个汉民为主的城市，对其房地权力的掌控，可以说是一个举足轻重的大事。清末年，以归绥兵备道身份宣布对归化城民人房屋买卖征收印花捐，说明归化城民人房屋买卖已经很普遍。反之，清廷不仅从财政上增加税收，也以对房屋征收印花捐、登记归化城民人房地的买卖情况，进一步加强了对归化城房地行政管理权力。从权力分割角度来看，归绥兵备道扩大了行政权力，为以后蒙民交产，以及蒙民房地产权转移提供了事实上的走向。

总之，在财政窘迫和利益驱动下，归绥兵备道贴出了这则征收房屋印花捐的告示。这道告示，暗喻了归化城土默特地区房屋使用的事实，大部分房屋居住的是民人。清政府默许了这种事实，并在法律上予以认可。客观上促进了移民社会的形成，也加深了对归化城土默特地区的行政管理。

第二节　清末绥远城将军贻谷清理归化城房地产

一　贻谷清理归化城房地产的背景

归化城征收房地产印花税的同时，也正是贻谷被任命为垦务大臣，对蒙古地区进行全面放垦之时。《辛丑条约》签订以后，面对巨额赔款，清政府财政面临崩溃的边缘，整个清廷和各省都在想办法扩大财政来源。光绪二十七年（1901），山西巡抚岑春煊为了能凑齐给清廷的赔款，两次奏请筹议《垦开晋边蒙地屯垦以恤藩属而弭隐患折》，提出"蒙古之众日就贫弱"，"则欲练蒙兵，非筹练费不可，欲筹练费，非开蒙地不可"。[①] 清政府几经犹豫之后，决定全面放垦蒙地。清朝末年，蒙古地区土地使用情况非常复杂。仅以土默特为例，清初土地国有化，但拥有土地的是蒙古左右翼部落。清廷又以各种方式在这部分土地上行使中央权力，逐渐形成官垦地（庄头地、大梁地、小粮地十五道沟粮地等）、官用地（台站地、公主地、八旗马厂地等）、旗用地（官滩牧地、户口地等）等形式。在大量移民的作用下，土默特很多土地被开垦。而这次放垦主要是"东起察哈尔境，西迄宁陕边界"的广大地域。[②]

第二年，清廷即任命当时兵部左侍郎，满洲镶黄旗人贻谷作为"督办蒙旗垦务大臣"，负责全部盟旗垦务事宜。贻谷就任后，很快来到土默特，在绥远城设立垦务大臣行辕和督办蒙旗垦务总办，在丰镇设丰宁垦务局，在张家口设察哈尔左翼垦务总局，在包头设西盟垦务总局，全面放垦蒙地。光绪二十九年十月，贻谷又被直接任命为绥远城将军[③]，全面负责垦务。贻谷不仅督办垦务，也在任内做了大量发展蒙地事宜，训练新军，开

---

① 内蒙古档案馆：《清末内蒙古垦务档案汇编》（绥远、察哈尔部分），第 1~2 页。
② 《绥远通志稿》第 5 册卷三十八上"垦务"，第 189 页。
③ 中国第一历史档案馆编：《光绪朝朱批奏折》第四九辑"军务"，第 14 页。

办民族工商业等。但其在任时间并不长，光绪三十四年（1908）四月，归化城副都统文哲珲参奏，贻谷被以"误用小人""贪残相济、扰害蒙民、败坏边局"等罪由，撤职查办，发配新疆。贻谷督办垦务的六年时间，大量土地被开垦，可以视为蒙古地区土地放垦的发端。

二　贻谷清理归化城房地产的过程

归化城土默特之地并不是贻谷督垦的重点。由于靠近晋陕边界，大量移民涌入，土默特之地已经几乎开垦殆尽，放垦意义不大，贻谷对此也兴致索然。光绪三十年（1904）十二月，土默特蒙古左右翼联名下要求垦务。光绪三十一年，贻谷奏准成立"土默特查地处"，第二年，改为"奏办清查土默特地亩总局"，并同时出台了"清查土默特地亩试办章程"。主要是对归化城土默特之地进行清理。其中包括以户口地形式分配给土默特蒙古左右两翼的归化城内的房地产状况。

史料 8 - 2：清查土默特房基先从归化城入手的札文①

　　钦命镇守归化城土默特等处副都统管理绥远城官兵记录二次文成札饬遵照事。光绪三十三年二月初十日准　垦务大臣咨开案据奏办清查土默特地亩总局详称为详请事。窃查土默特房基一项，前经职局禀明，俟将各项地亩办有端倪再行筹办，蒙批示允准在案。兹职局已将清查各项地亩酌拟试办章程详请核定，其房基办法亦应一并提议。查土默特所属各城房基，以归化城为首要之区，此次筹议清查自当从归化入手。惟归化地面烟户错杂，某段系官地、某段系召地、某系系蒙地、每段中市房几处、民房几处、每处房间若干、所占地基广狭、何人食租，若竟毫无依据，未便率尔从事。应请宪台咨会军副署札行土默特户司按照以上各节先行，查明开具清册，移交职局，到□□行察度情形，筹拟禀办，□□当理合详请查核。为此备□□伏乞照详施行等情。据此除批据详已悉仰候咨会军都署札行该户司速即查明移送过局以凭办理外，相应咨会贵副都统请烦查照札行该户司，速即查明移送过局，以凭办理施行等因，准此，为此札仰户司达参领恒泰查照办

①　土左旗档案馆档案：清查土默特房基先从归化城入手的札文，光绪三十三年二月初十日，全宗号：80—5—586。

理可也。此札 右札仰户司□防达参领恒泰准此。

光绪三十三年二月初十日①

这是以当时归化城副都统身份转发的一份清理归化城内房地产的命令。发件机构应该是"清查土默特地亩总局"，针对归化城内房地产的复杂情况，责成归化城副都统命土默特户司，彻底清查，造册备案，上报地亩总局。这项文件下达时间是光绪三十二年二月初十日。不到两个月时间，四月，归化城内的房地产状况就已经统计完毕，报送地亩总局。

史料 8-3：移送查勘过归化城基宅数目图册②

户司为移送事案。蒙垦务大臣咨据清查土默特地亩总局详称提拟所属房基一项，以归化首要之区，入手查办。惟归化地面烟户错杂，某处就系在官在民、抑系何人食租，职局毫无依据，未便率尔从事，应请移会军、都署札行土默特户司，按照以上各节先行查明，开具清册，移文职局以便察度筹拟等因。札饬到司，遵即遴派委员，仿照巡警局清查保甲办法编号，分投查办。兹查得归化一城所有街署、公所、召庙、宅院、铺面共计四千四百五十九号，按号造具清册五本，注明基宅系某人房间、某人住占、某蒙基业，并按所查各街衢绘具草图一纸，至房间数目、地基宽狭、及册内未经注明基主房主各节为因：业主或他乡或出外，未能即时传到，是以未得查明。相应将遵饬查勘过基宅数目图册移送贵清查土默特地亩总局，请烦查照办理施行须至移者。

光绪三十三年四月

签名

目前没有看到上文提到的归化城房地产清查的五本清册，以及所绘具的草图。此则档案中已经明确了清末归化城内房地产的基本情况，共 4459号。这不是房间数，而是以保甲方法进行的编号，说明共有独立的房产4459 个。至此，归化城内房地产清理工作已经完成。

归化城房地产的清理工作目的是增加政府收入。分析贻谷清理整顿土默特地亩情况，不但设有凌驾于当时土默特最高权力机构——绥远城将军

① 土左旗档案馆档案：清查土默特房基先从归化城入手的札文，光绪三十三年四月，全宗号：80—5—586。

② 土左旗档案馆档案：移送查勘过归化城基宅数目图册，光绪三十三年四月，80—5—591。

之上的"清查土默特地亩总局",而且紧跟着出台了"清查土默特地亩试办章程（22条）",① 贻谷认为"缕析条分，极为缜密"。② 试办章程出台时间后的两天，即光绪三十三年二月十日，就下发了清查归化城内房地产情况的命令。显然，归化城房地产清理整顿是贻谷督办垦务首要内容之一。分析试办章程中体现的垦务核心思路为三个问题：其一，关于地亩收租问题；其二，加收地价问题；其三：土地回赎问题。在试办章程中提到，土地按照六等划分，由政府发给印照和领租照，地价银和租税由政府统一征收，地价银政府留存，租税由蒙民户凭登记领取的领租照来政府领取。③

三 贻谷清理归化城房地产的结果和意义

归化城房地产的清理只是完成了房地产整顿的初步工作。第二年四月，贻谷被参，革职查办。究其革职原因，更主要是全面放垦触动了蒙古部众的利益。放垦期间，各旗抗垦斗争一直持续，贻谷软硬兼施，文武并用，甚至奏请撤销带头阻垦的杭锦旗札萨克阿尔宾巴雅尔伊克昭盟盟长职务；武力镇压各旗抗垦斗争，捕杀了准格尔旗抗垦首领协理台吉丹丕尔。贻谷的结局表示清末垦务活动暂时告一段落。归化城内房地产整顿工作也因此基本停滞，档案中未显示官方进一步的整顿举措。但这次整顿却给归化城房地产日后发展带来了巨大影响。

1. 承认蒙民交产，法律上再次确认归化城房地产权的转移。归化城房地产的整顿是贻谷放垦任务的一部分，尽管我们没有看到贻谷关于归化城下一步的举措，但从试办章程中可以略作分析。

史料8-4：试办章程（22条）第二条规定④

蒙古户口地亩多系典给民人，得过价值地已非其所有，应准实出

---

① 土左旗档案馆档案：发清查土默特地亩试办章程（22条）的咨文，光绪三十三年二月八日，全宗号：80—5—587。
② 土左旗档案馆档案：发清查土默特地亩试办章程（22条）的咨文，光绪三十三年二月八日，全宗号：80—5—587。
③ 土左旗档案馆档案：发清查土默特地亩试办章程（22条）的咨文，光绪三十三年二月八日，全宗号：80—5—587。
④ 土左旗档案馆档案：发清查土默特地亩试办章程（22条）的咨文，光绪三十三年二月八日，全宗号：80—5—587。

地价之户照旧管业。惟原出地价多寡不等，须各按地则饬再缴价归公，发给印照以凭执守。自后永以印照为据，不准该蒙户争夺原地，并应另定岁租章程，由官署按年征租转给原主，另发原主领租照据以凭领取，租项详章列后，至租典约据名目不同，有所谓活约，定以年限取赎者，大都辗转相仍，屡次加价，宽展年限。核其所得银数，往往浮于地之所值，钱债纠缠狱讼每因之而起。此咨查地正宜清澈其源，所有租典约据与回赎字样，及虽有回赎字样而期限未满者均照缴价，给照章程办理。惟有暂行活租一项，约内无年限、无永租字样，但言钱到即行回赎者，此或出于一时急需，权行质押，若遽令民户缴价认领以□□，稍未允洽，然听其久悬不结，则查地亦难于久待，拟由局出示晓谕，凡此项地亩限令于两月内取赎，如逾限不赎，仍照民户缴领照一律办理，以免参差。

这个规定是针对归化城土默特土地情况制定的。仅从归化城房地产的角度考察，蒙民户的房地产作为户口地，是蒙民养家糊口的保证。清以来，一直不准与汉民买卖。随着人们的需要，归化城内蒙民交产早已存在。同治年间，回民刘明经曾因官司，将自己购置的为数众多的房地产上交归化城厅管业。刘明经是陕西回民移民，能买得众多地产，经营地产业，说明蒙民交产在归化城民间有巨大市场。① 试办章程第二条中，明确并认可了蒙汉民房地产的典卖关系，并提出"应准实出地价之户照旧管业"。从清初到清末的近二百年时间，房地产租赁已经发生了很多次变化，民间均以契约方式进行，一处房产经过多次出赁典卖，往往除了老约，有很多张过租约和典约。这是实情。贻谷房地产整顿措施说明过去的约定均作废，房地产以现在产权所有者为准，由现在的产权所有者向政府缴纳地价和房租，由清廷发放印照。政府收取地价银，房租则由政府征收后，原蒙民来政府领租照。这就意味着，归化城蒙民交产得到了法律认可，并提出，"自后永以印照为据，不准该蒙户争夺原地"，保障了现有房地产主的财产权利。

光绪二十八年，归化城房地产征收印花捐，是由管理民人事务的归绥兵备道出示谕旨，认可了移民间的房地产主权转移。贻谷关于土地试办章

---

① 《绥远通志稿》第 4 册卷三十四"官产"，第 781 ~ 789 页。

程的出台，则在整个归化城土默特社会中认可了蒙汉民交产，以及移民房地产的所有权。

2. 房地产回赎的规定，事实上使蒙民失去了房地产，归化城移民社会形成。试办章程的核心思想还提到房地产回赎的问题。典卖房地产一般都有回赎期限，归化城民间契约中，自行约定回赎期限。蒙民多以地产为典押物，借债生活。土左旗档案馆清代契约中，这样的例子比较多①，而试办章程中，回赎期限以两个月为准，实行一刀切，"如逾限不赎，仍照民户缴领照一律办理，以免参差"。②试想，蒙民典卖房地产，多半因为没钱，清末限令回赎期限如此之短，意味着蒙民不能有效回赎房地产。则大部分房地产权归后来移民所有，蒙民事实上失去了归化城的房地产。那么蒙民都去了哪里呢？很多蒙民要么破产，要么远离归化城，来到周边村落，以拥有的耕地生存。我们从上文积成堂分家的契约中也可以发现，云家作为房地产主，同治年间曾经在归化城拥有大量地基和房基，到清末，仅保留部分老院和部分房地产。积成堂分家契约中显示，除了归化城老院子外，这个家族在归化城边的察素齐村还有居住的院落地基。同时还要注意，在清末召庙地产也已经衰落下去，在《蒙古及蒙古人》中有一段话写道："巴噶召的喇嘛总共才六十人，但在呼和浩特住的并不很多，他们大部分散在草原和农村，留在呼和浩特的那些人也不住在召内，而是住城里自己的房子或租用的房子，因为召内喇嘛住的房子都已经坍塌了。"③到清末，原来拥有归化城土地或房地的蒙古部众并不以归化城为主要生活区域。由此，清末，归化城内居民以移民为主，移民社会基本形成。

---

① 土左旗档案馆档案：借到瑞和泰 240 千文将全义和租金典给的典约，道光二十五年十二月二十六日，全宗号：80—14—293。
② 土左旗档案馆档案：发清查土默特地亩试办章程（22 条）的咨文，光绪三十三年二月八日，全宗号：80—5—587。
③ 〔俄〕阿·马·波兹德涅耶夫：《蒙古及蒙古人》第二卷，第 74 页。

第九章　民国归绥市房地产整顿及变化

民国以后，从行政建制上，归化城、绥远城合并为归绥市。归绥市所属的归绥地区（亦称绥远地区）形势复杂，各方军事势力纷至沓来，同时为解决财政问题和驻军需要，不断开源，归绥市房地产的清理整顿也是在这个背景下进行的。

第一节　民国时期，归化、绥远城行政地位变迁

一　归化、绥远城行政体制变化

1911 年①辛亥革命爆发。1912 年 2 月，清帝宣布退位，清朝统治结束。同年 3 月，辛亥革命果实被袁世凯篡夺，开始了北洋军阀统治时期。袁世凯公布了《蒙古待遇条例》，规定各蒙古王公原有之管辖权，一律照旧。清代内蒙古行政体制均原封不动保留下来。袁世凯派当时北洋陆军第 20 镇统制张绍曾接替堃岫，任绥远城将军，驻绥远城将军衙署。局势稍微稳定，又改派潘矩楹为绥远城将军。第二年，设立绥远、热河、察哈尔特别行政区，实行都统制，潘矩楹改任绥远都统。都统制一直持续到 1928 年。这期间，绥远地区陆续掌控在北洋军阀各派系手里。先后任绥远都统的有潘矩楹、蒋雁行、王丕焕、申葆亨、陈光远、蔡成勋、周登皞、马福祥、李鸣钟、蒋鸿遇、宋哲元、赵戴文、商震、满泰、郭希鹏、汲金纯、商震，有些人没有到任。② 1928 年 9 月，绥远特别行政区改称绥远临时区，都统改称区主席，李培基、徐永昌先后任主席。经过一年的短暂时期，1929 年（民国十八年），绥远省成立，李培基任绥远省主席，后为傅作义。

---

① 为行文方便，本节内容采用公元纪年。
② 张建军：《民国北京政府时期都统制度初探——以绥远都统的设置为例》，《内蒙古大学学报》（哲学社会科学版）2010 年第 3 期，第 107～111 页。

"九·一九"和平起义前，董其武为主席。原绥远城成为绥远省府所在地，绥远城将军衙署为省政府公署。

在此期间，1912年，归化城副都统仍为专管归化城土默特旗政之长官，受绥远城将军节制；1913年，裁归化城副都统，由绥远城将军兼理旗政；1914年，增设土默特旗总管，专理本旗蒙民事宜，不隶属盟，后归绥远省管辖。①

1937年7月7日，抗日战争爆发。日军在1937年10月进占绥远城，傅作义为首的绥远省政府退守陕坝（今巴盟杭锦旗陕坝镇），直到1945年日军投降。归绥市被日军占领八年，这段时期，蒙古地区的形势纷繁复杂，以德王为首的一部分蒙古贵族，依靠日本军的力量在1937年11月底成立了"蒙疆联合委员会"。"'蒙疆联合委员会'的成立标志着蒙疆政权的诞生，同时也标志着日本在内蒙古西部地区殖民统治的正式确立。"② 日本投降后，归绥市归傅作义国民军管理，直到"九·一九"和平起义爆发。③

二 归化、绥远城名称及行政区域变化

随着移民的涌入，清政府在归化城土默特地区成立了归化城厅、清水河厅等厅。辛亥革命后原制保留，厅改为县。归化城厅改为归化县。绥远城理事同知厅是特殊的厅，在清代专管绥远城财政。民国后，也改为绥远县。1913年，"因两县置于同一区域内，令行□，并因归化与贵州、福建两省重复"。④ 所以，归化县和绥远县合并，改成归绥县，是为归绥称呼的正式源起。1929年，绥远省成立，省会在归绥市，即归化城和绥远城的合称。后来绥远省甚至下文："惟查各厅机关尚多沿习旧名，冠用归化字样，一地两称，殊嫌淆混，拟请均院通令各部转饬所属机关，将归化字样一律改为归绥，以贻划一。"⑤ 清代以来的归化城土默特地区又有了一个规范称谓：归绥。归化城和绥远城合并后称为归绥市，这个地区也常常被称为归绥地区。在管理体制上，绥远省会归绥市并没有独立的市政等设置，以清

---

① 周清澍：《内蒙古历史地理》第五章"中华民国时期的内蒙古地区"，第283页。
② 金海：《日本在内蒙古殖民统治政策的研究》，第75页。
③ 本文涉及的呼和浩特房地内容主体部分截至1937年，为体现民国时期呼和浩特房地产的发展概貌，史实叙述到1949年。
④ 土左旗档案馆档案：现行行政区划一览表，全宗号：79—1—721，1915。
⑤ 土左旗档案馆档案：归化字样一律改为归绥的训令，全宗号：79—1—381，1930。

代的绥远城为主的区域归属归绥县政管理，为归绥县四个区中的一区，"城区依法划为第一区，改六街为六镇，各设公所"，"六镇各设镇长一"。绥远城为其中第五镇，公所在裕和公巷。①

日军占领归绥市后，改归绥市为厚和豪特市，并设立市长进行管理，属于巴彦塔拉盟。1945 年，抗战胜利后，国民党绥远省政府将厚和豪特市改为归绥市，恢复归绥县建制，施行市县分治。绥远省政府设在绥远城（针对归化城而言，亦称新城）将军衙署，而归绥县政府衙署依然设在归化城（即旧城），今天仍有县府街的街名。

第二节　民国归绥市官衙署再利用

一　绥远城衙署的再利用

清朝，绥远城以官城堡形式存在，是八旗满营。由于和平局面的持续，满营的驻防功能逐渐让位于行政功能。进入民国以后，随着各方势力的进入，绥远城的官衙署机构很多被直接利用。民国初年，作为本地的最高权力机构，任绥远城将军的张绍曾直接入驻绥远城将军衙署。"民国三年七月改制，易名为都统公署，历任都统均驻节。"② 民国十七年（1928）建省，遂改为省政府。民国时期，绥远城将军衙署内部也有修建、扩建和改建。民国十一年（1922），都统马福祥改葺大堂、二堂，并添筑内宅各房，修治亭榭，另建厨房，增补辕门及外围各室，共屋宇四十余间。修盖资金六千余元，都是马福祥自掏腰包。不幸的是，民国十三年（1924），内署和三堂正宅毁于大火，于是再次修建。这次规模更加宏大，建筑三堂五楹，"左右厢房各两楹，内宅门三楹，前卷厅三楹，四堂正室七楹，左右厢房各三楹，共筑房四十余楹"，花费二万五千余元，都是马福祥自己所出。③ 民国三年（1914），张绍曾曾将原为署西的将军府花园改为政务处，后又改为秘书处。共有屋十排，每排五楹。民国十九年（1930），省政府主席李培基在将军衙署东旧营房基地修建澄园，亲手设计，捐资而

---

① 《绥远通志稿》第 8 册卷六十一上 "自治"，第 64 页。
② 《绥远通志稿》第 2 册卷十八 "衙署"，第 451 页。
③ 《绥远通志稿》第 2 册卷十八 "衙署"，第 452 页。

成。其中有自篆碑记，澄园成为民国名胜之一。^① "综计全廨官舍今三百余间，占面积南北长一百二十步，东西宽八十五步。"^② 这些一直保留下来，绥远城将军衙署现已辟为将军衙署博物院。

绥远城内的清代衙署，利用率很高。表9-2所列出的协领署、理事同知署、万寿宫、佐领署、文庙，甚至菩萨庙都被再次使用。但这些衙署都是民国后经过整修或重修、扩建的。

表9-1 民国时期绥远城衙署再规划情况

名　称	所在地	成立时间	备　注
绥远省政府	清绥远城将军衙署	1929年	
建设厅	清八旗镶白协领旧署（《归绥县志》），正黄协领署（《绥远通志稿》）	1930年	原实业厅，民国十年，废址修建，建新房十一间，支款，此款作为按任流摊，民国十七年，改为建设厅，民国十八年，雨后重建，资金源于财政厅
教育厅	绥远城大东街万寿宫旧址	1932年	原假借旧城道署西育婴堂旧址，后租丹津旧邸，后在旧万圣宫遗址兴建一年，民国二十一年迁入，资金来源于万圣宫拆出木料及官产处四成建筑经费内。大小院六所，房六十一楹
绥远高等法院	清绥远城理事同知旧署		几经修葺，民国五年，雷祖培利用县监狱部分材料，并支款；民国六年、九年、十五年、十七年都有增修
绥远省地方法院	清正蓝旗二甲佐领旧署		原都统测绘所，后为乌伊两盟联合办事处，民国十九年地方法院占用整修，资金来源省政府拨款
绥远垦务总局	清代旗库旧址、马神庙		光绪二十八年，旧城北沙梁，民国四年，成立绥远垦务总局。民国十一年，由实业厅厅长担任，民国十九年由建设厅长兼职
军用电信局	绥远城省府内		
建设厅路工局	绥远城西南菩萨庙内		
度量衡检定所	绥远城建设厅内		

---

① 《绥远通志稿》第2册卷十六"名胜"，第368页。
② 《绥远通志稿》第2册卷十八"衙署"，第452页。

续表

名　称	所在地	成立时间	备　注
乡村工作人员训练所	绥远城大西街		
乡政研究委员会	绥远省政府内		
国货陈列馆	绥远城西门内路北厢红蒙古佐领署	1931 年	建设厅长冯曦创建
绥远旗务处	绥远城西落凤街厢红二甲档房	1914 年	由旗民生计处改今名
班禅驻绥办公处	绥远城大西街		
乌伊两盟联合办事处	绥远城大西街	1930 年	购得
中山学院	清启秀书院旧址	1927 年	由旧城恒昌店绥远会馆初迁入
归绥农科职业学校	清八旗佐领旧署	1927 年	迁入新城
省立第二小学校	绥远城东落凤街镶白旗二甲佐领署		
县立第二小学校	绥远城家庙宽街	1919 年 9 月	原址在元贞永宽街，1925 年（民国十四年）移今址
县立第三小学校	绥远城镶黄头甲佐领署、厢红头甲佐领署	1912 年设	
绥远日报社	绥远城大西街厢红二甲佐领署	1930 年 7 月 21 日	
农村周刊社	绥远城建设厅巷	1934 年	

（此表根据《绥远通志稿》《归绥县志》等整理绘制）

二　归化城衙署的再利用

清代归化城官衙署也不算少数。有管理移民事务的归绥道署、理事同知署，管理蒙民事务的副都统衙署，以及由此形成的旗务衙署，民国后都被充分利用（表 9 - 2）。绥远省两大重要机构民政厅和财政厅均利用归化城旧有衙署办公。民国初年，清归绥兵备道改称归绥观察使署，官员为归绥道尹，负责民政事务，曾一度迁入新城办公。但"办公不便，迁入归化城副都统署"，① 后因为不敷办公，与财政厅互易，在旧归绥道署办公。副都统衙署则为省财政厅占用。归绥县政府前身即为归化城理事同知，所以办公机构不变。土默特总管署也因管理蒙民事务，依然在旗务衙署办公。清代的管狱巡检署则为省公安局占用。义仓、常平仓，育婴堂，救济院等也被使用。从使用情况看，利用归化城重要衙署的机构多半是绥远省新立重要机构，归绥县级机构使用不多。这些新的机构大多在原有地上重建而成。归化城新成立的机构多是和民众生活直接相关的，如医院、学校等。财政厅、民政厅也都放置在归化城。各种县级同业公会均在归化城，这些同业公会多是清代归化城各种工商业的龙头之地。比如说，钱业公会在旧城大南街。

从归绥市旧衙署的利用来看，体现了这样三个特点和意义。

1. 在利用上，依然体现了较强级别和政治观念。绥远省政府毫无悬念地设在绥远城将军衙署，其他几个机构亦如此。但在衙署的使用上，无一例外地进行了重建、整修、扩建，较之原来的规模都有扩大。资金来源很多是市政建设款项，或者是官产清理处的存款。

2. 衙署房地产的修建特点体现了近代城市的意义。如取消理事同知署和归绥道署的辕门等，修建较为开放的建筑。修建了几个重要的园林，澄园、怪园等供人休闲，而这些园林多为重要公署内部设立。

3. 旧衙署内的新机构，打破了绥远城和归化城双子城各自为政的界限，体现了一体化趋势。本来绥远省政府主席李培基曾因"（绥远）城内街巷荒凉，殊非省会所宜"②，制订省城建设计划，从归化城迁来很多机构。但纵观发展，绥远城内房地产特点更多体现在政治意义和教育意义，民事方面和经济方面的城市重心依然在归化城。

---

① 《绥远通志稿》第 2 册卷十八 "衙署"，第 453 页。

② 《绥远通志稿》第 2 册卷十七 "城市"，第 400 页。

表 9-2　民国时期归化城衙署再规划情况

名　　称	所在地	成立时间	备　　注
民政厅	清归绥道旧署	1928 年	民国元年，民国十八年重修，民国后道署先后为观察使署、归绥财政分厅、绥远道尹公署。民国十七年，为民政厅
财政厅	清归化城副都统旧署	1917 年	旧署先后为归绥财政分厅公署、绥远道尹公署。民国六年，为财政厅
土默特总管公署	土默特议事厅巷旗务衙门旧址	1915 年	民国十四年，整修
省会公安局	清管狱巡检署	1931 年	民国七年，空闲，民国八年整修为警厅，原归绥市公安局，民国二十年为省会公安局
归绥县政府	清理事同知厅旧址		民国元年、民国七年、民国十一年、民国十九年修
归绥市党部	东顺城街		
归绥县党部	三贤庙巷清义仓旧址		
绥远第一监狱	城隍庙街清常平仓旧址	1915 年	民国四年重修，资金来源生息银和司法收入，民国十一年重修，马福祥捐资
省会平民医院	十王庙内地藏寺东偏院内		为前蒙古社社房院地，征收官有后修建
省会妇女救济院	十王庙内		租占
省会恤老院	县府后街	1930 年	创办于民国十四年，民国二十一年迁此址
归化电报局	恒昌店巷		
归化邮政局	小东街		
杀虎口台站管理局	议事厅巷		
归绥征收局	旧城北门内		
平市官钱局	三贤庙巷路北		民国二十年移新址
山西省银行	旧城二道巷		
统税查验所	棋盘街		
省农会	大桥北		
绥远总商会	二道巷		
归绥市商会	圪料街清商贾公所旧址		
省会妇女协进会	东顺城街		

续表

名　称	所在地	成立时间	备　注
中国红十字会绥远分会	太官巷		
绥远通志馆	西德胜街		
省立国术馆	北茶坊关帝庙内	1929 年	
禁烟稽查处	二道巷		
营业税稽征处	北门内		
蒙古地方自治政务委员会驻绥办公处	东顺城街		
归绥市屠宰检验厂	小召头道巷		
省立育婴堂	民政厅西牛痘局旧址		
省立第一中学校	草市街古丰书院旧址		
省立第一师范学校	公主府		
省立第一女子师范学校	剪子巷		
土默特中学	文庙街		
正风中学	西顺城街		
省立第一小学校	官店巷济生院旧址		
省立第四小学校	上栅子街		
省立第五小学校	南柴火市街		
民国日报社	文庙街		

（此表根据《归绥县志》等整理绘制）

第三节　民国归绥市房地产清理整顿

一　垦务总局对房地产的进一步清理

清朝末年，贻谷卸任，所制定的垦务任务没有完成。宣统三年，垦务大臣瑞良又制定土地准赎不准赎变通章程六则。民国后，归绥地区形势混乱，战事不断，民生凋敝。为了维持经济和军队的军费，每个来到归绥的军事势力，无不想尽办法聚敛资财，延续蒙地的放垦则是最为直接有效的办法。绥远城首任将军张绍曾继续推行垦务，张绍曾提到"（六县）本系蒙众户口、召庙香火地，因例不准卖，奸民劣蒙，辗转租典，既无部照，又乏印契，觊觎攘夺，案牍焚如，前将军贻谷在任时，曾设局清查，因案去官，遂未蒇事，卷查未缴地价，为数甚巨"。① 正是看到了大量地产没有上交地价，有利可图。民国二年，成立土默特清理地亩局，以吕均为局长，土默特旗参领都格尔扎布和杨炳中为副局长继续丈放土地。并针对当时土默特蒙古户口地约据混乱问题，以及旗内六县蒙古地丈放问题，重新修订了《修正清理土默特旗地亩章程》。

在《修正清理土默特旗地亩章程》中规定："前次查丈已经交清地价领有大照者，仍照旧管业"，"前次查丈未经交纳地价者，应按地质等次，饬令缴纳。其已缴未尽者，除已缴地价照抵外，应如数补缴。暂由清理地亩总局拨给新照，俟财政部部照颁发后，再行换给。"② 规定蒙民回赎地亩期限为两个月，限期交清地价，否则地权将转让给来购买土地的汉族农户，史料中提到的财政部的部照，即民国四年（1915），国民政府给蒙汉民颁发的房、地照，即著名的"乙卯大照"。

"乙卯大照"建立在开垦蒙地的基础上，以征收地价为根本。两个月的回赎期限，很多蒙民不能限期回赎，则意味着失去了房、地产。同时在另一个意义上，也是对归化城房地产的继续清理。

二　旗民生计处对绥远城铺房的处理

清朝灭亡，直接受害的就是其在各地建立的八旗驻防兵制度。绥远城满兵及家属的遭遇即是一例。清朝八旗兵享受官房、官饷、官城堡，为官人，铁饭碗，不谙耕种。八旗兵逐渐腐朽下去，但体制却一直没有变化。清末绥远城将军贻谷筹划垦务时期，实行新政，针对八旗满兵状况提出了这个问题。认为绥远城八旗兵"承平日久，兵习游惰而不操练，家享厚俸而不生产，驯致奢侈骄夸之习与日俱增"。③ "请拨巨款，办屯垦之计"，让八旗军队和家属参与耕种生计，加以安置，然而此事没有被完全落实。

---

① 赵全兵、朝克主编《内蒙古中西部垦务志》第二编，内蒙古大学出版社，2008，第327页。
② 《绥远通志稿》第5册卷三十八"垦务"，第322～323页。
③ 《绥远通志稿》第7册卷五十二"民族"，第206页。

图9-1　归绥市房地产部照

（此图转引自铁木尔主编《内蒙古土默特金氏蒙古家族契约文书汇集》，中央财经大学出
版社，2011年10月，第153页）

　　民国时期，尽管袁世凯颁布对满民的优惠政策，但清朝贵族身份一落
千丈。国家不再对驻防八旗拨款，绥远城"旗饷无著，旗民生计尤艰"。①
民国三年（1914）一月，旗民生计处成立，主要负责旗民生计问题。"公
推之阿克敦为筹备旗丁生计处总办"，"凡八旗大小官员，同负责任"②。
同年八月申请成立旗务处，旗民生计处并入旗务处，阿克敦任旗务处总

---

① 《绥远通志稿》第7册卷五十二"民族"，第206页。
② 《绥远通志稿》第7册卷五十二"民族"，第214页。

办，兼旗民生计处总办。民国十七年（1928），由于涉嫌贪污公款，荐任总管李春秀被指控离职，旗务处再没有设立总办之职，由原绥远城五协领共同主持处务。因旗务艰难，民国二十四年（1935），旗务处呈文绥远省政府，请求政府出面收回外面所有欠款，发归旗民自谋生路，旗务处改组为旗民生计处，清理追缴欠款。

旗民生计处成立后，对旗民主要有安插、筹款发放两种安抚措施。筹款来源主要是城外的部分土地，浑津黑河地、河套公产地等土地的少量地价；而城内东南西北四街市房"归旗务处征收房金，年可得数百元"。①

面对民国时期复杂的形势背景，原有公产地不断被新军事政府典卖，换取款项，如河套公产地原有 700 顷，被马福祥出售 500 顷，只留下 200 顷，收取地价银四万余元，发放旗民领用。但旗民生计日蹙，铺房最终也被推上典卖的结局。民国十九年（1930），清理官产处成立，绥远城四街铺房"收归官产处出售"。② "规定官产收入总项，以四成拨作安插旗民之款。"③

至此，清乾隆四年（1739）在政府主导下，归国家所有的铺房彻底完成所有权的变迁，从公产转移为私产。

三 官产清理处对绥远城房地产的清理

民国成立后，来到归绥市的各方军事势力都意图掌控归绥市的财政大权，获得最大利益。其中，对城市官产的清理意图都很明显。民国十五年（1926）八月，代理绥远都统蒋鸿遇倡清理绥远城官产之议。在垦务督办处附设清理官产处，以都统为督办，以垦务总办为坐办，以绥远道尹、政务厅长、财政厅长、旗务处总管为会办。④ 由于国民军很快西退，这件事并没有开展。第二年，奉军进入归绥市，官产清理的旧案又被重提，但遭到当时绅商的群起反对。民国十七年，奉军东退，这件事又宣告停止。民国十八年（1929），绥远省正式成立。民国十九年三月，"省政府主席李培

---

① 《绥远通志稿》第 7 册卷五十二"民族"，第 229 页。
② 《绥远通志稿》第 7 册卷五十二"民族"，第 229 页。
③ 《绥远通志稿》第 7 册卷五十二"民族"，第 229 页。
④ 《绥远通志稿》第 4 册卷三十四"官产"，第 770 页。

基派李廷英为清理官产处处长，著于伊始"。①民国二十年一月，官产清理处归绥远省财政厅，处长由财政厅厅长兼任。

《绥远通志稿》中提到官产的概念："省县地方建置所占有之房产地产，凡非租自私家而向备公者皆官产也。但衙署、会所、学校、营房、场圃及慈善事业之育婴、恤老、救孤各院，虽属官产而无租课收益者"②，则不列入清理范围。其意义即是由政府所建立，并收取房地产租银的财产，为清理官产范围。

起初，官产清理处认为："绥远城内八旗官产前经设局筹办，嗣以边疆多故，两度进行，遂即停顿。现在地方平靖，自应赓续进行；所有土默特旗、归化各城官产事同一律。"③ 这样就将绥远城内、归化城内，土默特旗所属官产一并清理，"以裕国课，而定产权"。④这件事直接遭到土默特总管旗的抵制，多次下文讨论⑤，官产处最终没有清理土默特的旗产。原归化城理事同知署所有的官产只有一种，即嘉庆年间回民刘明经捐献给理事同知署管业的大量房地产。这项官产后来由归绥县知事直接清理，并未经绥远省官产清理处。所以，绥远省官产理整顿的官产主要就是绥远城内的官房地产。

清代绥远城内房地产所有权均属国有，为官房、官城。尽管清政府没有直接表态允许驻防满城房地产的买卖，但民间交易大量存在，旗民内外交产状况均有发生。⑥ 清朝末年绥远城内房地产情况很是复杂。"价买官房约居十分之三"，剩下"为旗民自占"。⑦ 由于城市房地产交易的存在，除去官衙署等机构占用外，绥远城内房地产分为官房、私房（八旗兵和汉民等自买房）、兵房（清朝政府根据规定分给八旗兵及家属的房）、铺房；地

---

① 《绥远通志稿》第4册卷三十四"官产"，第770页。
② 《绥远通志稿》第4册卷三十四"官产"，第769页。
③ 土左旗档案馆档案：官产清理、有无窒碍赶行集议办法呈署的训令，全宗号：79—1—324，1928。
④ 土左旗档案馆档案：官产清理、有无窒碍赶行集议办法呈署的训令，全宗号：79—1—324，1928。
⑤ 土左旗档案馆档案：官产清理、有无窒碍赶行集议办法呈署的训令，全宗号：79—1—324，1928年；令四科，生计处，各召庙关于清理官产情形有无窒碍集议办法，全宗号：79—1—307，1928年；成立官产处对于蒙众生计有碍的函，全宗号：79—1—308，1928。
⑥ 见本书第中编内容。
⑦ 《绥远通志稿》第4册卷三十四"官产"，第771页。

基则分为"空地、官房地产基、私房地产基、铺面地基、园圃地基五项"。① 针对这些情况，官场清理处订立清理简章二十二条（附录 F）。主要内容整理如下：

1. 地基问题。各类房屋均缴纳地价款。不同情况数额不同，由官产处分为甲乙丙丁戊己六等。

2. 房屋问题。各种房屋全部私有化。官房、兵房、铺房均售卖，旗丁赏赉房用于自住、官有地基上的私买房不收房款，只收地价。

3. 惩罚措施。限期交清地价房价，承领印照、部照，否则就予以拍卖。房价一个月为期限，地价两个月为期限，房价没有具体数额，按照房屋实际情况由官产处评估。承领房价地价清欠者，按月递加款额，截至民国二十一年九月底，仍不能交清，则另行标卖。

经过官产清理处的清理，共清理整顿"官产五十三宗，共计一百一十三间半；私房三十六宗，共计三百一十一间半。官、私房地产基甲则二十八宗共二十亩三分九厘；乙则三十三宗共二十亩；丙则九宗共八亩二分五厘；丁则十三宗共九亩二分二厘；戊则七宗共五亩三分九厘。空地甲则二十宗，共十四亩零一厘；乙则二十五宗，共十二亩二分；丙则十四宗，共八亩二分八厘；丁则十一宗，共七亩三分九厘；戊则五宗，共六亩八分二厘"。② "未清理的房产，还有铺面房产计20宗，共六十一间，为各机关学校所用的有十八处。"③ 其余的均清理完毕。经过官房清理处的清理整顿，民国十九年，共收"房地产等价款二万零五百二十三元五角一分；二十年共收二万七千二百四十一元九角五分"。④ 其中，二成拨充官产清理处经费；其余八成，一半归绥远城市政建设之需，一半归旗务处安插旗丁之用。⑤

其实，这次清理整顿的意义远不止此。它所带来的客观影响在于绥远城房屋产权私有化的法律确认。在法律意义上，清代绥远城房地产所有权属国有。随着人口增加，城内房地产买卖盛行，旗内交产和旗民交产都

① 《绥远通志稿》第 4 册卷三十四"官产"，第 771 页。

② 《绥远通志稿》第 4 册卷三十四"官产"，第 770～771 页。

③ 李瑛主编《呼和浩特城市志》卷二十八城市建设第二章房屋建设，内蒙古人民出版社，1999，第 224 页。

④ 《绥远通志稿》第 4 册卷三十四"官产"，第 770～771 页。

⑤ 《绥远通志稿》第 4 册卷三十四"官产"，第 770～771 页。

已经出现，一半左右房屋产权已经转移，逐渐向私有化发展。但直到清朝末年，归化城房地产的权属没有发生本质变化。官产清理处成立的动机是征收地价，为绥远省政府获得经济效益。但在这个过程中，针对已经出现的复杂情况，官产处以政府职能部门的权力，从法律上认可并直接推动了绥远城房地产权的变化，完成了绥远城内官房私有化。绥远城房屋产权私有化，标志行政职能为主的城市形成。

原来绥远城房地产都掌控在国家手中。民国后，国家依旧控制地基，但将房屋产权下放，意味着城内除了原有的驻防八旗兵及家属外，其他民众也成了城市的土著居民，对城市拥有话语权。由于绥远城城内"房价较低廉"①，房地产买卖充分，从事各种职业的居民更不断进入绥远城内。绥远城城市职能发生了深刻变化，原有驻防性质弱化，城市以行政功能为主。

四 归绥县官房地产的清理整顿

民国后，归化县和绥远县合并成为归绥县。其管理的事务都是原来归化城厅管理的事务，其中包括官房地产租赁一项。归绥县掌管的官房地产就是清嘉庆年间回商刘明经所捐房业。民国年间，这项官房"或坍塌，或改建"，"新建之房为数更移，以是官私相杂，迭起纠纷"。② 这项房地产清理整顿也是势在必行。

第一次清理：房产普查。民国十年（1921），归绥县署做了一次普查，清理了此项房产的总数，出租款额。"坍塌房一百二十九间半，实在官房五百三十八间，民人自行添盖房屋二百九十三间半，占用地基一十六块，空地基五块。"共应征"银九百一两八分，城市钱五百二十五吊八百文"；缺征"银六百七十两三钱，市钱二百八十七吊八百文"。使用地基"加征银八十两四钱三分。市钱一百三十五吊"。实在征收"三百一十八两二钱一分。市钱三百七十三吊"，其中发给"蒙古地谱银一百三十四两三钱二分"（表9-3）。③

---

① 《绥远通志稿》第2册卷十七"城市"，第400页。
② 《绥远通志稿》第4册卷三十四"官产"，第779页。
③ 《绥远通志稿》第4册卷三十四"官产"，第779页。

表9-3 归绥县刘明经官房地产调查①

承租人姓名	房地产坐落	地基数目	官房间数及租资			自修房屋		公占及坍塌房屋及租资		
			瓦房土房	白银（两）	市钱（吊）	瓦房土房	其他	瓦房土房	白银（两）	市钱（吊）
德合明	牛桥街	一块		12.80		7				
王明才	同			9.00						
公聚堂	同			10.4	225	14				
王广荣	同		9	6.0		5				
任朝治	同		2	9.0		7				
八印尔	同	一块		29.6		37				
王赞	同		11	7.9						
马林	同		9	8.5						
池源	同		8	12.0			5			
朱智	同		17	1.0						
宫德成	同		3.5	3.0						
邢占鳌	同	一块		6.15		11.5（瓦房）				
马国贞	同		6（瓦房）	1.1						
郭太山	同		12	5.0						
邢占鳌等	同		6	4.1						
王章	同		5	4.0						
王永兴	同		4.5	4.0						
马兰亭	同		5	4.0						
啜永贵	同		12	14.4		19（瓦房）				
王志刚	同		4	6.0						
朱智	同		14	7.0						
复升永	同				24	7				
冀太吉	同		2		24					

① 《绥远通志稿》第4册卷三十四"官产"，第781～789页。

续表

承租人姓名	房地产坐落	地基数目	官房间数及租资			自修房屋		公占及坍塌房屋及租资		
			瓦房土房	白银(两)	市钱(吊)	瓦房土房	其他	瓦房土房	白银(两)	市钱(吊)
隆和泰	大桥东北		27	25.0			34		加征24.5	
王志刚	同		5							
朱智	同		37.5	90.			34			
正德堂	同	一块		14.4						
索德玉	同	一块			100		28		加征22.4	
乐善堂	同	一块		2.0						
灵应社	常平仓东	一块		10.25			13.5			
蔡发荣	常平仓后	一块		5.65			13.5			
天主堂	同	一块		5.0			19			
王殿璋	同	一块		4.33			11			
王殿祥	同	一块		4.33			19			
石宝	同		3	3	8					
德明店	外罗城路东		5	5	67					加征33.5
王清	民乐社	二块				各12			9.6	
天德魁								42	102.5	
孙希禹								2	20.5	
上玉元								15	61.5	
马德才								25	51.25	
德兴涌								17	36.18	
鹿亨								2	10.25	
丁立家								4	22.9	
武履谦								25	74.75	
史经								36	145.5	
赵福光								10	14.25	
赵祥光								16	14.35	
马耆贤								17	48.45	
卜自成								9.5	19.68	
要定有								18	27.60	
蔡维								18.5	41.82	

续表

承租人姓名	房地产坐落	地基数目	官房间数及租资			自修房屋		公占及坍塌房屋及租资		
			瓦房土房	白银（两）	市钱（吊）	瓦房土房	其他	瓦房土房	白银（两）	市钱（吊）
刘大士								22	49.2	
刘丕成								17		100
上益元								28		40
耿霭如								17		100
赵维世								6		30
宋国斌								10		20
崔启明								25		50
赵魁元								10		10
贾天福								5.5		10
赵福								2.5		8
王宽								3		4.8
燕贞								9		15

（此表根据《绥远通志稿》中列表改绘）

第二次清理：明晰权属，重发印照。民国十七年（1928），归绥县知事蔡镜波再次整顿归绥县官房，制定清理办法，彻底清查。规定如有私自将官房权属转移的，均重新收回出租，重新制定租额，一律征收银币，按租折四季缴纳。并"另行发给各租户承领执照。嗣后各租户如有推转他人时，须先呈报县署，另换新照"。[1] 整理之后，租额较以前有所增加，加强了对此项官房的控制。

第三次清理：清理官产，准备拍卖。在《绥远通志稿》中还有一幅表（表9-3），是对刘明经所留房地产的估价统计。时间是民国十八年（1929）。现有资料中，没有看到关于这次估价拍卖的其他说明，推测应该是在归绥市清理房地产大背景下进行的，时间要早于官产清理处的出现。

——————————
① 《绥远通志稿》第4册卷三十四"官产"，第779页。

针对民国十年的房地产数额，这次数额少了很多，具体变故不清。《归绥县志》中亦记载，"刘明经入官房地产租官土房一百六十三间，共征洋六百九十九元六角四分五厘"；"自盖瓦房一十九间，共征洋三十二元四角"；"自盖土房四十一间，共征洋六十五元五角二分"；"空地基一十一块，共征洋三百六十元七角一分三厘"。① 《归绥县志》所列官房地产一百六十三间的数额正是《绥远通志稿》民国十八年统计表所有官房的数额。《归绥县志》中提到，刘明经原房地产"今仅存如上数"。② 这个"今"即指《归绥县志》篆修成书于民国二十三年（1934）。截至民国二十三年，归绥县官房地产并未被拍卖。

第四次清理：接收官房，拨归学校占用。民国二十年（1931），县长张锡余希望将现有官房收归，然后拨给学校占用，接收费用"县地方筹款发给"。③ 并制定了收归办法：甲承租房地产其自行建筑房屋者，为甲等，每间发给修理费一百元；乙承租官房因年久坍塌自行改建者，为乙等，每间发给修理费五十元；丙承租官房因年久失修，自行补修，并未改建者，为丙等。每间发给修理费三十元。④ 但这项看似公益的行为，上报财政厅备案，遭到了财政厅的拒绝，理由是"纠纷綦多"。⑤ 很有可能的理由是，此处或者包括土默特总管署官房地产，阻碍很大；清理此产无利可图，价值不大。这件事没有进行下去。民国二十二至民国二十三年，还征收到此项官房产租资五百二十余元。⑥

通过史料显示发现，归绥县经过几次清理才真正将出赁官房掌控在自己手里。所属官房或被售卖，或被收官另用，最终并没有太大变化。从这些官产清理中可以看出，政府清理房产的实际意图无非是扩大财源。

五 土默特总管署对归化城房地产的整顿

民国二年，成立绥远特别行政区，采用都统制。民国三年，归化城副都统署被裁撤，一直在归化城副都统之下主管归化城土默特事务的旗务衙

---

① 《归绥县志》经政志，第 222~223 页。
② 《归绥县志》经政志，第 222~223 页。
③ 《绥远通志稿》第 4 册卷三十四 "官产"，第 780 页。
④ 《绥远通志稿》第 4 册卷三十四 "官产"，第 780 页。
⑤ 《绥远通志稿》第 4 册卷三十四 "官产"，第 780 页。
⑥ 《绥远通志稿》第 4 册卷三十四 "官产"，第 780 页。

署蒙古参、佐领们共同上书大总统，"为保存旗制，财政自收自支"，"改设总管，总理旗务"。① 民国四年（1915），土默特总管署成立，由总管负责。所有原旗务衙署事务由总管署接管，按科分类办公。土默特总管署清理房地产主要体现在两个方面：其一是官房地产，其二是召庙房地产。

清代归化城土默特官房地产主要由归化城副都统署下辖旗务衙门中的户司管理。民国十六年（1927），土默特总管署成立评定房产地基租价委员，由各科室主任等担任，来商议形成出租房产地基租赁简章②，规范官房地产出租事宜。在土左旗档案馆看到的租赁简章是手本，或者说是草稿。内容包括官房地产租期、收租日期、方法、租金核定、租照发行、租金缴纳方式、租户权益等，并没有重新核定、征收地价问题。上面有总管签署的意见，"交各科处核议签注，以三日为限"。③ 于民国十六年一月一日施行。"通告各租户限十五日前执照来署议租；布告凡租户不来署议租此即行收回另租；一项印刷附简章，每户一张，一项布告通衢。"这项政策大张旗鼓地施行。

民国十七年，来到绥远城的奉军，"复有清理绥远城及土默特旗官产之意"。④意图将归化、绥远二城官产一并清理，征收地价。绥远省成立后，成立官产清理处，再谈清理官产事宜。土默特旗很重视这件事，召集全旗各职能科室讨论商议。⑤ 后上报绥远省政府，提出官产处清理官产，有碍蒙众生计，不予支持。⑥

通过这项出租简章以及上报材料，能够说明归化城原有官房地产的主权在于土默特总管署，权益保持了与旧有的一贯性。归化城官产没有参与到官产清理处清理范围。"民国初年，此项收入的情况大致与清末相同，1931年（民国二十年）左右，房租收入银圆5000～6000元，是土默特旗的第三大收入，直到1949年未变"，甚至"官房铺产署比清代有所增加"。⑦

<hr>

① 《绥远通志稿》第10册卷八十四"职官"，第434页。

② 土左旗档案馆档案：本旗房产地基租赁简章，全宗号：79—1—629，1927年。

③ 土左旗档案馆档案：本旗房产地基租赁简章，全宗号：79—1—629，1927年。

④ 《绥远通志稿》第4册卷三十四"官产"，第770页。

⑤ 土左旗档案馆档案：令四科、生计处、各召庙关于清理官产情形有无窒碍集议办法，全宗号：79—1—307，1928；官产清理有无窒碍赶行集议办法呈署的训令，全宗号：79—1—324，1928。

⑥ 土左旗档案馆档案：成立官产处对于蒙众生计有碍的函，全宗号：79—1—308，1928。

⑦ 《土默特志》上卷"财政志"，第597页。

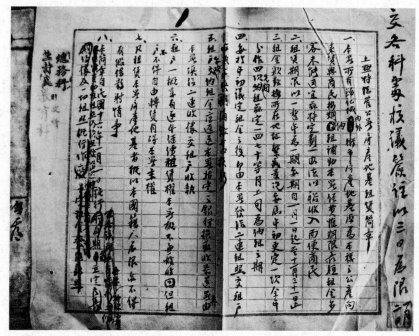

图 9 - 2　土左旗档案馆档案"土默特总管公署房产地基租赁简章"原件
（此图源自土左旗档案馆民国档案，签单和意见未附，全宗号：79—1—629，1927）

　　清末，归化城召庙已经多有衰败。民国初，召庙数量减少，召庙本身殿宇破败，作为土默特左右两翼的旗庙宁祺寺的状况可以做一个说明。"本城宁祺寺，俗呼太平召，系由本旗所建，原设喇嘛数十名，复由旗拨给土地、房租等业，每年约得市钱贰仟数百吊以及香火而资养赡。近数十年来，僧徒相继亡故，经理乏人，旧产既多迷失，殿宇尤多颓败，一望荒凉。不但于内外蒙人来此游观者贻笑全旗，抑且本旗蒙人信仰佛教之心亦大生感慨，乃至去年该寺执事喇嘛达圪布圆寂后，寺院尤形冷落。"① 民国时期，盗卖召产事情屡有发生。② 召庙生活来源减少，很多召庙"除共产共全寺公用外，各喇嘛皆恃师徒授受之私产，如地租、地谱等收入维持生

---

① 土左旗档案馆档案：太平召殿宇倾颓恳请派员会同职局认真整顿的呈文，全宗号：79—1—103，1923。
② 土左旗档案馆档案：黑徒有有呈控什卜尔台卜旦子等谋袭召产一案全宗，全宗号：79—1—874，1932；宁祺寺喇嘛毕勒圪太私卖庙产一案全宗，全宗号：79—1—757，1931。

活"。① 但有的召庙喇嘛却将产业传给了后代，致使召庙财产迷失。② 表9 -4 是1935 年归绥市召庙调查情况，呈现的是召庙本身的房地产状况。

表9 - 4　喇嘛寺庙概况调查③

寺庙名称	房间数（间）
无量寺（大召）	全寺殿宇住屋共约二百四十间
延寿寺（席力图召）	全寺殿宇住产共约三百间，因咸丰时重修一次，故较完整
崇福寺（小召）	全寺规模与前二寺相似
寿灵寺（迈达而召）	全寺有殿宇百五十间住屋八十余间
崇寿寺（彭顺召）	现已坍废仅存佛爷府楼院一所
隆寿寺（乃莫气召）	寺殿宇八十余间住屋五十余间
弘庆寺（弘庆召）	殿宇住室共六十八间
宁祺寺（太平召）	殿宇住室共一百余间
尊胜寺（班定召）	殿宇住室共八十二间
明安庙	殿宇住室共八十余间
广化寺（西喇嘛洞召）	全寺殿宇住室约百五十间，惟已颓敝
慈寿寺（什报气召）	全寺殿宇坍废，已改学校
庆缘寺（乌素图召）	全寺殿宇住室百余间，尚完整
崇禧寺（东喇嘛洞召）	全寺殿宇住室百余间，尚完整
延禧寺（巧而气召）	殿宇住室共计一百三十七间
长寿寺（乌素图召）	殿宇住室百余间，尚完整
广宁寺（召湾召）	殿宇住室共六十余间，尚完整
慈灯寺（五塔寺）	殿宇住室共七十三间
广福寺（沙尔沁召）	殿宇住室共八十余间
全化寺（珠而沟召）	殿宇住室共一百二十余间
普会寺	殿宇住室一百二十余间
永安寺	殿宇住室六十余间
广寿寺	殿宇住室六十余间
善缘寺	殿宇住室二十七间
里素召	殿宇住室六十余间
彰庆寺（忽然＝寨召）	殿宇住室共百十余间

---

① 土左旗档案馆档案：喇嘛寺庙概况调查表，全宗号：79—1—107，1935。
② 土左旗档案馆档案：太平召殿宇倾颓恳请派员会同职局认真整顿的呈文，全宗号：79—1—103，1923。
③ 土左旗档案馆档案：喇嘛寺庙情况调查表，全宗号：79—1—107，1935。

面对衰败的召庙，以及渐次没落的管理召庙事务的喇嘛印务处，土默特旗总管署控制了召庙的管理权。既要压制召庙喇嘛势力，也要压制还存在的喇嘛印务处。同时还要博弈于民国以来的土默特清理地亩局，与绥远省和中央管理民族地区事务的蒙藏委员会争取权利。

在召庙房地产事务中，首先是对召庙庙产的处理。针对庙产迷失，土默特总管署极力挽救。比较著名的是总管荣祥拆毁朋松召事件。清初期的朋松召可谓占尽天时地利，规模极其庞大，失去了清廷的扶持，很快就衰颓下去了。民国初年，"宇殿颓散，门庑残缺"。① 恢复已然无望。民国二十年（1931）总管荣祥经绥远省政府批准，派人将剩余寺院殿宇拆毁，破房木料卖给省立第一师范学校建筑校舍。② 民国二十四年（1935），因广福寺已经"无佛无僧，但留一嗜好多端之黑徒终年摧残拍卖，殊失当日建寺祈福之旨"③，总管署又派人拆毁了广福寺。当然这件事引起了召庙喇嘛的广泛不满，十五召庙喇嘛联合宣言，指责荣祥，并向中央蒙藏委员会申诉，要求严惩荣祥。④ 荣祥所做皆有其原则所在"凡本旗境内所属召庙，可保留者则设法修葺，其不可保留者，则酌予拆除"。⑤ 其次是加强对召庙庙产的管理。在处理这一系列事件的同时，土默特总管署加强对召庙的管理，民国二十年（1931）蒙藏委员会制定的《蒙古喇嘛寺庙监督条例》出台，自条例公布之日起，裁撤喇嘛印务处。喇嘛寺庙的管理权移交盟旗官署。土默特喇嘛印务处并没有按照要求取消，但权力都收归了土默特总管署。总管署加强了对庙产的管理并颁发声明，"查寺庙监督条例第十五条之规定喇嘛寺庙之不动产及法物非经监督官署核准不得处分或变更。按此条文之规定，非遇有必需或不得已之情形，不准各召寺私自处分或变更"。"凡在本旗境内所属各召寺其处分寺产，如未经本署核准备案等一律无效。其已经在民国二十三年以前办理典卖抵借此限，于一经查出或被告发，所有一切不合法之行为，概民国二十四年二月底以前迅速来署报请审核备案，以便确定权利。倘逾期不报嗣后发生任何权利和法律上的纠葛，本署

① 《绥远通志稿》第 2 册卷十三 "古迹"，第 229 页。
② 土左旗档案馆档案：第一师范学校奉省府令购买朋顺召破房木料建筑校舍的咨文，全宗号：79—1—2，1931。
③ 土左旗档案馆档案：呈报监拆常和赖召情形，全宗号：79—1—76，1935。
④ 《土默特志》（上），第 376 页。
⑤ 土左旗档案馆档案：恳请停止拆卸常黑赖召庙的呈文，全宗号：79—1—78，1935。

均不能认为有效"①，同时进行庙产清理登记。②

尽管土默特总管署名称有变化，事实上接掌了原旗务衙署的全部工作，继续行使土默特蒙古的部分权益，其中最大的利益点就是将原归化城召庙房地产纳入囊中。

小　结

清末民国以来，中国历史已经进入近代阶段，社会发生了深刻的变化。归绥地区具有重要的战略地位，依然是兵家必争之地。这些影响着归绥市的行政管理体制，也必然影响归绥市房地产及其变化。清末民国以来，归绥市的房地产清理整顿特点如下。

首先，房地产普遍清理整顿不完善，主要集中在官房。清末贻谷任绥远城将军时期，对整个归化城房地产进行了清理登记备案，但绥远城的情况似乎没有记录。而民国以来的官产清理处清理的房地产，主要指绥远城的房产。归化城的房地产没有进一步大规模整理。归绥县和土默特旗总管署也只是清理了本署管理的官房地产和召庙部分庙产，主要原因可能政府职能部门动机在于获取经济利益，而非城市发展的需要。

其次，房地产清理职能部门依旧保持清代的行政体制特点。清代实行的是以绥远城将军为主、归化城副都统署和归化城厅理事同知署分别管理的三级体制。民国以后，归化城副都统事务由土默特总管署管理，归化城厅则直接变为归绥县。在房地产清理中，土默特总管署、归绥县分别清理其掌管的官产。绥远城官产则由绥远省官产清理处负责清理。在清理过程中，几方势力的博弈时隐时现，这些都是清代存留的行政体制特点的延续，尽管机构名称发生变化，其深刻变化则是以后的事情。

再次，国家控制下的房地产权逐渐私有化。清代归化城房地产权属为二层：土地属于国有，但归化城土默特蒙古部众有占有权。作为户口地，清朝规定不允许蒙民交产；绥远城属于驻防城，也不允许旗民交产。尽管房地产典卖已经逐渐成为主流趋势，但一直没有法律认可。清末施行印花捐和贻谷清理整顿，归化城房地产买卖得到法律认可和推动。绥远城官产清理后，本为驻防官城内的官房地产由政府主持拍卖，全部私有化。甚至

---

① 土左旗档案馆档案：本旗所属各召之不动产及法物未经本署核准一切典卖行为概做无效的声明，全宗号：79—1—85，1934。

② 土左旗档案馆档案：喇嘛寺庙情况调查表，全宗号：79—1—107，1935。

绥远省主席李培基"以（绥远）城内街巷荒凉""议将各厅移驻新城"①，又由于"省城田房价较低廉"。② 这样归绥市房地产买卖全部放开，产权私有化基本完成。

最后，房地产清理整顿改变了城市属性。清代归化城尽管以商业发达著称，并且是重要的交通枢纽。但在清朝初期，其驻防职能也很强大。随着西、北方形势稳定，归化城的城市职能才逐渐转向经济方面，另一边绥远城则主要是军事驻防职能为主。随着房地产政策的放开，两城之间的土地被开发③，城市周边房地产不断拓展。④ 民国十年（1921），京绥铁路开通，围绕着修建在绥远城西北角的火车站，形成新的居住点，归化城、绥远城的双子城地理格局逐渐被打破。民国年间，归化城的城墙被拆除，城市一体化成为必然趋势，城市功能则逐渐摆脱驻防特点，向以行政功能为主的近代化城市发展。

---

① 《绥远通志稿》第 2 册卷十七"城市"，第 393 页。
② 《绥远通志稿》第 2 册卷十七"城市"，第 393 页。
③ 在土左旗档案馆档案：批示姑子板村福善如有理由可自往交涉，全宗号：79—1—382，1935 年中提到的姑子板，原为归化城和绥远城之间的村落。
④ 土左旗档案馆档案：退还老龙滩执照请领押价的呈文，全宗号：79—1—29，1931。

结　论

本书关注了呼和浩特市历史上的房地产变迁问题。在三百多年的历史中，呼和浩特房地产经过了一个从无到有的过程，形成了独有特点。

清代归化城土地名义上是清中央以户口地方式，赐予归化城土默特左右两翼的生活用地。其房地产业以租赁为主，本着冲突互益的原则，采用民间约定俗成的契约方式进行。但民间房地产业并不规范，租价受人为、地理位置等因素影响，地价和房价常常并不对等。契约中，不许"长支短欠"规定，体现的是互利互惠的原则；而"许退不许夺"的规定，则暗示了归化城地多人少的事实，租赁双方权益的不对等，预示了房地产业发展的趋向。民间房地产业只有中见人作为见证，没有形成中介地商，交易运行均为白契，说明不受政府权力机构的控制。而中央权力机构和地方权力机构是以出租人身份参与到房地产交易的链条中。官府房地产业所得，作为地方财政的补充，也并不占有重要地位。

这种局面维持了二百多年，民间房地产业最终以衰落告终，回民房地产商刘明经全部房地产捐给官府，蒙民房地产商积成堂资不抵债破产。但归化城房地产已然发生了较大变化。在利益驱动下，中央和地方政府以各种可能方式进行权力渗透。在其推波助澜下，归化城地权和房权分离，地权归国有，所有权和占有权统一；房屋权属转移，从土默特蒙古民众及召庙手中过渡到移民手中，土著居民部分撤出归化城，来到周边村落，归化城房地产移民化特点明显。

作为中央政府修建的满城，绥远城房地产一直归属国有。在一定政策倾斜下，旗内交产频繁，早期旗民交产是在中央控制下进行的。尽管如此，到民国初期，绥远城房地产大半已经私有化。经过民国时期的清理整顿，绥远城房、地权属分离，国家以征收地价方式保留地权，房屋则采用拍卖方式私有化。

随着清末民初房地产整顿清理，归化城、绥远城房地产权属趋于一致，地权归属国家，房屋产权私有化。在制度上，完善了房地产业市场，国家用登记制度获得了对部分房地产的主动权和控制权。

在这种房地产权属变化中，归化城土默特蒙古部众也参与其中，保留了部分私有房地产和官房地产，民国时期官房地产业成为归化城财政的重要支撑。

作为边疆城市，呼和浩特从一个方圆不到三里的小城堡发展起来，在房地产的扩展过程中，房地产交易起了主导作用。而房地产的发展也是城市发展的重要指征。绥远省成立之前，呼和浩特并没有市政管理机构和市政规划，这就意味着房地产的拓展和房地产交易自然决定了城市的发展规划、规模、走向。民国时期的城市拓展用地，则又呈现出和以往不同的方式，以政府出面低价征地为主要方式，从城市周边的村落移民手中获取土地，这是笔者今后将要解决的议题。

附　录

附录 A　清代归化城积成堂房地产资料目录

全宗号—类号—件号	题名	出货人	货方	中见人	时间	备注
80—14—292	将泰和俏巷空地基一所租予全义和的永租约	佐领荣穆扎布	全义和	哈扎尔、米超荣、高鹤峻	道光二十五年十二月二十六日	货房约
80—14—293	借到瑞和泰240千文将全义和租金典给的典约	瑞和泰	佐领荣穆扎布	赵瞳、米超荣、哈扎尔	道光二十五年十二月二十六日　立约	借钱
80—14—211	将小东街路东空地基一段货予复兴贺的租约	佐领荣穆扎布	复兴贺	车长安、诺老爷、土俊	道光十三年	
80—14—210	货到小东路东空地基一块的租约	积成堂荣老爷	复兴贺	车长安、诺老爷、土俊	道光十三年	
80—14—212	将归化城空地基一块以484两白银卖予积成堂的卖约	诺们达赖	佐领荣穆扎布	郝文秀、王福、秦锦肃	道光十三年十月廿九日	卖地约、龙票

续表

全宗号—类号—件号	题名	出卖人	贸方	中见人	时间	备注
80—14—213	将归化城 37 处地基以 3233500 文卖予积成堂的卖约	诺门达赉立	佐领荣穆扎布	郝文秀、王福、秦锦肃	道光十三年十月廿九日	龙票
80—14—1166	租到荣老爷西龙王庙地 97 亩的租约	百川堂，为证	佐领荣老爷	张万寿、简佩绂、史振经	咸丰二年十一月十七日	
80—14—380	贸到积成堂荣穆扎布西顺城街地基与房屋的永租约	积成堂荣穆扎布	天成丰店	曹自憨、张汝贵、张万寿	咸丰八年十二月廿六日	
80—14—374	贸到积成堂西顺城街空地基一块的租约	积成堂	清雅斋冯登全	亢折贵、参领图老爷、石成玉、张瑭龄	咸丰八年五月初一日	
80—14—358	贸到荣穆扎布南门内外罗城空地基一块的租约	佐领荣穆扎布	三多堂	韩永福、谢权中	咸丰六年腊月初五	
80—4—448	催令佐领荣木扎布迅速来案以便迅断的咨文		归化城同知		咸丰七年五月十九日	咨文
80—14—385	由已拨还刘万明、周浩欠积成堂荣老爷地谱钱的合同约	积成堂荣老爷	郭泰	赵大道、乔枝、李泰来、冯良佐、郭长春	咸丰九年八月初三日	
80—14—384	租到积成堂道署菊西地基一块的永租约	郭泰	积成堂名下	冯良佐、赵大道、郭长春、乔枝、李泰春	咸丰九年八月初三日	郭泰
80—14—394	将自己西顺城街空地基一段租予荣宝的永租约	积成堂荣老爷	米荣宝	七十六、尤焕、冯登全、哈喜尔赞、白润	咸丰十年五月廿日	

续表

全宗号—类号—件号	题　名	出货人	货　方	中见人	时　间	备　注
80—14—423	将自己置到太和馆巷院子一所卖予荣老爷的卖约	白润	荣老爷	田养忠、马万贵、候善继	同治二年癸亥十月六日	卖房契
80—14—1208	租到荣老爷道署衙门东路南空地基一块的永租约	刘得善、刘福善	佐领荣老爷	王自通、车长安、张湜龄	同治五年八月廿四日	
80—14—437	租到积成堂礼拜寺巷空地基一块的永租约	刘大熊	积成堂	陈起运、江锦、白润	同治三年四月十五日	
80—14—524	租到牛头巷东巷荣木扎布空地基一块的永租约	安性	荣穆扎布	张玉、董孝、阿力太	同治十二年七月十八日	
80—14—518	租到荣老爷礼拜寺巷空地基一段的租约	陈起凤	荣老爷	白润、陈起运、李如镜	同治十一年十二月廿二日	
80—14—513	贯到荣老爷西顺城街空地基一块的永租约	李成魁	荣老爷	张应清、李如疑、张绪、黄金富	同治十一年六月十二日	
80—14—512	贯到荣穆扎布小西街空地基一块的永租约	李山林、张万寿、杨旺	佐领荣穆扎布	王自成、儒勒骂扎布	同治十一年五月初三日	
80—14—500	将太和馆巷空地基一块卖子荣穆扎布的永租约	佐领荣穆扎布	阿佐领下披甲依席架	张湜龄、架萨喇嘛依勒图、披甲依勒克图	同治十一年三月十五日	祖遗
80—14—517	租到荣老爷西顺城街空地基一段的永租约	白润	荣老爷	阿克尔赞、七十六、张廷、尹明成、刘大德	同治十一年十二月初十	

续表

全宗号-类号-件号	题名	出卖人	买方	中见人	时间	备注
80—14—458	将太和宿巷地基基约丢失今又租子云老爷旧约无用的合同约	依息扎布	云老爷	大召依甲色、依力格图	同治四年十二月十三日	
80—14—1207	租到荣老爷道署东路南空地基一块的永租约	刘宝著	佐领荣老爷	王自通、车长安、张遥龄	同治五年八月廿四日	
80—14—434	借到普泽堂本银将自己收吃永顺荣铺等银钱典给的典约	佐领荣穆扎布		索进高、车长安	同治三年二月初六日	
80—14—435	借到谦和当本银将自己收吃李廷俊银钱铺典给的典约	佐领荣穆扎布	谦和当	索进高、车长安	同治三年二月初六日	
80—14—432	借到恰恰本银将自己收吃永顺荣铺钱典给的典约	佐领荣穆扎布	恰恰堂	索进高、车长安	同治三年二月初六日	
80—14—429	借到芝秀堂本银将自己收吃隆盛丰等钱银典给的典约	佐领荣穆扎布	芝秀堂	索进高、车长安	同治三年二月初六日	
80—14—432	与荣穆扎布分拨基产的合同约	谦和当堂、芝秀堂、恰恰堂、郝士俊堂、普泽堂、刘显功	荣穆扎布		同治三年二月初六日	
80—14—595	赁到积成堂归化城太平街空地基一块的租约	德荣堂	蒙古积成堂	赵凤麟、贾祥、王玉山、郭义代笔	光绪七年八月十一日	

续表

全宗号—类号—件号	题名	出典人	典方	中见人	时间	备注
80—14—652	典到积成堂城里头街东空地基一段的典约	蒙古栓柱	积成堂	图们、德老爷、纳禾腾森	光绪十二年十二月十九日	典约
80—14—860	租到积成堂那老爷太平街空地基一所的永租约	李廷瑞	积成堂那老爷	刘安义、田开元、王福、代笔拜有禄	光绪三十二年四月十八日	
80—14—828	赁到积成堂西顺城街空地基一块的租约	许世明	积成堂	柴廷献、马德海、文全	光绪二十九年闰五月十三日	
80—14—710	租到积成堂太平街空地基一块的永租约	李廷瑞	积成堂	郭义先、张致和、崇恩	光绪十八年十一月初八日	
80—14—564	租到积成堂荣老爷道署东空地基西边半边的永租约	李向阳	积成堂荣老爷	马彪、陈钊、苗文	光绪四年十二月初九日	
80—14—1348	租到积成堂东顺城街空地基一块的租约	隆兴元	积成堂	马银、马万兴、刘富、宋仰山	光绪三十年八月初二日	
80—14—573	借到守介堂钱将自己应赵履麇等银给的典约	守介堂	积成堂		光绪五年十月	
80—14—640	叔侄四门分租遗家产的合同约		积成堂	任全、骁骑校德隆额、参领台朴延克什、增生杨廷辅代笔、蒙古额勒哲依	光绪十一年七月初三日立	
80—14—1276	五门应分家产世业等项册簿		积成堂		光绪十一年七月初三日	

续表

全宗号—类号—件号	题 名	出卖人	卖 方	中见人	时 间	备 注
80—14—1012	卖到积成堂伊习丹增牛桥街空地基一块的永租约	又泰当、吕家鹤	伊习丹增	史禄全、温立公、王克明	宣统三年八月二十日	
80—14—1024	卖到伊习丹增口袋房巷地基一块的永租约	刘成	伊习丹增	崔英、侯成喜、温子侦	宣统四年三月二十九日	

附录 B　清代归化城召庙一览表

名称（官称）	俗称	新建及新建人，资金来源，时间	维修、扩修时间，人员，资金来源	坐落	清朝赐名时间	格局	规模据1935年数据①
无量寺	大召	北元中后期，阿拉坦汗，家庙	崇德五年，左翼佐领补音图、骁骑校喇巴太、德木齐温布剌麻	归化城正南一里许	崇德五年，满蒙汉三种文字	康熙三十六年，殿易黄瓦	约二百四十间
崇福寺	小召	1623年，俄木布洪台吉	康熙三十六年，内齐托音呼图克图；康熙三十七年	城东南一里许	康熙三十六年	康熙四十二年御制碑文	约二三百
崇福寺（属庙）	慈灯寺（五塔寺）	雍正五年，彦齐尔济呼必勒罕一世		崇福寺东南里许	雍正十年	三个院子，每个院子三个佛殿	共七十三间
	荟安寺（岳海庙）	乾隆三十八年，内齐托音呼图克图二世		察哈尔镶蓝旗岱海西岸	乾隆年间		
	善缘寺（登努素山召）	不详		归化城东南登努素山召	不详		二十七间

① 土左旗档案馆档案：喇嘛寺庙情况调查表，全宗号：79—1—107，1935年。

续表

名称（官称）	俗称	新建及新建人、资金来源，时间	维修、扩修时间、人员、资金来源	坐落	清朝赐名时间	格局	规模
延寿寺	席力图召	北元中后期，阿拉坦汗	康熙三十五年，席力图呼图克图将重修 咸丰九年重修，殿基增高数尺，有藏经塔一	在无量寺东百余步，归化城正南一里许	康熙三十五年	康熙四十二年御制碑文	三百间，咸丰时重修
属庙	广寿寺	康熙二十九年，席力图呼图克图四世		城西北乌苏图沟山阳	康熙二十九年		六十余间
	永安寺	康熙四十二年，席力图呼图克图四世			康熙四十二年		六十余间
	延禧寺	康熙四十九年，达尔罕绰尔济呼图克图一世		延寿寺东南里许	嘉庆六年		一百三十七间
	普会寺	乾隆三十四年，席力图呼图克图五世		城北百五十里山后	乾隆年间		一百二十余间

续表

名称（官称）	俗称	新建及新建人、资金来源、时间	维修、扩修时间、人员、资金来源	坐落	清朝赐名时间	格局	规模
崇寿寺	朋苏召	顺治十八年，刺嘛锡拉布召建	康熙三十三，扎萨克达刺嘛朋苏克增修，	城西门外河西，距城二里许	康熙三十三年	地初宏敞，殿宇壮丽，后寺门北移，院有藏经塔	仅存佛各府楼院一所
	属庙 吉特库召（萨拉齐召）	康熙三十六年，扎萨克达刺嘛朋苏克		城西吉特库山阳，距城二百余里			
隆寿寺	额尔齐召	康熙八年，绰尔济达赖建	康熙三十四年续修，温步扎木萨呼必勒罕一世	城西南里许	康熙三十四年		殿宇八十余间，住屋五十余间
			嘉庆十年被火毁重修				
	属庙 隆福寺（迦蓝召）	康熙三十四年，恩克		崇福寺东北马莲滩			
宏庆寺	宏庆召、拉布齐召	康熙六年，宁宁呼图克图一世个人财产		城南文庙官学西百余步	康熙六年，满蒙汉三种文字匾额		六十八间
尊胜寺	班第达召	康熙元年，咱雅班第达	康熙三十六年，咱雅班第达一世诸弟子	城东北哈拉沁沟源吉尔嘎朗图山，距城百余里	康熙三十六年，赏满蒙汉三种文字匾额		八十二间

续表

名称（官称）	俗称	新建及新建人，资金来源，时间	维修、扩修时间、人员、资金来源	坐落	清朝赐名时间	格局	规模
宁祺寺	太平召、和硕召	康熙六十一年，土默特左右两翼官兵	乾隆十九年，东北正圣塔一座；乾隆二十九年，西北至忠塔一座	城西北里许	康熙乾隆四十九年		一百余间
慈寿寺	时报气召	顺治十二年	康熙三十五年图克图四世	城西山阳，距城五十里	康熙三十五年		
广福寺	常黑赖召	土默特已故参领扎布之妻		崇福寺前路西	乾隆三十年		八十余间
隆寿寺	乃莫气召	康熙八年，达赖绰尔济	康熙三十四年修葺；嘉庆十年灾，光绪十一、二年重建	城西南二里许	康熙三十五年，赏满蒙汉三种文字匾额		
	乌素图召	顺治十二年，博格达蔡汗喇嘛为洞	乾隆四十七年重修	城西北，距城二十里	乾隆四十八年		约百余间
庆缘寺 属庙	法禧寺（拉哈巴兰召）	麻郎布巧尔济禄布		庆缘寺东北			
	增福寺（里素召）	里素村父老		萨拉齐梨树村，距城一百二十里	康熙三十五年		六十余间

续表

名称 （官称）	俗　称	新建及新建人， 资金来源，时间	维修、扩修时间、人员、资 金来源	坐　落	清朝赐名时间	格　局	规　模
崇喜寺	东喇嘛洞召	顺治十二年，额 尔德尼佣齐呼图 克图四世	道光十八年，火灾儿尽	城东北额齐沟中， 距城六十里	康熙五十二年		百余间
广化寺	西喇嘛洞召	顺治十五年	康熙五十八年，吹萨嘎巴佣 齐呼图克图四世 乾隆四十八年增修	西山沟内，距慈寿 寺二十里	乾隆四十八年		约百五十间

（此表根据《呼和浩特召庙》（金峰）《土默特旗志》《蒙古及蒙古人》（第二卷）、《归绥识略》《蒙古及蒙古人》（上卷）整理而成）

附录 C　清代归化城内朋松召地产契约目录一览表

类别	全宗号—类号	件号	题名	责任者	清代时间
契约	80—14	1	赁到朋松召当家长木素等名下铺房 2 间的赁约	四义店	乾隆 050615
	80—14	1035	赁给王德顺牛头巷北口空地基的永租约	朋松召	乾隆 140800
	80—14	1039	租到朋松召召前园地 40 亩的永租约	任金儒	乾隆 241003
	80—14	1046	租到朋松召小东街空地基一块的租约	赵子潘	乾隆 291101
	80—14	1050	租到朋松召城西地 13 亩的永租约	王生荣	乾隆 361217
	80—14	1055	租到朋松召正房三间空地 2 块的租约	兰三德等	乾隆 410914
	80—14	26	租到朋松召大喇嘛名下正房三间空地一块的租约	兰三德等	乾隆 410924
	80—14	1064	赁到朋松召小东街路西门面 2 间等的永租约	闫昌祖	乾隆 491201
	80—14	1065	赁到朋松召小西街门面 1.5 间的永租约	复盛永	乾隆 510602
	80—14	1066	赁给卢时德小西街土房 2 间的永租约	朋松召	乾隆 510606
	80—14	1067	赁到朋松召小西街土房 2 间的永租约	贾福禄等	乾隆 510703
	80—14	1068	赁给公合永宁武巷圐圙一所的永租约	朋松召	乾隆 550705
	80—14	51	赁到朋松召常盛街门面两间的永赁约	曹宪章	乾隆 510705
	80—14	60	将小西街铺两间租予天兴恒的永租约	朋松召喇嘛	乾隆 540513
	80—14	64	赁到朋松召大喇嘛名下宁武巷房十四间的永租约	公合永	乾隆 550705
	80—14	1070	赁到朋松召小东街门面一间的永租约	吴海	乾隆 560101
	80—14	1074	赁到朋松召察素齐空地基一处的租约	兰三德	乾隆 560411
	80—14	87	租到朋松召根庆名下本召外西面地半亩的租约	陈贵	嘉庆 020705
	80—14	141	收租朋松召地基户康海租钱的租约	圪速盖噶尔拾架	嘉庆 041121
	80—14	142	收到路生喜租朋松召地基钱的租约	圪速盖噶尔拾架	嘉庆 041119
	80—14	1082	收到朋松召租户刘福俊地基的合同约	圪速盖噶尔拾架	嘉庆 041121
	80—14	1095	租到朋松召地铺的租约	郝如虎	嘉庆 120923
	80—14	125	赁到朋松召小西街路北空地基一块	杨显彩	嘉庆 221218
	80—14	135	以赁房约收钱摺借朋松召钱的典约	一世金耙	嘉庆 220908

类别	全宗号—类号	件号	题名	责任者	清代时间
契约	80—14	186	典出收吃刘秉义等人地租借朋松召钱的典约	基吉架	道光 060807
	80—14	1111	赁到朋松召廪尔登空地基一块的永租约	什得扣	道光 070509
	80—14	1113	赁到朋松召三官庙街地基一块的租约	弋万金	道光 080721
	80—14	1114	赁到朋松召三官庙街地基一块的租约	岳万金	道光 090813
	80—14	1115	租到朋松召西茶坊外地一块的永租约	韩英	道光 100405
	80—14	1120	典给和盛当常胜街东口房院一处的典约	朋松召	道光 110626
	80—14	1121	赁到朋松召九龙湾路南空地基一块的永租约	韩仲嗣	道光 110819
	80—14	1127	租到朋松召地基一块的永租约	李光红	道光 131121
	80—14	1138	向任致远质租折借钱的合同约	朋松召	道光 190730
	80—14	1158	赁到朋松召小东街关帝庙路西空地基一块的永租约	李海明等	道光 281221
	80—14	319	租到朋松召西南地基一段的租约	于恒旺	道光 290407
	80—14	1162	租到朋松召三官庙街破土房 3 间的租约	万兴泰	道光 300529
	80—14	348	将南柴火市街土房六小间赁予德合成的租约	朋松召喇嘛	咸丰 030120
	80—14	351	将原赁到朋松召小西街路北房院退还的合同约	罗秀	咸丰 031005
	80—14	1179	赁到朋松召小西街房院一所的永租约	李昌结	咸丰 100428
	80—14	454	赁到朋松召楼房院九龙湾路南地基一块的租约	荣业堂	同治 040918
	80—14	1215	指南柴火市街地基地谱借乌大人钱的合同约	朋松召	同治 070417
	80—14	488	租到朋松召大仓小北街空地基一所的永租约	岳成俊	同治 081112
	80—14	549	赁到朋松召大南街头道巷路北空地基一块	长泰店	光绪 021102
	80—14	1245	赁到朋松召大南街头道巷空地基一块的租约	长泰店	光绪 021102
	80—14	554	租到朋松召王大法营地基二块的永租约	王玉殿	光绪 030803
	80—14	1255	赁到朋松召小东街老爷庙前地基一块的永租约	杨世昌	光绪 051215

类别	全宗号 —类号	件号	题名	责任者	清代时间
	80—14	1257	赁到朋松召常胜街东口地基一块的租约	刘丕英	光绪 060804
	80—14	1262	赁到朋松召小东街老爷庙前空地一块的永租约	付德宝	光绪 070712
	80—14	1279	赁到朋松召大南街财神庙东巷空地一块的永租约	赵连城	光绪 120811
	80—14	665	退给朋松召大城里驼桥路东房院的合同约	永茂盛	光绪 141207
	80—14	671	租给李致忠小北街空地基一块的永租约	朋松召	光绪 151117
	80—14	926	典给刘懿德归化城吉庆堂名下地谱的典约	朋松召	光绪 170101
	80—14	1291	租到朋松召三官庙街空地基一块的永租约	清廉堂	光绪 180327
	80—14	1308	租到朋松召宁武巷空地基一块的永租约	刘丕承	光绪 210624
	80—14	1309	租到朋松召九龙湾空地基一块的永租约	梁奕	光绪 210806
	80—14	1316	过给周永富小北街空地基一块的过租约	朋松召	光绪 220319
	80—14	1326	租到朋松召宁武巷空地基一块的永租约	郭玺	光绪 260224
	80—14	640	饬传朋松召喇嘛纳音泰等到案以凭质讯的咨文	归化城同知	光绪 280310
	80—14	1345	租到朋松召三官庙街空地基一块的永租约	徐国林	光绪 300229
	80—14	1355	租到朋松召宁武巷地基一块的永租约	积善堂	光绪 310407
	80—14	1356	租给积善堂宁武巷地基一块的永租约	朋松召	光绪 310407
	80—14	1357	租到朋松召宁武巷地基一块的永租约	于秉文	光绪 310908
	80—14	1347	租到朋松召大南街财神庙东巷空地一块的租约	任英	光绪 320405
	80—14	1367	租到朋松召宁武巷空地基一块的永租约	邸富	光绪 330000
	80—14	962	过给杨富西茶坊空地基一块的永租约	朋松召	宣统 020417

附录 D　绥远城房租银收支统计表

序号	时间	旧存（上一年）	新收（一年）	开除（一些比较少的开支，如胃殖回京，七十岁以上赏银，建坊银等等没有录入）	实在库贮（当年）	备注
1	乾隆二年					没找到相关记载
2	乾隆三年					
3	乾隆四年					
4	乾隆五年					
5	乾隆六年					
6	乾隆七年					
7	乾隆八年					
8	乾隆九年					
9	乾隆十年					
10	乾隆十一年					
11	乾隆十二年					
12	乾隆十三年					
13	乾隆十四年	12760.826	5578.66 810.87（还）	7557.968（公费银，红白赏银）	11592.387	
14	乾隆十五年	11592.387	5423.942	5011.243 公费银：1089.582+338.188；红白事赏 1176+952	12005.084	新收中包括修理城墙节省款
15	乾隆十六年（闰）	12005.085	5735.3879	6763.683	10976.982	
16	乾隆十七年	10976.982	5381.095	3127.165 公用银：1035.31+292.407；红白事：1436	13230.842	新收中，包括改建衙署，修理城墙核减款

续表

序号	时间	旧存（上一年）	新收（一年）	开除（一些比较少的开支，如胥殖回京，七十岁以上赏银，建坊银等等没有录入）	实在库贮（当年）	备注
17	乾隆十八年	13230.843	5167.282	2905.479 公用银：1035.3 + 308.696；红白事：1346	15492.643	
18	乾隆十九年	15492.644	5524.4	2853.343 公用银1079.61 + 323.471；红白事等1296	18163.733	
19	乾隆二十年	18163.737	4694.482	3457.675 公用银：1035.3 + 296.951；兵丁红白事：1788	19400.537	
20	乾隆二十一年	19400.537	4493.9	4287.999 公用银：1035.3 + 288.338；兵丁红白赏 1006；补买交宁夏马：1944	19606.437	。
21	乾隆二十二年（闰）	19606.437	4764.2	11550.399 公用银：987.28 + 336.232	12820.418	
22	乾隆二十三年	12820.418	6011.291	2743.870 公用银：987。28 + 336.232；红白事：1314	16087.839	修将军衙署378.5473
23	乾隆二十四年（闰）	16087.839	2744.4675	12321.51 公用银：1031.59 + 368、59；红白事：890.；兵丁补立驼马倒毙：4420，充饷银：10000	6510.794	兵丁补立驼马倒
24	乾隆二十五年	6510.794	8725.685	6769.494	8467.789	
25	乾隆二十六年	6523.078	9189.962	7600 驼马倒闭：1944	8067.221	（原文破损）

续表

序号	时间	旧存（上一年）	新收（一年）	开除（一些比较少的开支，如胃殖回京、七十岁以上赏银、建坊银等等没有录入）	实在年贮（当年）	备注
26	乾隆二十七年（闰）	8067.221	10620.997	2783.176 公用银：1075 + 370；修墙：1040.741；红白赏等218；补立驼马：3181	12724.034	新收中包括房租及驼马补立回收银
27	乾隆二十八年	10174.073	9356.343	1696.538 驼马倒闭：2550	17833.878	
28	乾隆二十九年	17833.878	7576.633	22256.739 公用银 1031.31 + 321.176；充饷银10000；倒毙驼马补立2865；红白事赏597	288.772	
29	乾隆三十年（闰）	288.772	8054.413	7470.265 公用银：1076 + 315.4；红白事赏：1048；生息银3500；补立驼马倒毙1321	872.921	户部质疑向以红息赏银，不先用生息银，而用房租银
30	乾隆三十一年	872.921	6987.128	6702.832	1157.298	承恩当生息、补立驼马等支出
31	乾隆三十二年					
32	乾隆三十三年			5314.3		
33	乾隆三十四年	2695.311	6988.121	公用银：1028.921 + 305；补立驼马2464；修万寿宫48.446；修城1467.6455	4369.397	修城银未被核销
34	乾隆三十五年（闰）	4369.397	8119.238	8875.801 公用银：1073.231 + 323、149；充饷银4369.397；红白事赏474；补立驼马倒毙2508	3612.834	

续表

序号	时间	旧存（上一年）	新收（一年）	开除（一些比较少的开支，如胥殖回京、七十岁以上赏银、建坊银等等没有录入）	实在库贮（当年）	备注
35	乾隆三十六年	3612.834	8387.659	8566.907	3433.586	
36	乾隆三十七年	3433.586	8915.484	公用银：1030.12 + 305；充饷银：3612.834；驼马倒毙补立 2310；红白事 1157 8941.945	3407.125	
37	乾隆三十八年	3407.125	8708.598	7513.035	4602.688	
38	乾隆三十九年	4602.688	8819.518	公用银：1177.92 + 304.99；充饷银 3407.125；倒毙驼马补立 1740 9509.798	3912.408	旧管银全部用于充饷
39	乾隆四十年	3912.408	8011.041	公用银：1126.11 + 305；红白事 1209；充饷银 4602.688；驼马补立 2102 8461.332	3462.117	
40	乾隆四十一年	3462.117	8958.45646	公用银：1126.1 + 305；补立驼马 2054；充饷银 3912.408；借动放赏 860（还 744，欠 116） 9649.317	2771.256	支出：补立驼马，借动放赏，充饷银和公用银
41	乾隆四十二年	2771.256	8494.112	8410.356	2855.12	
42	乾隆四十三年（闰）	2855.12	9614.4924	9489.692	2979.812	
43	乾隆四十四年	2979.812	9715.566	10117.446	2577.932	支出：补立驼马，红白事赏，充饷银和公用银

续表

序号	时间	旧存（上一年）	新收（一年）	开除（一些比较少的开支，如胄殖回京，七十岁以上赏银，建坊银等等没有录入）	实在库贮（当年）	备注
44	乾隆四十五年			10497.977		
45	乾隆四十六年	2960.17	10265.152	公用银：1050.66+305+231；红白事 1291（还 1008，未还 283）；充饷银 2960.17；驼马倒毙补立 4622	2727.192	旧管银全部用于充饷
46	乾隆四十七年	2727.192	10312.872	9156.512	3893.552	
47	乾隆四十八年					
48	乾隆四十九年					
49	乾隆五十年					
50	乾隆五十一年					
51	乾隆五十二年	2747.922	11319.197	11443.32 公用银：1012.11+305+198；红白事 1424；修理军器堆拨 5746；倒毙驼马补立 2747.922	2624.87	
52	乾隆五十三年	2624.87	12736.295	12645.245 公用银：1102.11+305+154；红白事 2518；修理军器堆拨 2624.87；倒毙驼马补立 5928	2715.137	
53	乾隆五十四年（闰）	2715.137	13800.432	13874.797 公用银：1151.66+305+165；红白事 2516；修理军器堆拨 2715.137；倒毙驼马 6982	2688.772	
54	乾隆五十五年	2688.772	12697.422	12699.892 公用银：1102.12+305+187；红白赏 1782（还 1550，未还 232.）；修理军器 2688.772；驼马倒毙 6625	2686.32	

续表

序 号	时 间	旧存（上一年）	新收（一年）	开除（一些比较少的开支，如胃殖殖回京，七十岁以上赏银，建坊银等等没有录入）	实在库贮（当年）	备 注
55	乾隆五十六年	2686.32	13213.222	13124.72	2774.822	
56	乾隆五十七年	2774.822	14381.082	14388.172 公用银：1151.65＋305＋121；红白赏2726（还1969，未还757）驼马倒毙7266.；修军器7266.；修军器2774.822	2767.732	
57	乾隆五十八年	2767.732	13737.472	13812.722 公用银：1102.1＋305＋165，红白赏2323（还1773，未还550）；倒毙驼马7128；修理军器2767.732	2692.482	
58	乾隆五十九年	2692.482	13217.747	13136.572	2773.657	
59	乾隆六十年					
60	嘉庆元年	2743.842	13172.472	13133.252 红白赏1973（还1561，未还376）；盘费等2743.842；驼马倒毙6876	2783.062	原件需要补充，缺第三页
61	嘉庆二年（闰）	2783.062	14516.382	14543.942 公用银：1154.66＋305＋143；红白赏2589（还1931，未还658）；修理军器2783.062；驼马倒毙7535	2755.52	
62	嘉庆三年					
63	嘉庆四年					
64	嘉庆五年					
65	嘉庆六年					
66	嘉庆七年					

续表

序号	时间	旧存（上一年）	新收（一年）	开除（一些比较少的开支，如眷属殖回京、七十岁以上赏银、建坊银等等没有录入）	实在库贮（当年）	备注
67	嘉庆八年					
68	嘉庆九年	2938.97	14444.597	14400.867 公用银：1175.96+305+220；红白赏 2020（还 1756，未还 264）；修理军器 2938.97；驼马倒毙 7711	2982.637	
69	嘉庆十年	2982.637	15340.832	15442.157 公费银：1230.52+305+165；红白赏 2637（还 2027，未还 610）；修理军器 2982.637；驼马倒毙 8122	2881.312	
70	嘉庆十一年	2881.312	14959.467	14842.582	2998.197	
71	嘉庆十二年	2998.197	14988.97	15005.242	2981.52	
72	嘉庆十三年	2981.052	16073.657	16136.627 公用银：1224.575+305+198；红白事赏 3175（还 2446，未还 729）；修理军器 2981.052；补马驼马 8243	2918.082	
73	嘉庆十四年	2918.082	14598.822	14647.327 公用银：1170.25+305+176；红白事赏 2147（还 1788 未还 359）；修理军器 2918.082；补立驼马 7768	2869.577	
74	嘉庆十五年	前缺		修理军器：2869.577；红白事赏 2205（还 1655. 未还 550）；驼马补立 7197	2999.167	前缺页
75	嘉庆十六年					
76	嘉庆十七年	2998.702	14863.222	14891.717 公费银：1170.15+305+110；红白事 2748（还 2178，未还 570）；修理军器等 2998.702；补立驼马 7560	2970.27	

续表

序号	时间	旧存（上一年）	新收（一年）	开除（一些比较少的开支，如骨殖殖回京，七十岁以上赏银，建坊银等等没有录入）	实在库贮（当年）	备注
77	嘉庆十八年	2970.27	14499.397	14629.222 公用银：1170.15305+143；红白事2552（还2003，未还549）；朴立驼马7489；修理军器等2970.27	2840.382	
78	嘉庆十九年	2840.382	15105.532	14958.697 公用银：1226.875+305+121；红白事赏2346（还1757，未还589）；修理军器等2840.382；驼马朴立8061	2987.21	
79	嘉庆二十年	2987.217	14769.247	14887.912 公用银：1170.25+305+143；红白事赏2941（还2358，未还583）；修理军器堆拨2987.217；朴立驼马7304	2868.552	
80	嘉庆二十一年	2868.552	15220.132	15121.427 公用银：1224.575+305+2121 红白事赏2483（还2050，未还433）；修理军器堆拨2868.552；朴立驼马8073	2967.257	
81	嘉庆二十二年	2967.257	13780.187	13753.292 公用银：1170.5+305+132 红白事赏2110（还2053，未还57）；修理军器2967.257；朴立驼马7039	2994.152	
82	嘉庆二十三年	2994.152	13583.112	13583.177 公用银：1170.25+305110；红白事赏2174（还2144，未还30）；修理军器堆拨2994.152；朴立驼马6800	2994.087	
83	嘉庆二十四年	2994.087	14673.117	14672.632	2994.572	
84	嘉庆二十五年	2994.572	13380.537	13387.787	2987.322	
85	道光元年					

续表

序号	时间	旧存（上一年）	新收（一年）	开除（一些比较少的开支，如骨殖回京，七十岁以上赏银，建坊银等等没有录入）	实在库贮（当年）	备注
86	道光二年					
87	道光三年	2999.477	12954.788	13153.732 公用银：1167.35＋305＋209；红白事赏2450（还1600，未还850）；修理军器器堆拨2999.477；驼马补立5944	2800.533	
88	道光四年（闰）	2800.533	13536.893	13611.108	2726.318	
89	道光五年	2726.318	13030.438	12999.343 公用银：1173.25＋305＋165；红白事4549（还1600，未还2949）；修理军器2726.318；补立驼马4056	2757.413	
90	道光六年					
91	道光七年					
92	道光八年	2799.063	12528.978	12440.298	2887.743	
93	道光九年	2887.743	11792.178	11822.818 公用银：1173.15＋305＋209；红白事2356（还2057，未还299）；修理军器器堆拨2887.743；补立驼马4858	2857.13	
94	道光十年					
95	道光十一年					
96	道光十二年	2740.528	11464.403	11348.563 公用银：1173.35＋305＋165；红白事1367；修理军器2740.528；补立驼马5568	2856.368	

续表

序号	时间	旧存（上一年）	新收（一年）	开除（一些比较少的开支，如胥额回京，七十岁以上赏银，建坊银等等没有录入）	实在库贮（当年）	备注
97	道光十三年	2856.368	10550.053	10597.233 公用银：1229.86＋305＋110；红白事 400；修理军器堆拨 2856.368；补立驼马 5666	2809.188	
98	道光十四年			10032.68		
99	道光十五年	2719.233	10078.53	公用银：1027.575＋305＋99；修理军器 2719.233；补立驼马 5676	2765.668	
100	道光十六年	2765.668	9256.953	9252.663	2769.958	
101	道光十七年	2769.958	9115.853	9244.973 公用银：1173.15＋305＋110；修理军器堆拨 2769.958；给右卫红白赏 150；补立驼马 4667	2640.838	
102	道光十八年			8886.653		
103	道光十九年	2779.238	8898.23	公用银：1173.15＋305＋110；修理军器堆拨 2779.238；补立驼马 4508	2790.788	
104	道光二十年	2790.788	8743.953	8851.813	2682.928	
105	道光二十一年	2682.928	9292.343	9372.363 公用银：1229.87＋305＋198；修理军器 2682.928；补立驼马 4910	2602.98	
106	道光二十二年					

续表

序号	时　间	旧存（上一年）	新收（一年）	开除（一些比较少的开支，如胃殖回京，七十岁以上赏银，建坊银等等没有录入）	实在库贮（当年）	备　注
107	道光二十三年	2611.338	9432.168	9442.913 公用银：1227.57＋305＋143；修理军器 2611.338；驼马补立 5056	2605.93	
108	道光二十四年（闰）	2600.593	8772.18	8759.68	2613.093	
109	道光二十五年	2613.093	8756.358	8765.118	2604.333	
110	道光二十六年			8700.833		
111	道光二十七年	2610.798	8699.838	公用银：1173.05＋305＋121；修理军器 2610.798；补立驼马 4429	2609.798	
112	道光二十八年					
113	咸丰元年					
114	咸丰二年（闰）	2615.073	9369.248	9218.223	2703.098	
115	咸丰三年	2703.098	8811.383	8900.113 公用银：1170＋305＋187；修理军器 2703.098；补立驼马 4483	2614.368	
116	咸丰四年（闰）	2614.368	9386.48	9399.633 公用银：1224.565＋305＋143；修理军器 2614.368；补立驼马 5079	2601.143	
117	咸丰五年（闰）	2601.143	8806.553	8803.418	2604.278	
118	咸丰六年					

续表

序号	时间	旧存（上一年）	新收（一年）	开除（一些比较少的开支，如胥殖回京、七十岁以上赏银、建坊银等等没有录入）	实在库贮（当年）	备注
119	咸丰七年（闰）	2614.598	9410.353	9391.163	2633.788	
120	咸丰八年	2633.788	8760.328	8758.533	2635.583	
121	咸丰九年					
122	咸丰十年	2627.818	9047.353	9043.743 公费 803.74 各庙祭品，赍送文报骡脚 942.185；修理军器 2627.818；驼马朴立 4670	2631.428	公用费分为公费和各庙祭品、赍送文报骡脚两部分，公费中没有包括在年给同知笔帖式判、学房等支出，公费银均蒙古三成报销，军器银和修理、公费银均咸三成如此，以下内容均如此
123	咸丰十一年	2631.428	8347.053	8681.513 公费银：823.9+995.85；修理军器 2631.428；朴立驼马 4006	2296.968	户部奏销开始不认真，经常拖
124	同治元年	2296.968	8063.253	7973.553 公费银 793.88+856.85；修理军器等 2296.968；驼马朴立 3966	2386.668	
125	同治二年	2386.668	8564.43	8737.283 公费银：801.46+911.155；修理军器 2386.668；驼马朴立 4638	2213.788	
126	同治三年	2213.788	8024.728	8234.853 公用银 793.88+887.185；修理军器 2213.788；朴立驼马 4340	2003.663	

续表

序号	时间	旧存（上一年）	新收（一年）	开除（一些比较少的开支，如眷殖回京，七十岁以上赏银、建坊银等等没有录入）	实在库贮（当年）	备注
127	同治四年（闰）	2003.663	8441.728	8403.278 公用银：801.43 + 926.185；修理军器等 2003.663；补立驼马 4672	2042.113	
128	同治五年	2042.113	7980.328	8010.438 公用银：766.8 + 930.265；修理军器 2042.113；补立驼马 4208	2012.003	
129	同治六年	2012.3	7709.153	7697.378	2023.778	
130	同治七年（闰）	2023.778	8023.128	8038.473 公用银：801.45 + 963.245；修理军器 2023.778；补立驼马 4250	2008.433	同治十一年五月核销
131	同治八年	2008.433	7332.278	7332.748 公用银 898 + 824.185；修理军器 2008.433；补立驼马 3602	2008.62	同治十一年三月核销
132	同治九年	2008.063	7012.073	6993.943 公用银：793.9 + 802.185；修理军器等 2008.063；补立驼 3369	2026.193	同治十一年三月核销
133	同治十年（闰）	2026.193	7263.588	7263.108 公用银：803.73 + 838.185；修理军器等 2026.193；驼马补立 3595	2026.673	同治十三年二月核销
134	同治十一年	2026.673	6616.743	6956.728 公用银：793.87 + 813.185；修理军器 2026.673；补立驼马 3323	1686.688	同治十三年正月核销

续表

序号	时间	旧存（上一年）	新收（一年）	开除（一些比较少的开支，如骨殖运回京，七十岁以上赏银、建坊银等没有录入）	实在库贮（当年）	备注
135	同治十二年（闰）	1686.688	7010.338	6919.33 公用银：801.43＋894.185；修理军器为1686.688；补立驼马3477	1778.723	光绪元年十月核销
136	同治十三年	1778.723	6559.68	6634.778 公用银：793.88＋846.185；修理军器为1778.723；补立驼马3126	1694.93	光绪二年三月核销
137	光绪元年	1694.903	6463.818	6503.968 公用银：793.88＋873.185；修理军器为1694.903；补立驼马3142	1654.753	光绪四年十一月核销
138	光绪二年	1654.753	6878.88	6879.638 公用银：801.44＋865.445；修理军器为1654.753；补立驼马3408	1653.203	建坊银150 光绪五年户部才核销
139	光绪三年	1653.203	6425.793	6667.578 公用银：766.8＋884.275；修理军器为1653.203；补立驼马3227	1411.418	建坊银120 光绪五年六月二十二日户部核销
140	光绪四年	1411.418	6460.843	6452.83 公用银793.9＋879.185；修理军器等1411.418；补立驼马3293	1419.458	光绪七年二月户部核销
141	光绪五年	1419.458	6980.273	6875.273 公用银：803.73＋893.185；修理军器等1419.458；补立驼马3718	1524.458	光绪八年十月户部核销
142	光绪六年	1524.458	6577.68	6596.533 公用银：766.8＋884.275；修理军器等1524.458；补立驼马3331	1505.533	光绪八年三月户部核销

续表

序号	时　间	旧存（上一年）	新收（一年）	开除（一些比较少的开支，如胃殖回京，七十岁以上赏银，建坊银等没有录入）	实在库贮（当年）	备　注
143	光绪七年闰	1505.533	7096.98	7034.128 公用银：774.5＋902.545；修理军器等1505.533；驼马3702	1567.53	光绪九年五月户部核销
144	光绪八年	1567.53	6689.83	6746.558 公用银：1330.8＋284.255；修理军器等1567.53；补立驼马3234	1510.028	建坊银330 光绪九年七月户部核销
145	光绪九年	1510.028	6673.48	6668.93 公用银：726.8＋826.265；修理军器等1510.028；补立驼马3565	1515.343	光绪十年闰五月户部核销
146	光绪十年	1515.343	7207.148	7166.318	1556.173	
147	光绪十一年	1556.173	6695.008	6713.248 公用银：766.8＋837.275；修理军器等1556.173；补立驼马3463（连旧欠未还共6006.85）	1537.933	光绪十二年六月户部核销
148	光绪十二年	1537.933	6727.608	6690.08 公用银：766.8＋859.275；修理军器等1537.933；补立驼马3526（连旧欠未还共6034.85）	1575.533	户部核销时，质疑公用银加增之项，令下一年删除，依然减三成支给）光绪十五年三月户部核销
149	光绪十三年（闰）	1575.533	7213.673	7183.358	1606.148	
150	光绪十四年	1606.148	6671.933	6756.393 公用银：766.8＋853.545；修理军器等1575.533；补立驼马3399（连旧欠未还共5910.65）	1521.688	物价昂贵，左右司印房公费银多报，户部批评删除。光绪十五年十月户部核销

序号	时间	旧存（上一年）	新收（一年）	开除（一些比较少的开支，如胃殖回京，七十岁以上赏银、建坊银等等没有录入）	实在库贮（当年）	备注
151	光绪十五年	1521.688	6575.733	6579.753 公用银：766.8＋837.265；修理军器等1521.688；补立驼马3454（连旧欠未还共5837.625）	1517.668	光绪十六年六月户部核销
152	光绪十六年	1517.668	7001.448	6932.383 公用银：776.05＋917.865；修理军器等1517.68；补立驼马3643（连旧欠未还共5764.175）	1586.733	光绪十七年七月户部核销
153	光绪十七年	1586.733	6446.893	6687.798 公用银：766.8＋837.265；修理军器等1586.733；补立驼马3377（连旧欠未还共5712.828）	1345.828	光绪十八年七月户部核销
154	光绪十八年	1345.828	6881.488	6790.443 公用银：774.05＋581.565；修理军器等1345.828；补立驼马3759（连旧欠未还共5813.5）	1436.873	光绪十九年九月户部核销
155	光绪十九年	1436.873	6378.813	3029.948 公用银766.8＋826.275；修理军器等1436.873；补立驼马3389（连旧欠未还共5770.375）	1396.738	光绪二十年九月户部核销
156	光绪二十年	1396.738	6319.463	6408.823	1307.378	
157	光绪二十一年	1307.378	6706.893	6806.303 公用银：774.05＋917.555；修理军器等1307.378；补立驼马3678（旧欠未还共5782.1）	1207.968	光绪二十三年十月户部核销
158	光绪二十二年	1207.968	6151.553	6010.43 公费银2790.43；修理军器等1207.968；补立驼马3220（连旧欠未还共5594.2）	1349.478	管库协领诸目灾 光绪二十三年十月户部核销

续表

序号	时间	旧存（上一年）	新收（一年）	开除（一些比较少的开支，如骨殖回京，七十岁以上赏银，建坊银等没有录入）	实在库贮（当年）	备注
159	光绪二十三年	1349.478	6090.503	6335.563	1144.018	管库协领诺目欢
160	光绪二十四年					
161	光绪二十五年					
162	光绪二十六年					
163	光绪二十七年					
164	光绪二十八年	1494.178	6322.938	6724.33	1093.083	管库协领吉玉
165	光绪二十九年（闰）	1093.083	6914.643	6396.78	1611.018	管库协领吉玉
166	光绪三十年	1611.018	6274.538	6952.163	933.393	管库协领吉玉
167	光绪三十一年	933.393	6124.488	6002.468	1055.413	管库协领吉玉
168	光绪三十二年	1055.413	6543.893	6319.38	1280.268	管库协领吉玉
169	光绪三十三年	1280.268	5914.188	6335.343	859.113	
170	宣统元年	969.053	6013.348	5761.948	1220.453	
171	宣统二年	1220.453	5013.68	5234.381	999.68	度支部

（此表是根据国家清史图书数字项目资源户部题本、录副奏折、朱批奏折检索制作。绥远城将军奏销本中只有支出项目的略记，户部奏销题本中有具体开支项目。上传时间截至 2011 年 1 月 1 日）

附录 E　土默特总管公署房产地基租赁简章[①]

一、本署所有归化城内外街市房屋地基原为本旗的公产，向来赁与商民按期纳租，补助本署经费，惟期限长短、租金多寡未能适宜，兹特定划一办法以欲收入而便商民。

二、租赁期限以一整年为一期，每期自一月一日起至十二月三十一日止。

三、租金额数按所在地址繁盛景况，每属年初更定一次，全年分作四次，先期纳租兹定一、四、七、十等月上旬为纳租之期。

四、每于年初议定租金之后，即由本属发给二连租照，租户收执，年末期满缴旧换新。

五、租户每次交纳租金应迳送本署指定之银行，换取收条送署，再由本署填给二连收据，交租户收执。

六、租户一概享有逐年继续租赁权，本属概不无故收回。但租户亦不得自由转赁，有碍本署主权。

七、凡租赁本属房产、地基者，概以本国籍人为限，亦不得有假借影射情事。

八、本简章自民国十六年一月一日施行。

---

① 土左旗档案馆档案：本旗房产地基租赁简章，全宗号：79—1—629，1927。

附录 F　修正绥远官产清理处简章①

第一条　本简章依据前定清理绥远官产简章及现在情形修正之。

第二条　官道清理处附设于财政厅。设主任一员、事务若干。由财政厅委任。

第三条　此项官产，计分空地、官房地产基、私房地产基、铺面地基、园圃地基五项。除应拨建筑和厅公署之官房及设立农场、蔬圃之空地，以及确系旗有之各项房屋，由官产处查明，另案办理外，余均依照本简章一律清理。

第四条　空地、官房地产基、私房地产基、园圃地基、铺面地基应收地价。以左列等则为标准。甲则每亩收价四十元；乙则每亩收价三十元；丙则每亩收价二十元；丁则每亩收价十五元；戊则每亩收价十元；己则每亩收价五元。某处某地基应列某等。由官产处查明。呈省政府核定。

第五条　官房价格由官产处按照市价，公平估价，呈省政府核定。

第六条　旗民现住私房之地基。如本人承领，准按规定等则核减三分之一收价，以示体恤。逾期不领者，由官产处将地基连同私房一并标卖。其所得地价，照章归公，房价发给原主。

第七条　兵房地产基。如现住旗人情愿承领，准交定价三分之一，永归管业。倘逾限不领者。由官产处将地基连同官房一并标卖，其所得地价，照章归公，房价发给原主。

第八条　衙署房屋并地基。如现住旗人情愿承领，准交定价三分之二，永归管业。

第九条　私人在官有地基建筑。应按现定等则，只收地价，不收房价。如逾限不领者。由官产处将地基连同私房一并标卖。其所得地价，照章归公，房价发给原主。

第十条　赏给旗丁兵房、确有案卷可稽者。如查系本人自住，应收房价一律豁免。其已经典与他人或卖与他人居住，如典卖主情愿承领，确有契据可证者。若系典主，准交房价二分之一；买主准交房价三分之一，以未体恤。但地价仍应照收。不得请减。倘典买主逾限仍不交价承领者，由官产处将地基连同房屋一同标卖。其所得房价，应给典主二分之一，买主

---

① 《绥远通志稿》第4册卷三十四"官产"，第774～777页。

三分之二。

第十一条 凡官房及各项地基。先准现占各房限一个月内挂号承领，逾限不领，得由人民向官产处挂号承领。惟向时有两人以上挂号者，用投标法决定，其投票法另定之。

第十二条 市面铺房如现占各户近年确有修改建筑情形，由官产处查验后，分别拟定减收办法，呈由省政府核定。倘各房逾限仍不交价承领者，由官产处标卖。复按其修改建筑工程大小，酌给修理费，但至多不过卖价十分之二。

第十三条 园圃地基之占有者。如持有近年让与字样，并出过相当地价者情愿承领，准交地价三分之二。倘占有者逾限仍不交价时。即由官产处标卖后，按标卖额给还占有者三分之一。

第十四条 凡已挂号未领之各项官产。限至民国二十一年九月底止，应将原定房价或地价，一律依限如数缴清。倘有迟交一月者，即照价额加收一成，按月递加，至五个月为止。若再逾限不交者，即撤销其挂号，由官产处一律按照市价标卖。其标卖办法另定之。

第十五条 凡请领各项官产而价尚未缴清者。仍按其亏欠之数，加收一成，按月递加。倘再逾限不清，另行标卖，悉照本简章第十四条办理。但已交之款，俟标卖后照数发还。

第十六条 房地产价均于丈量时先交三分之一，其余房价。限一月以内交清，地价限二月以内交清。如系赤贫旗民，得酌量展限缴纳。

第十七条 地价交清后，准予填发部照，以凭管业。在未发部照以前，暂由省政府发给印照，俾资接领。

第十八条 旗丁所住兵房。果属赤贫、无力交价、且一时无法迁徙者，如认为与市政进行有碍时，得暂行另拨官房令其迁往。

第十九条 逾限不领各项官房之旗户。如查系确属赤贫者，得酌量展限，呈请省政府核示。

第二十条 凡撤销挂号之各项官房。如无人标买，或标卖而不及最低定额者，由官产处按市价招租。但现在或耕种各户情愿租赁时，有优先权。

第二十一条 所收房地产价及按月递加之款。除提支二成经费外，其余八成，以一半作为绥远城市政建费，一半作为安插旗丁之用。

第二十二条 本办法自呈奉省政府核准之日，公布施行。

参考文献

一 基本史料

中国第一历史档案馆藏：军机处录副奏折，户部题本，朱批奏折。

内蒙古档案馆明清、民国档案。

呼和浩特市档案馆明清、民国档案。

呼和浩特城建档案馆相关档案、地图。

土默特左旗档案馆明清、民国档案。

中国第一历史档案馆，中国社会科学院历史所译注《满文老档》，中华书局，1990。

中国第一历史档案馆编《康熙朝汉文朱批奏折》，档案出版社，1984～1985。

中国第一历史档案馆编《康熙朝满文朱批奏折全译》，中国社会科学出版社，1996。

中国第一历史档案馆编《雍正朝汉文朱批奏折汇编》，江苏古籍出版社，1986～1991。

中国第一历史档案馆译编《雍正朝满文朱批奏折全译》，黄山书社，1998。

中国第一历史档案馆编《雍正朝起居注册》，中华书局，1993。

中国第一历史档案馆编《雍正朝汉文谕旨汇编》，广西师范大学出版社，1999。

中国第一历史档案馆编《乾隆朝上谕档》，档案出版社，1991。

中国第一历史档案馆编《光绪朝朱批奏折》，中华书局，1995。

中国第一历史档案馆编《清宫珍藏杀虎口右卫右玉县御批奏折汇编》，中华书局，2010。

（清）鄂尔泰等纂修《钦定八旗则例》，北京出版社影印本，1998。

（清）昆冈等修，清吴树梅等纂《钦定大清会典》（光绪），续修四库全书，影印清光绪石印本。

（清）昆冈等修，清刘启端等纂《钦定大清会典事例》（光绪），续修四库全书．影印清光绪石印本。

《清实录》，中华书局影印本，1985。

中国公共图书古籍文献编委会：《清代蒙古史料合辑》，全国图书馆文献缩微，2003。

鄂尔泰等撰《八旗通志初集》，东北师范大学出版社，1985年点校本。

李洵、赵德贵、周毓方等校点《钦定八旗通志》，吉林文史出版社，2002。

乾隆朝内府抄本《理藩院则例》，《清代理藩院资料辑录·中国边疆史地资料丛刊》。

杨选第、金峰校注《理藩院则例》，内蒙古文化出版社，1998。

中国第一历史档案馆，内蒙古大学蒙古学学院：《清内秘书院蒙古文档案》，内蒙古人民出版社，2003。

中国第一历史档案馆，内蒙古大学蒙古学学院：《清内阁蒙古堂档》，内蒙古人民出版社出版，2005。

内蒙古自治区档案馆编《清末内蒙古垦务档案汇编》，内蒙古人民出版社，1999。

瞿九思：《万历武功录》，中华书局影印本，1962。

薄音湖、王雄：《明代蒙古汉籍史料汇编》（第2辑），内蒙古大学出版社，2000。

内蒙古大学图书馆藏、晓克藏《清代至民国时期归化城土默特土地契约》（第1、2册），内蒙古大学出版社，2011。

铁木尔主编《内蒙古土默特金氏蒙古家族契约》，中央民族大学出版社，2011。

（光绪）王轩等纂修《山西通志》，中华书局点校本，1990。

金志章纂、黄可润补《口北三厅志》，台湾影印《中国方志丛书》本。

张曾纂《古丰识略》，内蒙古大学藏抄本。

刘鸿逵、沈潜修纂《归化城厅志》，光绪年间抄本。

贻谷、高赓恩纂修《绥远全志》，台湾成文出版社铅印本，1968。

郑植昌、郑裕孚纂修《归绥县志》，1934年铅印本。

贻谷、高赓恩纂修《土默特旗志》，清光绪末年刻本。

佟靖仁校注《绥远城驻防志》，内蒙古大学出版社，1991。

贻谷等修，高赓恩纂《归绥道志》，内蒙古历史文献丛书之三，内蒙古图书馆编，远方出版社，2007。

绥远通志馆修纂《绥远通志稿》（共 12 册），内蒙古人民出版社，2007。

《公主府志》，1965 年根据公主后裔祁多寿家藏稿本传抄本，藏于南开大学线装书库。

马协弟主编《驻粤八旗志》，辽宁大学出版社，1992。

马协弟主编《杭州绥远京口福州八旗志》，辽宁大学出版社，1994。

（清）希元原注，湖北地方古籍文献丛书：《荆州八旗志》，湖北教育出版社，2002。

（清）钱良择：《出塞纪略》，上海书店出版社，1994。

范昭逵：《从西纪略》，广文书局，1969。

王锡祺：《小方壶斋舆地丛钞》第 2 帙，清光绪十七年上海著易堂铅印本。

张鹏翮：《奉使俄罗斯日记》，清刻本。

韩梅圃编著《绥远省河套调查记》，绥远省民众教育馆，1934 年铅印本。

绥远省民众教育馆编《绥远省分县调查概要》，民国二十三年铅印本。

贻谷纂《绥远奏议》，台湾影印《近代中国史料丛刊续编》本。

陈万里：《西行日记》，甘肃人民出版社，2002。

刘文海：《西行见闻记》，甘肃人民出版社，2003。

高良佐：《西北随轺记》，甘肃人民出版社，2003。

张鼎彝编《绥乘》，上海泰东图书局，1921 年铅印本。

张穆纂《蒙古游牧记》，台湾影印《中国边疆丛书》本。

花楞编《内蒙古纪要》，台湾影印《近代中国史料丛刊三编》本。

刚毅、安颐等修纂《晋政辑要》，1887 年刻本。

刘朝铭：《蒙盐纪要》，内蒙古图书馆手抄本。

《乾隆府厅州县图志》，天津古籍出版社影印本。

姚锡光：《筹蒙刍议》，台湾影印《中国边疆丛书》本。

卓宏谋：《蒙古鉴》（第三版），民国十二年铅印本。

王金绂：《西北地理》，北平立达书局印行，1932。

王金绂：《西北之地文与人文》，商务印书馆，1935。

严重敏：《西北地理》，大东书局印行，1946。

林鹏侠：《西北行》，《中国西北文献丛书》4 辑 14 卷 130 册 1936。

范长江：《中国的西北角》，天津大公报馆，1936。

日本参谋部原著，军事编译处编译《蒙古地理志摘要》，军事厅石印处石印。

荣祥：《呼和浩特市沿革纪要稿》，内蒙古社会科学院蒙古史研究所出版，1979。

黄文弼：《黄文弼蒙新考察日记（1927—1930）》，文物出版社，1990。

林竞：《蒙新甘宁考察记》（西北行记丛萃），甘肃人民出版社，2003。

戴学稷编《呼和浩特简史》，中华书局，1981。

金峰整理、呼和浩特市蒙古语文历史学会编印《蒙古文献资料九种》，1983。

（蒙古文）《呼和浩特史蒙古文献资料汇编》（六辑），内蒙古文化出版社，1988。

呼和浩特市地方志编修办公室：《呼和浩特史料》中共呼和浩特市委党史资料征集办公室，1984。

土默特人文丛书编委会编《土默特旗务衙署》，远方出版社，2000。

政协内蒙古自治区委员会文史资料研究委员会编《内蒙古文史资料》，1984。

高银表：《内蒙古呼和浩特市郊区地名志》，内蒙古呼和浩特郊区人民政府，1984。

呼和浩特地名志编委会：《呼和浩特地名志》，内蒙古人民出版社，1985。

呼和浩特城建局修志办公室：《呼和浩特城市规划志》（稿本），1987。

呼和浩特市商业局：《呼和浩特市商业志》，呼和浩特市商业局出版，1987。

佟靖仁编著《呼和浩特满族简史》，呼和浩特市民族事务委员会（内部发行）1987。

编辑委员会编《呼和浩特回族史料》政协呼和浩特市回民区委员会。

政协呼和浩特回民区委员会、《呼和浩特回族史》编辑委员会编《呼和浩特回族史》，内蒙古人民出版社，1994。

呼和浩特市政协文史资料委员会编《呼和浩特文史资料》，1994。

呼市地方志编修办公室编《呼和浩特市志》，内蒙古人民出版社，1999，2005。

呼市教育志编委会编《呼和浩特市教育志》，内蒙古人民出版社，1990。

呼市玉泉区志编纂办公室编《呼和浩特市玉泉区志》，内蒙古人民出版，1993。

周清澍主编《内蒙古历史地理》，内蒙古大学出版社，1994。

呼市郊区志编委会编《呼和浩特市郊区志》，内蒙古人民出版社，1996。

呼市回民区志编纂办公室编《呼和浩特市回民区志》，内蒙古广播电视厅机关印刷厂，1996。

呼和浩特职业教育编委员编《呼和浩特职业教育志》，内蒙古人民出版社，1996。

颜景良主编《呼和浩特交通志》，人民交通出版社，1997。

土默特左旗《土默特志》编纂委员会编《土默特志》，内蒙古人民出版社，1997。

《呼和浩特气象志》（征求意见稿），内蒙古大学生命科学文献信息中心存。

佟靖礼、张德祥编著《呼和浩特史话》，内蒙古大学出版社，1997。

孙利中主编《呼和浩特文物》，内蒙古人民出版社，1997。

忒莫勒：《建国前内蒙古方志考述》，内蒙古大学出版社，1998。

刘鹤林主编《呼和浩特市防空志》，内蒙古大学出版社，1999。

《民族古籍与蒙古文化》（总第1—2期），呼和浩特民族事务委员会，内部刊行，2001。

内蒙古自治区测绘事业局、呼和浩特市国土资源局编制《呼和浩特市影像地图集》，中国地图出版社，2005。

呼市新城区志编纂办公室编《呼和浩特市新城区志》，远方出版社，2006。

呼市政协志编纂委员会编《呼和浩特市政协志》，内蒙古人民出版社，2007。

梁思成：《清式营造则例》，清华大学出版社，2006。

梁思成：《清工部〈工程做法则例〉图解》，清华大学出版社，2006。

赵全兵、朝克主编《内蒙古中西部垦务志》，内蒙古大学出版社，2008。

张驭寰、林北钟：《内蒙古古建筑》，天津大学出版社，2009。

魏渤等：《调查张家口、归化城开辟商埠报告》，《农商公报》第1卷第7册，1915。

二　相关研究论著

韦庆远：《清代的旗地》，中华书局，1989。

郝维民主编《内蒙古自治区史》，内蒙古大学出版社，1991。

任桂淳：《清朝八旗驻防兴衰史》，三联书店，1993。

赵津：《中国城市房地产业史论》，南开大学出版社，1994。

卢明辉主编《清代北部边疆民族经济发展史》，黑龙江教育出版社，1994。

乔吉编著《内蒙古寺庙》，内蒙古人民出版社，1994。

黄丽生：《由军事征掠到城市贸易——内蒙古归绥地区的社会经济变迁（14世纪中至20世纪初）》，台湾师范大学历史研究所印行，1995。

赵生瑞：《中国清代营房史》（上下册），中国建筑工业出版社，1999。

张小林：《清代北京城区房契研究》，中国社会科学出版社，2000。

金启孮：《清代蒙古史札记》，内蒙古人民出版社，2000。

赵令志：《清前期八旗土地制度研究》，民族出版社，2001。

牛敬忠：《近代绥远地区的社会变迁》，内蒙古大学出版社，2001。

王俊敏：《青城民族——一个边疆城市民族关系的历史演变》，天津人民出版社，2001。

刘凤云：《明清城市空间文化探析》，中央民族大学出版社，2001。

杜家骥：《清朝满蒙联姻研究》，人民出版社，2003。

定宜庄：《清代八旗驻防研究》，辽宁民族出版社，2003。

闫天灵：《汉族移民与近代内蒙古社会变迁研究》，民族出版社，2004。

乌云格日勒著《十八至二十世纪初内蒙古城镇研究》，内蒙古人民出版社，2005。

赵生瑞：《中国清代营房史料选辑》，军事科学出版社，2006。

王卫东：《融会与建构：1648—1937 年绥远地区移民与社会变迁研究》，华东师大出版社，2007。

李国栋：《民国时期的民族问题与民国政府的民族政策》，民族出版社，2007。

赛航、金海、苏德毕力格：《民国内蒙古史》，内蒙古大学出版社，2007。

乌仁其其格著《18—20 世纪初归化城土默特财政研究》，民族出版社，2008。

刘小萌：《清代北京旗人社会》，中国社会科学出版社，2008。

晓克主编《土默特史》，内蒙古教育出版社，2008。

金海：《日本在内蒙古殖民统治政策研究》，社会科学文献出版社，2009。

杨国桢：《明清土地契约文书研究》，中国人民大学出版社，2009。

包银山：《民国时期土默特财政研究》，中国财政经济出版社，2009。

胡日查：《清代内蒙古地区寺院经济研究》，辽宁民族出版社，2009。

朱永杰：《清代驻防城时空结构研究》，人民出版社，2010。

戴建兵等：《河北近代土地契约研究》，中国农业出版社，2010。

右玉县杀虎口历史文化丛书编委会编纂《西口文化论衡》，中国社会出版社，2010。

邓亦兵：《清代前期北京房地产市场研究》，天津古籍出版社，2014。

三　相关期刊论文

戴学稷：《"光绪二十六年正，绥远到处其神兵"——洋教士的罪恶和义和团的反帝斗争》，《内蒙古大学学报》1959 年第 1 期。

金启孮：《呼和浩特旧城的变迁和新城的兴建》，《内蒙古大学学报》1960 年第 2 期。

何志：《从清初到抗日战争前夕的呼和浩特商业》，《内蒙古大学学报》（哲学社会科学版）1961 年第 1 期。

周清澍：《清代内蒙古农业的发展》，《内蒙古大学学报》（哲学社会科学版）1964 年第 2 期。

金峰：《清代内蒙古五路驿站》，《内蒙古师范大学学报》（哲学社会科学版）1979 年第 1 期。

金峰：《呼和浩特大召》，《内蒙古师大学报》（哲学社会科学版）1980 年第 4 期。

金启孮：《呼和浩特召庙、清真寺历史概述》，《内蒙古大学学报》（哲学社会科学版）1981 年第 4 期。

金启孮：《海蚌公主考》，《内蒙古文史》1981 年第 1 期。

李漪云：《呼和浩特建城命名年代考》，《内蒙古社会科学》1982 年第 3 期。

孙秀川：《呼和浩特建成于万历三年》，《内蒙古社会科学》1982 年第 3 期。

金启孮、佟靖仁：《归化绥远二城的兴建和发展——纪念呼和浩特建城四百周年》，《漠南集》，内蒙古大学出版社，1992。

金峰：《呼和浩特十五大寺院考》，《内蒙古社会科学》1982 年第 4 期。

胡钟达：《呼和浩特旧城（归化）建城年代初探》，《蒙古史论文选集》（二），1984。

胡钟达：《丰州摊上出现了青色的城——阿勒坦汗和三娘子·古丰州经济的恢复和归化城的诞生》《蒙古史论文选集》（二），1984。

王学愚：《峨眉遣嫁为靖边——由呼和浩特公主府公主的考证谈到清廷对蒙古的和亲政策》，《内蒙古师大学报》（哲学社会科学版）1984 年第 1 期。

金峰：《清代内蒙古五路驿站》，《蒙古史论文选集》（三），1984。

薄音湖：《呼和浩特城（归化）建城年代重考》，《内蒙古大学学报》（哲学社会科学版）1985 年第 2 期。

王志毅：《绥远城建城考》，《呼和浩特史料》第 7 辑，1986。

房建昌：《呼和浩特的八座清真寺及其它》，《内蒙古社会科学》1988 年第 2 期。

邱瑞忠：《康熙盔甲与驻跸归化城考》，《内蒙古师范大学学报》1989 年历史增刊。

金启孮：《归化城喇嘛暴动传说考——兼从民俗材料看召庙与汉商的关系》，《漠南集》，内蒙古大学出版社，1992。

麻国庆：《论影响土默特蒙古族文化变迁的因素》，《内蒙古社会科学》1990 年第 1 期。

呼格吉勒:《论清朝前期呼和浩特·土默特地区土地的使用状况》,《内蒙古师范大学学报》(哲学社会科学版) 1992 年第 2 期。

呼格吉勒:《清代呼和浩特? 土默特地区的土地问题》,《内蒙古大学学报》(哲学社会科学版) 1992 年第 3 期。

杨选第:《清代呼和浩特地区工商杂税》,《内蒙古师大学报》(哲学社会科学版) 1992 年第 2 期。

杨选第:《清前期归化城土默特地区官田租赋征收概述》,《内蒙古师大学报》(哲学社会科学版) 1993 年第 2 期。

白初一:《清代归化城土默特两旗职官及户口初探》,《昭乌达蒙族师专学报》(汉文哲学社会科学版) 1992 年第 1 期。

卜万恒:《清代呼和浩特地区的手工业》,《内蒙古师大学报》(哲学社会科学版) 1993 年第 4 期。

荣盛:《呼和浩特都市居民的多民族化形成及现状》,《中国都市人类学会第一次全国学术讨论会论文集》,1993。

定宜庄:《清代理事同知考略》,载《王钟翰先生八十寿辰学术论文集》,辽宁大学出版社,1993。

肖瑞玲:《明清土默特蒙古地区社会文化风貌的变化》,《内蒙古师大学报》(哲学社会科学版) 1994 年第 4 期。

蒙林:《绥远城驻防八旗考》,《内蒙古社会科学》1994 年第 5 期。

李世馨:《绥远城调查报告》,《内蒙古文物考古》1994 年第 2 期。

李铁刚:《清代绥远城将军德勒克多尔济其人及"御赐碑记"》,《内蒙古文物考古》1995 年增刊 1 期。

孙利中:《明清呼和浩特儒释道三教寺庙概述》,《内蒙古文物考古》1995 年第 1 期。

刘小萌:《从房契文书看清代北京城中的旗民交产》,《历史档案》1996 年第 3 期。

刘小萌:《清代北京旗人的房屋买卖》,《清史论丛》,辽宁古籍出版社,1996。

刘小萌:《清代北京内城居民的分布格局与变迁》,《首都师范大学学报》1998 年第 2 期。

牛敬忠:《民国初年绥远地区汉族民俗概览》,《内蒙古大学学报》(人文社科版) 1996 年第 6 期。

蒙林：《绥远城城工始建时间考》，《内蒙古社会科学》1996 年第 2 期。

忒莫勒：《清末民国呼和浩特部分召庙房地契约管窥》，《内蒙古文物考古》1995 年第 1 期。

王玉海：《归化城土默特二旗的内属问题》，《蒙古史研究》第 5 辑，内蒙古大学出版社，1997。

李晓霞、呼格吉勒：《清末新政与归化城土默特地区的垦务》，《内蒙古师大学报》（哲学社会科学版）1998 年第 1 期。

达力扎布：《清初内扎萨克旗的建立问题》，《历史研究》1998 年第 1 期。

孙驰：《乾隆初"近疆固守"的方略与建立绥远城》，《中国边疆史地研究》1998 年第 2 期。

安介生：《清代归化土默特地区的移民文化特征——兼论山西移民在塞外地区文化建设中的贡献》，《复旦学报》（社会科学版）1999 年第 5 期。

安介生：《清代山西口外蒙古地区政区建置述论》，《中国方域》1999 年第 1 期。

忒莫勒：《清末民国呼和浩特部分召庙房地契约管窥》，《内蒙古文物考古》1999 年第 1 期。

刘小萌：《清代北京旗人的房地产契书》，《满学研究》第 5 辑，民族出版社，2000。

呼格吉勒、李晓霞：《论鸦片战争前清政府对归化城土默特地区的垦务政策》，《内蒙古师范大学学报》（哲学社会科学版）2000 年第 6 期。

蒙林：《绥远城八旗蒙古初探》，《内蒙古社会科学》（汉文版）2000 年第 6 期。

牛敬忠：《近代绥远地区的灾荒》，《内蒙古大学学报》（人文社会科学版）2000 年第 3 期。

刘小萌：《清前期北京旗人满文房契研究》，《民族研究》2001 年第 4 期。

牛敬忠：《近代绥远地区的民教冲突——也说义和团运动爆发的原因》，《内蒙古大学学报》（人文社会科学版）2001 年第 4 期。

李玉伟：《略论清末绥远地区的蒙垦》，《内蒙古社会科学》2001 年第

3 期。

陈喜波、颜廷真、韩光辉：《论清代长城沿线外侧城镇的兴起》，《北京大学学报》（哲学社会科学版）2001 年第 3 期。

李玉伟：《清末新政在绥远地区一些领域的推行及其影响》，《内蒙古社会科学》2002 年第 6 期。

张慧君、李铁刚：《〈绥远城浚濠种树记〉碑及其价值》，《内蒙古文物》2002 年第 2 期。

呼和浩特博物馆：《清和硕恪靖公主府地灶清理简报》，《内蒙古文物考古》2003 年第 2 期。

铁达：《绥远城驻防八旗史实纵览》，《内蒙古文物》2003 年第 2 期。

金凤、金晨光：《土默特蒙古金姓考》，《蒙古学信息》2003 年第 1 期。

呼和浩特博物馆：《清和硕克靖公主地灶清理简报》，《内蒙古文物考古》2003 年第 2 期。

薄艳华：《1900 年绥远地区教案经过——兼及相关史料的准确运用问题》，《内蒙古大学学报》（人文社会科学版）2003 年第 6 期。

刘小萌：《清代北京旗人舍地现象研究》，《清史研究》2003 年第 1 期。

薄艳华：《清末绥远地区教案处理情况新探》，《内蒙古社会科学》2003 年第 5 期。

乌云格日勒：《二十世纪前半期日本人关于内蒙古城镇的调查研究——以今堀诚二的两部著作为主》，《蒙古学信息》2004 年第 4 期。

杨选娣：《清代归化城土默特地区的汉族移民与"犋牛"村名的产生》，《内蒙古师范大学学报》（哲学社会科学版）2004 年第 2 期。

杜晓黎：《恪靖公主品级·封号·金册考释》，《内蒙古文物考古》2004 年第 2 期。

常建华：《试论中国地方志的社会史资料价值》，《中国社会历史评论》第 7 卷，天津古籍出版社，2006。

佘建明、袁纣卫：《绥远回族商帮的内部结构》，《回族研究》2006 年第 4 期

包慕萍：《长城内外都市文化的融合——游牧和定居的重层都市呼和浩特》，《北京规划建设》2006 年第 4 期。

唐仕春：《绥远土默特摊差交涉：五族共和下的蒙汉族群互动（1911—1928）》，《中国社会科学院近代史研究所青年学术论坛 2005 年卷》，社会科学文献出版社，2006。

陈学文：《清代土地所有权转移的法制化——清道光三十年山西徐沟县王耀田契（私契、官契、契尾）的考释及其他》，《中国社会经济史研究》2006 年第 4 期。

刘蒙林：《清代右卫和绥远驻防城关系初探》，《纵论西口》，山西春秋电子音像出版社，2006。

王建革：《土地关系与社会形成——农牧生态与传统蒙古社会》，《巴彦淖尔年鉴》，内蒙古文化出版社，2007。

张慧君、伟丽、斯钦布和、胡玉花：《绥远城兴工竣工档案查考》，《内蒙古文物考古》2007 年第 2 期。

唐凯：《简论近代绥远地区的政区沿革》，《山西大同大学学报》2007 年第 3 期。

乌云格日勒：《口外诸厅的变迁与清代蒙古社会》，《山西大学学报》2007 年第 2 期。

廖生丰：《清代前期北方边疆地区的権关》，《贵州社会科学》2007 年第 10 期。

张蕾：《俄木布事件与清初对归化城土默特之政策》，《内蒙古师范大学学报》（哲学社会科学版）2007 年第 1 期。

赵金辉：《清代边疆城市空间的民族交往——以归绥为例》，《呼伦贝尔学院学报》2008 年第 4 期。

刘青瑜：《天主教传教士在内蒙古的医疗活动及其影响——关于归绥公教医院的个案研究》，《中国天主教》2008 年第 1 期。

王义夫：《清代归化城设立都统问题研究》，《历史研究》2008 年第 5 期。

王立群、邸志萍：《近代山西移民与绥远地区的鸦片泛滥》，《山西档案》2008 年第 4 期。

黄治国：《试论清代在归化城设置驻防的经济原因》，《兰州学刊》2008 年第 12 期。

祁美琴、王丹林：《清代蒙古地区的"买卖城"及其商业特点研究》，《民族研究》2008 年第 2 期。

牛敬忠：《清代归化城土默特地区的土地问题——以西老将营村为例》，《内蒙古大学学报》（人文社科版）2008 年第 3 期。

刘亚丽：《清代以来绥远屯垦的沿革》，《山西大学学报》（哲学社会科学版）2008 年第 5 期。

卢忠民：《近代北京商业店铺中的人力股制度》，《中国经济史研究》2008 年第 3 期。

许檀：《清代山西归化城的商业》，《文史哲》2009 年第 4 期。

王平：《清代归绥城市的社会流动》，《呼伦贝尔学院学报》2009 年第 1 期。

张威：《1572—1921 年呼和浩特城市形态演变分析》，《内蒙古社会科学》2009 年第 2 期。

张威、李冰峰：《清绥远城兴建对呼和浩特市城市形态演变的影响》，《内蒙古工业大学学报》2009 年第 2 期。

穆俊：《清前期归化城土默特地区土地所有权状况——基于清前期蒙垦政策的考察》，《阴山学刊》2009 年第 2 期。

田砚宇、何凡能、葛全胜：《清代漠南蒙古耕地数字性质考释——以热察绥地区为例》，《中国历史地理论丛》2009 年第 2 期。

陈剩勇、杨馥源：《建国 60 年中国城市体制的变迁与改革策略》，《社会科学》2009 年第 8 期。

张建军：《民国北京政府时期都统制度初探———以绥远都统的设置为例》，《内蒙古大学学报》（哲学社会科学版）2010 年第 2 期。

四 相关学位论文

高鹏：《呼和浩特清公主府第建筑研究》，西安建筑科技大学 2004 年硕士学位论文。

周进：《清代土地绝卖契约研究》，武汉大学 2005 年硕士学位论文。

田宓：《清代蒙古土默特部户口地研究——以归化城副都统衙门档案为中心》，中山大学 2005 年硕士学位论文。

庄灵君：《清代房地产交易管理研究》，四川大学 2006 年硕士学位论文。

黄平：《清代满城兴建与规划建设研究》，四川大学 2006 年硕士学位论文。

边晋忠：《清代绥远城驻防若干问题考述》，内蒙古师范大学 2006 年硕士学位论文。

关海波：《呼和浩特市城乡边缘区演进与发展研究》，云南师范大学 2006 年硕士学位论文。

冯君：《清代归化城商业贸易的兴衰及其影响》，内蒙古师范大学 2007 年硕士学位论文。

赛娜：《清代内蒙古西部城镇发展——以归绥地区为主》，内蒙古大学 2008 年硕士学位论文。

赵旭霞：《清代内蒙古地区寺院收支及其管理研究》，内蒙古师范大学 2008 年硕士学位论文。

托娅：《清末至民国初年归化城土默特土地关变化研究——以各时期垦务章程为线索》，内蒙古大学 2009 年硕士学位论文。

王雪峰：《从归化城、绥远城的比较看呼和浩特发展的特点与轨迹》，内蒙古大学 2010 年硕士学位论文。

胡玉花：《清末民初绥远城驻防研究》，内蒙古大学 2011 硕士学位论文。

唐博：《清末民国北京城市住宅房地产研究（1900—1949）》，中国人民大学 2009 年博士学位论文。

王立群：《民国时期河北旗地变革研究（1912—1934）》，首都师范大学 2009 年博士学位论文。

乌云：《清至民国时期土默特地区藏传佛教若干问题研究》，内蒙古大学 2010 年博士学位论文。

五　相关国外研究成果

〔日〕安斋库治："清末绥远开垦"，《满铁调查月报》，18 卷 12 号、19 卷 2 号。

〔日〕今堀诚二：「中国封建社会の機構」，日本学术振兴会，1955。

〔日〕今堀诚二：今堀诚二「中国封建社会の構造」，日本学术振兴会，1978。

〔俄〕波兹德涅耶夫：《蒙古及蒙古人》，张梦玲等译，内蒙古人民出版社，1983。

〔日〕森川哲雄：《十七世纪前半叶的归化城》，《蒙古学资料与情报》

（第 3 - 4 期），1985。

〔美〕施坚雅:《城市与地方系统的层次》，张仲礼主编《中国近代经济史论著选译》，上海社会科学院出版社，1987。

〔美〕费正清、赖肖尔:《中国: 传统与变革》，江苏人民出版社，1992。

〔日〕近藤富成:《清朝后期地方都市的构造 - 归化绥远城 1813 - 61》，《中国史学》第 3 卷，1993。

〔日〕近藤富成:《清代归化绥远城市区的形成过程》，《蒙古学信息》1996 年第 1 期。

〔日〕滋贺秀三等著《明清时期的民事审判与民间契约》，法律出版社，1998。

〔美〕施坚雅主编《中华帝国晚期的城市》，叶光庭等译，中华书局，2000。

〔日〕斯波义信:《中国都市史》，东京大学出版会，2002。

〔美〕林达·库克·约翰逊:《研究中国城市史的新方法》，许建英译，《清史译丛》（第 2 辑），中国人民大学出版社，2005。

包慕萍:《モンゴルにおける都市建築史研究—遊牧と定住の重層都市フフホト》，东方书店，2005。

后 记

其实后记是很难下手写的。

作为博士论文，已经放置了三年多，但想要出版，却依然是急匆匆地。

和恩师常建华相识已经整十年了。十年前，经肖瑞玲先生指点，想要考取常建华老师的博士。第一次见老师，是在去桂林开完会后，匆匆赶到南开，老师远远走过来，偏瘦，很精神，不苟言笑，简单交谈后返回去复习。第二年，终于荣幸成为老师的学生。常老师治学严谨，律己甚严。但对待我这样功底较弱的学生，老师给予了无尽的包容和鼓励，从选题到最后论文成稿，老师都耐心指导，使我的学业得以坚持下来。毕业后，老师也是关心我的一点点进步。有一天，忽然收到老师短信："艳洁，邓亦兵出版了《清代前期北京房产市场研究》，你看到了吗？"我非常感动，繁忙的老师依然记挂学生。最近老师身体欠佳，唯愿老师健健康康，快乐学术！

能做完这个博士论文，得到了太多人的帮助和支持。因愚鲁，长时间不能确定选题，终于有一天，师兄传勇说："中华文史网上传了很多一史馆档案，你看看有启发吗？"这一看，有较多绥远城相关档案，弥补了先前我掌握资料的不足，因此确定了我做呼和浩特房地产的选题和决心。做论文过程中，我的朋友、学生也给了我很多直接帮助，田军、孟姝芳、李俊兰、王磊、刘欢等都曾经帮我录入资料。单位领导也给了大量支持，减免工作量，提供可能条件。归化城档案主要源于土默特左旗档案馆所藏清代档案，副馆长郝丽华女士和一些老师，在我查档案期间给予的极大方便，在此给予致谢！回顾博士期间，依然感慨良多！

人生每一个阶段，我都遇到了好老师。上几天参加了金民老师女儿的婚礼，当年我的数学成绩极差，正是因为金老师一对一地指导，半年时间我的数学成绩跃居我所在年级第一，并考取了内蒙古师范大学。二十多年来，和金老师、金师母的感情愈久弥深；上大学以后，非常幸运地遇见了我的大学班主任杨选娣老师。杨老师常说，当年正好自己的孩子们考学走了，她就把全部的感情寄托在我们这群孩子身上。我结婚的时候，是从杨老师家被娶走的，这是我的娘家人。大学毕业，一任性，又考取了内蒙古大学蒙古学研究院，师从王雄老师。王老师是国内著名古文字学家，年逾古稀，至今仍耕耘在北部边疆史料整理工作上，老师乐观、严谨、务实、豁达的治学方法和人生态度给我很大影响。常常能见到老师，并能继续得到教诲，深感快乐！有这样的师长，我的人生，何其幸也！

虚度四十四年，最要感恩的是我的父母。尽管一事无成，你们却以我为傲，感谢您们给我的良好品质，让我在人生中坚强，勇敢，正直，练达。您们是我人生的支柱，是我的山！祝愿二老健健康康，快乐生活！还要感谢我的女儿，我最可爱的小棉袄，是我前进的原动力。

本书出版得到了内蒙古师范大学历史文化学院资助，感谢内蒙古师范大学历史文化学院以及于永院长！

其实，后记真的是难写的，拉拉杂杂写了好多，依然不能一一写完我的感恩之心！怀着这样的心绪，我会继续努力！

2015 年 12 月岁末

图书在版编目（CIP）数据

清代及民国初期呼和浩特房地产研究／李艳洁著.—北京：
社会科学文献出版社，2016.3
ISBN 978 - 7 - 5097 - 8659 - 8

Ⅰ.①清… Ⅱ.①李… Ⅲ.①房地产业 - 经济史 - 研究 -
呼和浩特市 - 清代②房地产业 - 经济史 - 研究 - 呼和浩特市 -
民国 Ⅳ.①F299.29

中国版本图书馆 CIP 数据核字（2015）第 314297 号

清代及民国初期呼和浩特房地产研究

著　　者／李艳洁

出 版 人／谢寿光
项目统筹／宋月华　周志静
责任编辑／孙美子　孙以年

出　　版／社会科学文献出版社·人文分社（010）59367215
　　　　　地址：北京市北三环中路甲 29 号院华龙大厦　邮编：100029
　　　　　网址：www. ssap. com. cn
发　　行／市场营销中心（010）59367081　59367018
印　　装／三河市东方印刷有限公司

规　　格／开　本：787mm × 1092mm　1/16
　　　　　印　张：18.5　字　数：308 千字
版　　次／2016 年 3 月第 1 版　2016 年 3 月第 1 次印刷
书　　号／ISBN 978 - 7 - 5097 - 8659 - 8
定　　价／89.00 元

本书如有印装质量问题，请与读者服务中心（010 - 59367028）联系